梦山书系

我的语文教育思考

程红兵 著

海峡出版发行集团 | 福建教育出版社

图书在版编目（CIP）数据

我的语文教育思考/程红兵著．—福州：福建教育出版社，2024.9

ISBN 978-7-5334-9959-4

Ⅰ.①我… Ⅱ.①程… Ⅲ.①语文教学—教学研究 Ⅳ.①H19

中国国家版本馆 CIP 数据核字（2024）第 096646 号

Wo De Yuwen Jiaoyu Sikao

我的语文教育思考

程红兵　著

出版发行	福建教育出版社
	（福州市梦山路 27 号　邮编：350025　网址：www.fep.com.cn
	编辑部电话：0591-83779615　83726908
	发行部电话：0591-83721876　87115073　010-62024258）
出 版 人	江金辉
印　　刷	福建新华联合印务集团有限公司
	（福州市晋安区福兴大道 42 号　邮编：350014）
开　　本	710 毫米×1000 毫米　1/16
印　　张	16.75
字　　数	241 千字
插　　页	2
版　　次	2024 年 9 月第 1 版　2024 年 9 月第 1 次印刷
书　　号	ISBN 978-7-5334-9959-4
定　　价	49.00 元

如发现本书印装质量问题，请向本社出版科（电话：0591-83726019）调换。

目 录

一、语文人文价值/1
语文教育价值观管窥/3
关于语文教育人文性的对话/9
新语文,把"人"字写得更大些/16

二、语文教研/21
试论语文教学研究的哲学性与实践性/23
语文教学研究如何深入/29
对语文批评的批评/35

三、语文课程改革/41
高中语文教材改革之我见/43
语文教改必须扎根于现实的土壤
　　——30年语文教学的回顾与反思/49
高考语文测试的反思与前瞻/58
建平中学校本化语文课程重构/70

基于核心素养的语文课程改革
　　——语文课程校本化实施的明德样本/81

四、语文教学/97

试论语文教学的科学性与艺术性/99

于漪语文教育思想的审美体现/109

试论语文课的教学幽默/116

"整体阅读"语文课堂教学模式/124

阅读技术的中介作用及其习得方法/131

经典阅读与语文教学/138

语文课堂教学的几个问题选项/153

面向未来的真实的语文学习/157

警惕语文教学的考试化倾向/167

五、语文课堂/169

课堂教学的哲学式追问/171

观课评课的视角/174

于无疑处生疑，于无向处指向/176

提升教师修养，成就精彩课堂/179

以阅读教阅读，以对话教阅读/183

循循善诱，渐入文本深处/188

本色语文从关注本色阅读开始/190

语文教学内容的动态生成/194

始终站在学生的角度来思考/197

课堂要讲究公域性、教育性/203
促进思维发展的课堂教学/206
拒绝浅薄，拒绝简单/211

六、语文教师/217
于漪老师：以人格培育人格/219
永远的语文老师/225
我所认识的李镇西/229
春天的追忆/232
新课标对语文教师的挑战/239
语文教师成长的心路历程/242

后记　致敬语文教学/260

一、语文人文价值

语文教育价值观管窥

在马克思主义哲学的视野中,价值是人的需要与满足需要的对象之间的关系。马克思说:"'价值'这个普遍的概念是从人们对待满足他们需要的外界物的关系中产生的。"马克思认为价值不是单纯的客体的属性,也不是单纯的主体的需要,而是客体属性和主体需要之间的现实关系。也就是价值所概括的对象不是实体,而是主客体之间的一种关系。教育价值观是对教育领域主客体价值关系系统化、理论化的认识,是教育评价的内在尺度,也是选择和确立教育目的的理论依据。如何认识语文教育的基本矛盾——教师与学生的矛盾,如何看待语文教育的主客体关系问题,集中反映了语文教育价值观。本文主要从语文教育主客体关系的角度,来看语文教育的价值观。

我们先简单回顾一下关于语文教育主客体关系的几种说法。受教学论的影响,语文教育主客体关系说也经历了从单主体到双主体的过程。单主体有两种:一种是教师为主体,即教师中心说;一种是学生为主体,即学生中心说。主体变化的根本原因在于社会本位教育价值观和个体本位教育价值观的分野。

在教育社会本位论者看来,教学活动就是"教育者进行的有目的、有计划、有组织的培养人的活动。教育者受过专门训练,具有专门的文化科学知识和思想道德修养,拥有专门的教育技能,受社会的委托,代表一定的社会,以系统、科学的教育影响作为教育活动的手段,把受教育者作为改造和发展的对象,使受教育者身心发生合目的的变化"。在此教师表现出主体的一般特征——自觉能动性、创造性、自主性,其主体地位毋庸置疑。学生作为教师活动的对象，其客体性明显表现为被反映和被改造。

教育个体本位论者则认为，教学过程同样是学生个体成长发展的过程，只不过是一种在教师指导和帮助下的特殊条件的学习过程。根据内因是条件，是根据，外因通过内因而起作用这一基本原理，可以肯定一切的教育活动和教育工作，对学生主体来说都是外因，教学活动既然是一种学习和发展的活动，其主体自然是学生，教师作为学生学习的条件和认识的对象，其客体地位是显然的。

概而言之，社会本位论者立足于教，将教学活动主要看成教师职业劳动的工作实践过程，学生是实践活动的对象，教师自是其中唯一的主体。个体本位论者立足于学，将教学活动主要看成个体成长发展的学习、认识过程，教师是认识活动的对象，学生自是其中唯一的主体。

单主体说都偏执一端，而忽视了另一端，故而不可能正确解释教学过程中教师和学生的关系，在教学实践中不可能很好地解决和处理实际问题，说到底是其理论前提的错误，持单主体说法的人不但不承认教学认识的特殊性，甚至于否认教学在本质上是一种认识活动，而把教学活动等同于一般的物质实践活动。究其源，这种观点不但未以教学认识论为理论基础，甚至于也不以一般认识论为理论基础，而是以不彻底的认识论为理论基础。

1983年前后，语文教育界对主客体关系问题有了新的认识。钱梦龙先生提出了著名的"三主说"，即：以教师为主导，学生为主体，训练为主线。这个观点出来后即引起了普遍关注，赞扬肯定者有之，反对批评者有之，客观评价者有之。实事求是地说，"主导主体"说比之于"单主体"说是一个进步，再拔高一点看，可以说是一个了不起的进步。单主体说或片面强调教师在教学过程中的权威，把教师视作凌驾于学生之上的主宰人物，学生成了被动的容器，成为教师的附属物；或竭力弘扬学生主体，把学生当成教学活动的中心，教师只是"向导"；他们都陷入了顾此失彼的圈子之中。"主导主体"说事实上是个合题，充分肯定了教师与学生的主体地位，有利于调动教师和学生的积极性、主动性。

甘其勋、蔡明、谭惟翰、权曙明、顾菊生等同志先后对钱梦龙的"三主说"提出异议，虽然他们表述不完全相同，但基本观点还是一致的，他们认为强调学生的主体地位是必要的，但不应排斥教师的主体地位（认为"教师为主导"没有明确教师的主体地位），只有同时明确教师的主体地位，才能真正发挥教师的主体作用，师生都是教学活动的主体，除去教材作为教师与学生的共同客体外，师生在教学过程中是互为主客体关系，当师生互为主客体的时候，都是把对方作为认识研究对象看待的，忽视了教师的主体地位，也就等于忽视了对学生的研究以及对教材的钻研。我以为争论双方从总体上看没有太大差异，本质上说都是双主体论，至于一说教师是主导，一说教师是主体，其原因主要在于各自所依据的理论基础不同。"主导主体"说的理论基础是教学认识论。教学认识论认为，教学过程在本质上是一种认识过程，同时，它又是一种特殊的认识过程，具有自己的特点，即有领导性、间接性和教育性。如钱梦龙所说，教师在教学过程中处于领导、支配地位，这个地位只能通过"导"而不是"牵"或其他的方式来实现，"导"即因势利导。师生双主体说的理论基础是一般认识论。认识论认为，主体是具有认识世界和改造世界能力的认识者和实践者，在教学过程中，教师和学生"同样是主体，同样要从不知到有知，由适应到不适应，又由不适应到适应，形成循环往复、不断向前运动的认识与实践过程，并且同样永远是认识者与实践者"。

主导主体说和师生双主体说与单主体说相比是一个不小的进步，但是这两种说法只能说是更接近真理，更接近科学。他们有一个共同的弱点，那就是静止地看待师生关系，他们都是从横截面的角度来看问题，这显然是不够的，我们还应该从纵向来考察师生主客体关系，还其动态的本来面目。因此我以为师生主客体关系应该是相互主客体渐变关系，简言之为"相互主客体渐变"说，具体说来，教师是教授过程的主体，学生是学习过程的主体，教师的主体作用是逐渐隐蔽、逐渐减少的，而学生的主体作用是逐渐增强的。见下图：

"教是为了不教"
语文教学过程

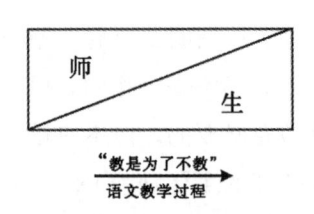

　　从语文的教与学的过程来看，一个是受教育者的学习过程，另一个是教育者的教授过程。从学习过程来看，受教育者是语文学习活动的主体，而教育者（包括教育者所选择的教学内容，所采用的教学手段和方法等）则是受教育者学习和认识的对象，因此是学习过程的客体；从教授过程来看，教育者是主体，教材和学生都是客体。相互主客体之说是有哲学依据的，没有两个主体，语文学科教学便不能成立。而两个主体在语文教学过程中是在变化的，特别是学生的成长变化之大是非常明显的，教师自身也在变化，而且教师顺应学生的变化不断调节自身的主体作用。学生的主体作用逐渐增强，教师的主体作用逐渐隐蔽、逐渐减弱。放大一点看，更能看出其区别，比如由小学而中学，由中学而大学，由本科生而硕士生、博士生，很显然学生的主体作用渐渐增强，由依赖教师到依靠教师到独立学习；老师的主体作用由保姆式到师傅式（手把手教）到导师式，教师的主体作用的发挥越来越少，越来越隐蔽。叶圣陶先生的一句名言道出了其中的实质："教是为了不教。"也就是说教师是由教逐渐走向不教的。大如此，小亦然，就某个学段而言（比如小学段、初中段、高中段）也是如此，就某个阶段而言，同样亦如此。原因主要有两个：其一语文教育活动从总体上看一直是处于层次不断变化、发展和上升的过程，这必然从外部对学生的主体性和客体性及与教师的关系产生重大影响；其二是学生自身随着年龄的增长，其生理和心理也一直处于变化、发展之中，这必然从内部直接地影响着学生的主体性和客体性及与教师的关系的变化、发展，因此我们说师生主客体关系是相互主客体渐变关系。显然这是符合唯物辩证法的发展变化原理。

　　相互主客体渐变说从纵横两方面剖析了教师与学生在语文教学过程中的主客体关系，分析他们的动态结构，这对语文教学实践有什么实际指导意义吗？回答是肯定的，探讨教学主体问题的实质是探究和规范教学过程中师生各自的职能和责任及相关的关系和作用。长期以来，教学主体研究使用的是结构—功能方法，即试图通过教学系统内部结构，特别是教师—学生结构方式（即相互间的主客体关系和地位）的揭示，来明晰教和学的元功能和构功能（即教、学各自的职能和教学的职能）。其实更进一步的任务应该是为了考察师生双方如何实现各自职能，构成最优化的双向良性互动，从而达成最大的教学效益。从方法上讲，就是要从结构—功能方法转向重动态、重联系、重实践、重操作的功能—结构—功能的研究方法，其实结构研究的目的还是为了功能的具备和发挥，因而应该强化功能研究，促进教学系统结构的优化。双主体说有利于发挥学生、教师在语文教学中的主动性、创造性、积极性，这点已有许多行家的论述，此不赘。相互主客体渐变说的语文教育价值观还影响着语文教学过程，正因为学生的主体地位、主体作用是逐渐增强的，我们的语文教学就必须把握这一规律，顺应这一趋势。语文教师应该明确自己的主体作用是渐趋隐蔽、逐渐减少的，应该有意识地创造一系列的教学模式、教学方法，使学生尽快适应教师与学生在教学中主客体关系的渐进变化。必须强调的是顺应变化而不是超越变化，因此必须渐进，不能跳跃，这中间必须有个按部就班的渐进变化过程。美国学者玛斯卡·莫斯托恩根据教师与学生在教学过程中的主体程度的渐次变化设计 A—K11 种教学风格（详见《外国教育资料》1995 年第 2、3、4 期高文《教学风格谱系的研究》），研究它们在教学中的实施及其对学生身体、情感认知、道德和社会等方面的影响和发展，值得借鉴。

  新时期以来，我们许多语文教师致力于探讨语文课堂教学模式。他们中有的是就一篇课文的上法或一堂课的上法设计教学模式。如颜振遥借鉴中科院心理研究所卢仲衡初中数学自学辅导法而创建语文的自学辅导教学模式，分成启发、阅读、练习、当时知道结果、小结五个步骤，就是一堂课的教学程序。又如魏书生的"自学六步法"教学模式，分为定向（明确教学目标）、自学（根据教学目的自学教材）、讨论（自学中不能解决的问题引入讨论）、解答（经讨论仍未解决的问题，由教师解答）、自测（根据定向的要求自我测试当堂评分，及时反馈）、自结（在教师引导下让学生总结知识的规律），也是就一堂课设计的教学模式。其他如洪镇涛老师提出的五阶段教学模式（提示、设问阶段，阅读、思考阶段，讨论、切磋阶段，归纳、总结阶段，练读、练习阶段），张建华老师的"引发—展开—归结"教学模式，宁鸿彬老师提出的"熟读—质疑—总结—运用"的教学模式。他们虽有细微差别，但总体上看没有质的不同，相同点居多，都是截取一堂课来设计。在此基础上，一些教师进而设计单元教学模式。如武汉师院黎世法教授创建的"六课型单元教学"，以一个单元教学为整体，将单元教学分作六个环节：自学、启发、复习、作业、改错、小结；张晴华老师提出的"五步三课型反复式单元教学"模式，将一个单元的教学分为导读、仿读、自读、检查、写评，每步又分三课型：自练、自改、自结。设计单元教学模式比之于每堂课的教学模式，显然是一个进步，但其局限还是很明显，毕竟只限于一个单元，没有考虑单元与单元之间，甚至年级与年级之间的差异关系、层进关系，还有一些课堂教学模式是介于课文与单元之间。这些教学模式放在整个语文课堂教学过程中来看，可以说或是截取一个横断面，或是截取一小段，当然这些是必需的，但仅仅停留在这一步也是不够的，我们不能只有局部而没有整体，应该在把握语文整体过程的前提下，来考虑局部问题，将局部与整体结合起来考虑。

我们的作文教学谈到作文批改的时候，争论不休，从批的作文数来看，有人主张全批全改，有的主张部分批改，有的主张由学生交叉批改或学生自改。从批的质来看，有的主张精批细改，有的主张粗批略改，有的主张分等不改，其实这些争论都是在一个层面上看问题，各说各有理，但是，他们都忽略了语文教学中师生主客体关系是渐进变化的，都是从静止的角度看问题，而忽略了语文教学的动态过程，说到底是缺乏一个科学正确的理论指导。如果我们正确地把握语文教学中师生主客体关系的理论，这些实践问题将迎刃而解。

（本文发表在《语文学习》1997年第3期，有改动）

关于语文教育人文性的对话

程红兵（以下简称"程"）：于老师，您在《语文学习》1995年第6期上发表了一篇题为《弘扬人文，改革弊端》的文章，反思语文教育的性质观，认为"语文学科作为一门人文应用学科，应该是语言的工具训练与人文教育的综合"。文章发表后，在全国中语界产生了比较大的影响，于老师，我想先请您谈谈写作这篇文章的缘起。

于漪（以下简称"于"）：我在《语文学习》1995年第6期《弘扬人文，改革弊端》中提出"语文学科作为一门人文应用学科，应该是语言工具训练与人文教育的综合"，是出于对语文教学现状的反思。现状的显著特点是应试教育，它带来了种种弊端，最根本的是急功近利，舍本逐末，忽视对人的全面培养，影响所及，一直到小学低年级。我们的教育应培养学生具有良好的思想道德品质、扎实而有用的文化科学知识，德智体全面发展。应试教育不仅不能有效地培养学生思想道德品质，就是文化科学知识也会限于窄、死、残破的囹圄，对人的塑造极为不利。应试教育使教育工作走入歧途，根本不能切实贯彻教育方针。

不赞成应试教育，并不是一概反对考试。考试不失为检查成绩、选拔人才的一种一定程度上行之有效的方法。从我国历史看，隋唐后科举制下以考试选拔人才，在当时是一项重大改革，对于我国文化发展起过重大作用。即使在今天，考查成绩、选拔人才的途径多了，仍不能不用考试的方法。关键在于考试的内容。科举制度到了明代，提倡八股文。考试的内容只是"代圣人立言"，文章的形式是"八股"。读过《儒林外史》的人，都痛知其危害性。鲁迅先生说得好："八股文原是进学做官的工具，只要能做'起承转合',借以进了'秀才举人',便可丢掉,一生中再也用不到它了,所以叫做'敲门砖',门一敲进,砖就可以抛弃了。"难道我们今天的基础教育也流连于教给学生一块"敲门砖"吗?有识之士看到了应试教育贻误子孙后代的弊病,纷纷提出以"素质教育"代替"应试教育",认识上要转变观念,行动上要转轨,这是切中时弊,为青少年学生造福。在这种背景下,我提出语文教育不仅应注意语言工具训练,还要贯彻人文教育的思想。

程:人文性这个概念是许多学科的热门话题。思想界谈人文性,文学界讨论人文性,科技界、语言学界也说人文性,您就语文教育所谈的人文性,其具体内涵是指什么?

于:这是个历来谈得很多,还得继续探讨的问题,我只可能谈谈一孔之见。谈这个问题,不得不在"文化""文明""人文"名词上咬文嚼字谈几句。

1. "文化""文明"西方近代社会开始才谈得多起来,其内容随时代向前而有所变化发展。以"文化"(culture)为例。英国学者雷蒙德·威廉斯写了一本书,叫《文化与社会:1780—1950》,他在序言中说:以"文化"一字而言,它本是"天生成"的意思;在18世纪末和19世纪早期一变而有"习惯和心情状态"的意义,第二次又变成"社会、知识发展一般善"的意思;再则进而变成"艺术一般总称"的意思,最后到19世纪后期就发展成为包含"物质、知识、精神全部生活方式"的意思了。我们现在说的"文化",往往与最后意义相似。由此可见,文化是人类社会历史实践过程中所创造的物质财富和精神财富的总称。至于"文明"(civilization),通常也称"文化",有物质文明和精神文明。

2. 这个近代社会意义的"文化""文明"我国是怎样应用起来的呢?先翻翻我们的老底。《周易·贲·彖》曰:"(刚柔交错),天文也。文明以止,人文也。观乎天文,以察时变;观乎人文,以化成天下。"周易研究者对此解释说:观视天文,明刚柔交错的现象,就能察知四时寒暑相代谢这种质性的规律,观视人的文明礼仪各止其分的现象,就可以教化天下,使人人能具备高尚的道德品质。这段话里谈到了"文明""人文",且"观乎人文,以化成天下",也有"文化"意义在其中。因此,以"文化""文明"译西方的 culture、civilization,很有不谋而合之处。

3. 浅谈人文。人们往往把人文与自然两个概念对立起来。但从"从猿到人"的发展看人本来与其他动物一样是一自然。告子说:"食色,性也。"人与禽兽都一样。然而又称是"万物之灵",那么"灵"在哪儿?人与一般动物不同在于:人有思想,能自觉运用工具进行生产。人类以社会生产谋生存,创造了社会生活,同时创造了文化、文明,使人生不断增加了人文精神。衣、食、住添加了人文因素,行的进步不断扩大了人文圈。人类也与其他动物一样传宗接代,但只有人类有富于人文意味的婚姻制度。人有了家庭,有了社会上各种人与人的关系,有了国家,有了种种典章制度,人类生活融汇成一个社会大人生。谈人文性,不妨说人文就是这社会大人生。语言文字是表情达意的工具,是人们最重要的交际工具,它关系到社会的一切方面,关系到社会的精神文明,关系到在人类社会中如何做人。语文教学中的人文性就是在进行语言文字训练时,要面向社会大人生,既在语言文字的应用功能上下工夫,又紧扣工具训练,撒播做人的良种。

再赘言一句:"文化""文明"和"人文"有相同之处,人们往往混用,但仔细辨别,确有不同。如果说"文化"是人们创造的物质财富和精神财富总称的话,"人文"则侧重于精神财富;如果说"文明"有物质文明和精神文明的话,"人文"则侧重于精神文明方面。

程: 于老师,中语界以前也有人谈人文性,大致说来有两种情况。一种是将"人文性"作为与"科学性"相对的概念,如"高扬人文主义,抑制科学主义",又如"是人文主义,还是科学主义"。这种提法往往是受哲学界的影响,比如现代哲学就将人文主义特指与科学哲学相对立,否认科学理性的作用,强调人的非理性因素的哲学理论,也就是与科学主义相对抗的现代人本主义。另一种情况是把语文学科划为人文学科的一门,具有人文学科的一般特性,把人文作为语文的上位概念。于老师,您所说的人文性与上述两种说法既有一定的联系，又有一定的区别，您是从一个新的角度从更深层次来谈的，是从语文教育的性质来谈的，给语文教育定位，其价值和意义是显而易见的，就这点而言，您所否定的和您所试图建立的都是根本性问题，这无疑是很有气魄的。

于：这一问题更是个争论不休的问题，我国五四以来也对民主和科学争论至今。若要对此问题作初步较全面的了解，可读一读中国人民大学出版社出版的肖峰著的《科学精神与人文精神》；若要了解五四以来关于它的争论，值得一读的是北京三联书店发行的林毓生著的《中国传统的创造性转化》。

关于"科学"，我曾查过权威的英文字典，解释可译为：被安排成有条有理的知识，特别是得之于对事实观察和实验的知识。当然这只是常识性的浅近的解释，对于自然科学完全合用，用之于诗文则有扞格。比如杜牧的《江南春》"千里莺啼绿映红"，《登徒子好色赋》形容美人"增一分则太长，减一分则太短，著粉则太白，施朱则太赤"，等等，若死心眼儿一里两里、一分两分去抠，不仅讲不清楚，而且有损形象，有损意境，破坏了想象力的发挥。比如后者，若进一步问"那美人究竟多长多短、多白多赤"，恐怕谁也答不出。

讲科学方法，如果对问题本身没有具体而实质性的了解，片面地加以演绎，就会犯形式主义的毛病。《荀子·非十二子》中，每批判了一种学说后，总加上一句"然而其持之有故，其言之成理，足以欺惑愚众"。出发点错了，一味演绎，看来言之成理，反而会在歧途上愈走愈远。我对应试教育以及其中支离破碎、似是而非的应试题往往有如是观。

关于人文性，必须明确人在社会中摆好应有的位置，在科学技术高度发展的今天更有一个在自然中摆好位置的问题。就拿近代以来西方的一些科学家来说，有的以冷冰的科学态度对待一切，不考虑其对人类的危害。极少数的科学家同时又是思想家，爱因斯坦是光辉的例子。他不仅是本世纪最伟大的科学家，也是富有深刻哲学探索精神的思想家，他对人类社会有深深的责任感，在他身上闪耀着人文的光辉。他认为只有"把社会服务看作自己人生最高目的"的人，才有可能成为一个伟大的科学家。

由此可见，人在社会中位置的问题，千言万语说到底就是"做人"的问题，做有理想、有道德、有文化、有纪律的人。人只有在社会中摆正位置，对人类社会具有较深刻的责任感，才会在自然中摆正位置。这在今天物欲横流，对自然大破坏、造成大污染，危害人类生存之际，人们摆正在自然中的位置尤为重要。而要摆正在自然中的位置则要靠人文的力量。人们对于自然不可一味征服破坏，因为自食苦果的还是人类自身。我们常说与人为善，今天也应学会与自然为善。对青少年的教育不仅要着眼于让他们在求知的过程中学会在社会上好好做人，而且要着力引导他们有眼光、有远见，懂得协调与自然的关系。我们要培养的是有志气、有抱负、有民族优秀精神的跨世纪的新人。语文学科是实用的涉及面最为广泛的学科，在教学中不可须臾忽视这样的培养目标。

程：您所谈的人文性与《语文教学大纲》所谈的思想性有何区别？我觉得您用人文性取代思想性，使语文教育的学科定位更逼近真理，与过去的"思想性"的提法相比，人文性的内涵更加丰富，思想性的提法则相对更狭隘，着重于对学生进行思想教育，搞不好会变成单一的政治教育，"人文性"侧重于培养学生的健康人格，涉及情意态度、气质性格、思想修养、心理品质等等方面，强调语文教学的人文性，也是突出学生在语文教学中的主体地位，不知我这个理解是否正确？

于：一般提思想性无可厚非，人总要思想，并需认真去思想。但以往一度把思想性误解为只是贯彻政治思想教育，以致把语文课上成"政治课"，这是不可取的。但这个缺点很快被发现、被纠正了。

您阐述的"人文性"内涵我基本同意。知、情、意，人格、情感、意志、性格、心理品质等等，均蕴含其中。至于"人文性"表现在师生观方面的问题，我是这样认识的，学生应该是学习的主人。外国有句很幽默的话，"作为动物，我得吃；作为人，我得学习"。我们的学生是有思想的活生生的人，在学习中他们应该处于主体地位。教与学是一对矛盾，在教学中教师是矛盾的主要方面，启发、引导、点拨学生学，起主导作用，须千方百计调动学生学习的主动性、积极性。在语文教学中教师要目中有人，要尊重学生，使学生个性获得发展，要牢固树立学生是学习的主体的观念。"师傅引进门，修行在自身"是教与学辩证关系的生动写照。

　　程：您强调的人文性与工具性的统一与过去人们谈的"文道统一"是否一致，有何区别？

　　于：古人有学道、学文之不同。顾随先生在《宋诗略说》开头写道："古人说'文以载道'、'诗言志'，故学道者看不起学文者（程伊川以为学文者玩物丧志），学诗者又谓学道者为假道学——二者势同水火，这是错误。若道之出发点为思想，若诗之出发点为感情，则此二者正如鸟之两翼不可偏废……人既有思想与感情，其无论表现于道或表现于文，皆相济而不相害。"于是人们又有"文道统一"的提法。

　　语文教学中谈的"文道统一"，实际上已赋予新的内容。如果说是旧瓶装新酒的话，所装新酒乃是"形式与内容"，或"语文形式与思想内容"的统一。凡事凡物皆有内容与形式的问题，所以我在拙文中提出了工具性与人文性的综合。与古人谈的有所不同，今天所装新酒更为贴切，清纯，富有时代色彩。须知：语文学科是一门实用而又多彩的人文学科。

　　程：人文性与工具性之间可有轻重之别、主次之分？强调人文性会不会因此忽视工具性？

　　于：从写文章角度看，人们常常提"意在笔先"，"意犹帅也"，显然是以内容为重，内容为主。其实内容与文笔有机结合，思想感情为里，语言文字为表，二者结合得好，必然相得益彰。

　　语文教学中工具性、人文性皆重要，不可机械割裂。抽掉人文精神，只在语言文字形式上兜圈子，语言文字就因此失去灵魂、失去生命而黯淡无光，步入排列组合文字游戏的死胡同；脱离语言文字的运用，架空讲人文性，就背离了语文课，步入另一个误区。二者应有机结合，使之相得益彰。过去我们反对把语文课上成政治课，提倡人文性，当然不能把语文课教成思想修养课、道德品质课或其他课等等。语文课就是语文课，须把握它的本质性，在语文知识教学、语文能力训练中贯彻人文精神以培养学生，收潜移默化、春风化雨之功。

程： 于老师，您提出的人文性问题，也许有人会以为仅仅是口号变更、概念转换而已，我以为用"人文性"取代"思想性"当然是概念的转换，因为概念的变化就意味着内涵的变化，就意味着我们对事物认识的发展。但并不仅仅是概念的变化，首先，您所提的人文性问题就源于语文教学的现状，而且您之所以提出人文性，根本目的是要使语文教学界走出困境，提高语文教学效率。语文教育的性质涉及语文教育系统的方方面面，于老师您提出了一个思想，并指明了方向，如何把思想变为行动，变为语文教育的物质大厦，需要许多人的共同努力。谢谢于老师。

(本文原载于《文汇报》1996年4月15日，有改动)

新语文，把"人"字写得更大些

何郁（以下简称"何"）：程校长，您是新一代语文教师的代表之一，年轻、热情、锐利，思想充满活力，不仅新见迭出，而且著述颇丰。您的身影活跃在语文课堂，活跃在师生中间。在教学中，您以鲜明的教学风格赢得了广大师生的热爱和欢迎。特别是在培养学生人格方面，您更是显示出了独具魅力的探索精神。我注意到，您关于学生人格培养的思考，很早就开始了，那个时候，新课程还没有像现在这样铺开。您那么早就开始关注这个问题，对这个问题，您有一些什么独特的看法？

程红兵（以下简称"程"）：说不上独特的看法，但关于培养学生健康人格这个问题，我很早就开始思考，这倒是事实。还在20世纪90年代前期，我就在《中国教育学刊》《天津教育》和《中学语文教学参考》上发表了三篇论文，谈到了培养学生人格的问题。评上特级教师以后，我更是系统地阐述了这个问题。2003年，我出版了《程红兵与语文人格教育》一书，可以说是我对语文人格教育长期思考和研究的一个结晶。

关于人格教育，我作了一些思考，我是回归原点思考，就是从语文教育的原点来探讨语文教育的问题。现在我们不是都在说语文教学有问题吗？如果有问题，那么问题出在哪里？尽管我的探讨可能不完全，但探索总归是有价值的。对中国语文教育的忧虑，迫使我回到原点思考语文的问题。语文课到底干什么？教语文的目的是什么？我想，语文教育的目的还是培育人，培育能够熟练地掌握和运用母语的人，培育具有人文精神的人。语文既教人"学文"，又教人"做人"，这大概就是语文的人文性，也就是古人所说的"文道合一"吧！我想说的是，学语文是一个综合性的活动,任何孤立地"学文"或者"做人",都会割裂语文的生动性和整体性,都会扼杀语文的生命活力。

何:在培育人的问题上,您特别注意培养学生健康的人格,这是不是说,您认为培育人,最重要的就是要培育人的人格?为什么培育学生的人格会成为培养学生成才最重要的问题呢?

程:应该说,在培养学生成其为人的时候,人格是最核心、最重要的因素。人格是一个人一切心理素质的综合体现,有什么样的人,就会有什么样的心理和言行。学生和学生的差别,也主要反映在人格的差异上。还有,许多研究表明,对一个人的发展和成就起决定作用的,不是一个人的知识,也不是这个人的能力,而是人格。我们经常说,我崇拜某一个人,在很大程度上,是在崇拜这个人的人格,被这个人的人格魅力所吸引。

再说,人本来就是一个综合体。我们一出生就是一个完整的人,有头,有胳膊,有腿,有思维,有心灵。请注意,我用的是"完整"这个词,这说明人不是后天拼装出来的。人不同于一台电脑,也不同于一部轿车,电脑和轿车是由若干个部件组装而成的。人是一个"全息"的生命体,是一个鲜活的生命。人应该是一个整体,我们的教育应该正视这一现象,我们教师必须树立整体意识。这个整体意识就是关于人的全面发展的思想,就是人格教育的思想。以前的分科教学有它进步的地方,但分科教学忽视了人的整体发展,所以它也有不合理的地方。我们的语文教育应该弥补这个缺陷,因为语文是综合的,是整体的,是关乎人的全面发展的。我们既要培养学生"学文",也要培养学生"做人"。

何:关于人的培养,是一个亘古常新的题目。而人格的培养,古代和近代虽然涉及得少一些,但已经有鲜明的论述了。比如中国古代大思想家孔子,就曾经提出"君子"的理想人格。西方文艺复兴时期,一些思想家主张大力发展人的潜能,全面地学习知识,他们提出了"全才"的观念,这说明,人格教育也是一个很古老的话题。那么您认为,在新课程的背景下,我们的人格教育与古代相比,有哪些进步,哪些不同?

程:这个问题恐怕涉及教育的目的和培养目标问题。教育的目的不同，培养目标不同，很自然地人格教育的理想就会不一样。比如，孔子想把人培养成"君子"，卢梭想把人培养成"自然发展的人"，而尼采认为应该培养"超人"。在中国古代，教育的目的就是为统治阶级培养接班人，说通俗一点，就是培养官吏。所以那时候，读书的根本目的就是为了将来做官，这样的教育是面向少数人的。在近代，随着工业革命的兴起，社会进入了一个机械化时代，社会上需要大批掌握一定技能的劳动者。教育的目的是为工业时代培养熟练的技术工人，因此"知识"和"技能"成为那时理想人格的两大特征。无论是古代还是现代，人格教育都打上了工具的烙印。马克思认为，资本主义工业时代，人被异化为"工具"。现在我们是真正把学生当作人来培养，人格教育成为新的课程改革中最亮丽的一面旗帜。我们的教育是面向全体的，是面向每一个学生的，我们是充分尊重人的，我们的教育目的不是要把人培养成某个方面的工具，而是要把人培养成"人"。在我们的新课程标准里，就鲜明地把"以学生发展为本"这个思想写了进去，并把它作为我们的行动指南。

著名教育家夏丏尊曾经说过，我们培养人，好比是挖一个池子，不能只注意到如何挖池子，而忽略了池子里的水，这水就是爱，就是情。夏丏尊先生讲的意思是，我们要用"爱"来教育学生。这句话刚好也可用来说明人格教育的问题。我们的教育不能只关注教学形式，而把教育的初衷丢了，不能忽视学生的人格。我们要把培养学生的人格作为语文教育的重点工作来做。

何：在您看来，您想把学生培养成为一个什么样的人？换一句话说，您理想中的人格教育应该有一个什么样的标准呢？

程：我认为应该把学生培养成一个健康的人，拥有一个健康的人格。什么是健康的人格呢？结合我们建平中学的实际情况，我们把一个学生健康的人格教育分成下面五个方面：1. 自立精神：主要含义是学会学习，学会生存，自信，自强。2. 共生意识：主要含义是要善于和他人和睦相处，和社会共同进步，和自然和谐相处。3. 科学态度：在科学的品质里，有两样东西最重要，一是"实事求是"，二是"批判精神"。4. 人文情怀：

我们强调两个方面，一要关爱他人，同情弱者，理解他人，接纳他人；二要对人类自身充满终极关怀。5. 领袖气质：要重点培养学生具有一种自我牺牲精神，一种责任意识，一种组织、协调、管理能力。我认为在中国，不缺少那种尖端的科学家，我们在各个层面上都缺少的是能够成功领导一个团队或梯队的领导人。

何：您说的太好了，很有现实意义。最后，我还想请您结合自己的语文教学，谈一谈您是怎样进行语文人格教育的。

程：我认为人格教育和语文教育是水乳交融的，是始终结合在一起的。对学生的人格教育，体现在语文教育点点滴滴的过程当中，这一切是自然而然发生的，绝不是人为的。比如我在教贾平凹的《丑石》时，刚开始学生不理解贾平凹在文中所表达的"甘于寂寞"的思想。有的学生说，贾平凹作为名人这样说话，是站着说话不腰疼，他自己出名了，反倒劝别人甘于寂寞。在这种情况下，我就引导学生查找贾平凹的生平资料，研究贾平凹的生平，后来学生明白了，贾平凹在多次失败后，认识到父亲给他起名"平娃"是希望他一生能够平平安安，而人生之路并非平坦的，因此他将自己的名字由"平娃"改成"平凹"。这时又有学生提出，"甘于寂寞"在《丑石》提出的当时或许还有意义，但是在现在就有些不合时宜，我们现在是要张扬自我，是要向社会推销自己，又怎么能"甘于寂寞"呢？对此，我又引导学生讨论北京大学"王某某事件"，使同学们认识到，要想学有所成，就必须"甘于寂寞"，就必须"板凳甘坐十年冷"，就必须克服浮躁的情绪。在这里，既是语文教育，又是人格教育，人格教育自然而然地渗透在语文教育的全部过程中。

何：从我自己的成长经验来看，"做人"肯定是要学习的，问题是怎么学，是不是一定要生搬一套东西加在我们身上，这个问题我们还可以再讨论。关于做人，有两点建议，我以为不妨记住，一是认真读点好书，二是用心向生活学习。

（本文原载于《语文世界·高中版》2004年12期）

二、语文教研

试论语文教学研究的哲学性与实践性

一、当前语文教学研究的问题所在

1978年以来语文教学研究轰轰烈烈，期刊之多，参加教研的人数之多，研讨会之多，论文之多，在中学各学科中无出其右者，确确实实取得了令人瞩目的成绩，百花齐放，百家争鸣，教派林立，教法纷呈。但我们也不无忧虑地看到，语文教学研究虽然耀眼，但不辉煌；虽然成果不少，但成就不大；虽然变化不小，但并没有从根本上改变语文教学落后于时代的现状。语文教学研究潜伏着不少较为严重的问题，出现了一种假性繁荣现象。

就面上情况而言，只要冷静地看看，我们就可以发现，书刊、论文虽多，但冠之以"××教法""××程序"的经验性文章多，名之以"××思维训练"或"××能力培养"的习题多，花样翻新但内容依旧的备课资料多，形形色色的作文指导多。而探讨语文教育思想的少，探讨语文教育规律的少，宏观反思与微观分析相结合的少，辩证思考、公开争鸣的少。教法教派虽多，但能够解决实际问题，且具有可操作性、可重现性、真正有推广价值的并不多，能够大面积提高语文教学质量的更少。如果进一步分析探讨，我们可以看到，现阶段的语文教学研究对语文教学的根本问题不能给予深刻的阐释，比如传授语文知识、培养语文能力这些是语文教学的目的，而语文教学的目的是不是仅止于此？如果不是，那么语文教学的终极目的是什么？我们处在一个崭新的时代，这个时代、这个社会对语文教学的要求到底是什么？评价语文教学的根本标准又是什么？语文教学的远景如何？这些问题至今仍无人能给以科学而真切的描述。语文教学一些实质性的、普遍性的问题，不能得到具体有效的解决，比如现行的考试制度，大家都认为有许多弊端，但到底如何检测学生的语文成绩，以什么样的检测形式取代现在的高考，仍不得而知。

语文教学研究呈各行其是的状态，各自为政。就自身而言，往往有种视优心理，只看到自己的优点，沾沾自喜，自我欣赏，看不到自己的短处；就他人而言，往往有种捧优心理，多栽花，少插刺，发现典型极力扬其长处，对问题则视而不见，因而缺乏批评与自我批评，语文教学研究的争鸣气氛非常冷淡。语文教学的一些实验改革，缺乏哲学思想基础，徘徊在经验的层次上，因而不具备广泛的指导意义。至今，从学生学习的角度讲，什么样的教法、学法最佳，一些成绩卓著的专家学者，他们较高的语文水平、语文能力从何而来，如何获得，仍不得而知。

基于上述情况，我们不得不说，语文教学研究是落后的，落后于时代，落后于语文教学实践，其落后的外部表征是脱离语文教学实践，其落后的深层原因是缺乏哲学指导，没有从经验、现象中抽象出来，而成为一种高度概括的规律反映。从事语文教研的这支队伍，大多数是中学一线教师，受主、客观条件的限制，不少语文教师的教研活动往往局限于一地、一时、一人，往往是从自身教学实践的这一点出发，归纳出"一般性"的结论，实际上往往是就事论事，泛泛而谈，没有抽象概括后的高度集中和凝练，它所能指导的教学实践也是十分有限的因而被人称为"亚理论"。正确的语文教研应该是在先进的哲学思想指导下，对丰富的语文教学实践，进行广泛深入的研究，然后基于此，进行抽象概括，最后回到实践，指导丰富的语文教学实践。只有这样，语文教研才可能具有它本应有的超前性，而不至落后于时代。

二、语文教学研究的特性及其相互关系

任何一种理论体系都主要有两方面的指向，一是解释或预测，一是规定或建议人们应该做什么或怎么做。语文教学研究的构成内容，最基本的

也是两大方面：第一，对语文教学的一些根本性问题，诸如语文教学的本质、目的和价值，语文教学的一些原则性要求等，用先进的哲学思想来加以解释；第二，对语文教学实践中的问题和经验加以分析、总结，找出一般性的活动规律，是为归纳，将抽象性的语文教学思想、教学理论，转换成具体的、可操作的教学方法、教学手段和教学程序，使语文教学理论服务于语文教学实践，此为演绎。

这两方面的构成内容决定了语文教学研究的最显著特性，其一是哲学性，其二是实践性。二者相互依存、互为基础。没有哲学性，语文教学研究缺乏先进思想理论的指导，缺乏高度和深度，语文教学实践不可能向纵深发展，不可能产生根本性变革；没有实践性，语文教学研究就断绝了生活之源，不能使理论向教学实践迁移，语文教研虚浮在理论的天空里，失去应有的价值和意义，而且语文教学研究的正确与否，乃至于哲学理论指导的得当与否，都无法得到验证。

哲学是语文教学研究的理论统帅，其作用主要是：作为理论原则对语文教学的目的、目标和内容有规范作用，作为方法论对语文教学和语文教研有指导作用，作为理论形式对语文教学的理论和实践活动有分析总结和概括的作用。哲学是使我们对语文教学的认识得以理论化并使之不断发展的理论前提。语文教学研究是一种综合性、全面性的研究，必须用哲学方法论来驾驭，才能形成一个体系。只有在哲学的帮助下，我们才能把语文教学研究提高到理论的水平上，使其摆脱经验水平的狭隘性；只有在哲学的帮助下，我们才能对语文教学中出现的具有一般性和整体性意义的问题做出回答，只有在哲学的帮助下，我们才能分析、说明和解释语文教学现象，并不断地得出新的结论，推动语文教学研究和语文教学实践的发展，只有在哲学的帮助下，我们才能把语文教学研究组成一个有机的、系统的整体。

哲学的作用还体现在提高语文教学研究工作者的素质水平上。作为思维方法和范畴体系的哲学，本身就有着提高人们的思想意识和思维水平的功能。马克思主义哲学可以培养人们思想和思维的深刻性，认识和理解上的整体性，探究和预测上的前瞻性，个性和人格上的进取性。

如果说语文教学研究的哲学性说的是语文教研思辨、抽象的一面，那么语文教研的实践性说的是语文教研具体可感的一面。哲学性强调的是对语文教研从宏观上居高临下、高屋建瓴的驾驭，实践性强调的是对语文教研从微观上洞若观火、明察秋毫的把握，哲学性服务于语文教学是间接的，实践性服务于语文教学是直接的。

丰富多彩的语文教学实践是语文教研的源泉，它决定着语文教研课题的选择。语文教学实践中一些迫切需要解决的问题，就是语文教研的重点选题。语文教学实践既是语文教学研究的服务对象，又是语文教学研究的发展动力。语文教学研究必须认真总结实践经验，针对性地回答语文教改实践中的问题，这样一来，也推动了语文教学研究自身的发展，在实践的催动下，语文教研合着时代教育的节拍，更迅猛地向前进。

语文教学实践也是验证语文教研成果的标准。来自实践的理论的正确与否，是否符合语文教学实际，是否能指导教学，有多大应用范围，都靠语文教学实践来验证。说到底，语文教研就是研究语文教学实践固有的客观规律以及如何运用这些规律更好地发展语文教学的一种活动。

三、如何处理好语文教学研究哲学性与实践性的关系

如何使语文教研既有哲学的高度，又能广泛地切实地指导具体教学实践呢？

（一）要处理好远近距离的辩证关系。首先是理论武装，研究者要站在哲学的高度上，要有一定的距离，才能俯视，才有深度，才能发现语文教学实践中的问题，才能高瞻远瞩地看到未来，立论的起点就比较高。其次要贴近现实，要广泛深入地调查语文教学实际，不能只局限在一个点上，要重视调查研究的宽度、区域度，形成一个扇面，这样视野就比较开阔，又切合实际。总之，既要有远距离的俯视，又要有近距离的细察；既要深入进去，又要跳将出来；既站得高，看得远，又脚踏实地，植根于深厚的语文教学实践的土壤中：这样语文教研方能向纵深发展，取得突破性

进展。

（二）要善于学习、借鉴新方法。语文教育工作者，不是像工匠那样进行机械性劳动，而是依靠一定理论观念进行复杂的创造性劳动，一定要研究方式方法。理论界的两种新方法值得我们借鉴。第一，假说——演绎法，就是在深入研究对象系统的基础上，根据事实，以及在事实基础上作出的概括，经过思维加工改造，提出作为理论前提的假说，再以假说作为科学理论的出发点，逻辑地演绎出各种推论，构成一个理论体系，这个理论体系恰能解释和预见所研究对象的各种现象。使用这一方法，可以使人们有可能最大限度地发挥理论思维的作用，缩小为深入研究新的理论所必需的经验材料的范围，可以保证以少量真实的前提得到大量新的、逻辑必然的推论，这就明显地加快了研究的速度和效率。恩格斯说得好："归纳和演绎，正如分析和综合一样，是必然联系着的，不应该牺牲一个而把另一个捧到天上，应当把每一个都用到该用的地方，而要做到这一点，就只有注意它们的相互联系、相互补充。"[①] 假说——演绎法就是综合归纳与演绎两种方法的长处而设计的一种方法[②]。

第二，行动研究。行动研究是要求行动者参与研究，研究者参与实践，并在研究和工作中相互协作的研究方法。由于职业的影响，高校的语文教学法教师和其他专职从事语文教学研究的理论工作者，往往站在"知识发现者"的角度，对他人、对中学语文教师及其行动作研究，又由于他们期望获得客观的、超然于个别、具体现象之上的一般知识的强烈倾向，不管是采用思辨定性的研究范式，还是遵循科学定量的研究范式，他们总是有意识地与实践活动、实践工作保持一定的距离，或者说是保持相对独立，这种"对他人"的研究，这种与语文教学实际工作的距离，固然对保证理论的客观性、普遍性和可重复性有着十分重要的意义，但是，这也是理论工作者低估或否认实践者——中学语文教师对实践的认识能力、低估

---

① 马克思恩格斯选集（第3卷）[M]. 北京：人民出版社，1972：548.
② 赵闾先. 教育理论的发展与研究方法创新[J]. 教育理论与实践，1990（6）.

或否认实践者的感受和经验对知识产生的作用的重要根源,这也是理论工作者创造的理论往往带有臆断先验色彩,或难以为实际工作者理解接受,难以在实践中操作运用的重要根源。

另一方面,理论工作者与实际工作者的距离也会强化实际工作者以本人的个别经验作为工作依据的倾向,对理论研究漠不关心或望而却步。行动研究要求实际工作者积极思考、参与研究,要求理论工作者深入实际,参与实际工作,要求两者相互协作、共同研究。理论工作者参与实践,可以使他们从"局外人"转变为"参与者",从只对"发现知识"感兴趣转变为负起解决实际问题的责任,理论工作者的参与也可以使他们更直接深入地观察行动者——中学语文教师和行动过程,并用实际工作者能理解的语言把共同研究的成果表述出来,以便实际工作者改进他们的行动和工作。这样,行动研究就以相互参与和共同研究的方式,在理论工作者与实际工作者之间架起了桥梁,也缩短了理论研究与实践活动、研究成果与实际应用之间的距离[①]。

上述两种方法,我们不妨一试。在实际工作中还可以不断摸索,尝试新的方法。总之,只要我们真正做到哲学性与实践性的统一,脚踏实地,又高瞻远瞩,就能构建语文教学研究的宏伟大厦。

(本文发表在《上饶师专学报》1993年第2期,有改动,后被《高等学校文科学报文摘》1993年第5期转摘)

[①] 张民选. 对"行动研究"的研究[J]. 华东师范大学学报(教育科学版),1992(1).

语文教学研究如何深入

谭消长（以下简称"谭"）：今天听了一堂《教育科研导引》的培训课，教授提了一个问题，什么是学习型备课，什么是教育科研，教授认为：前者是浅层次的，后者是高层次的，我们语文教师应该由学习型备课向教育科研过度。我个人认为这个说法欠周密，因为学习型备课既有浅层次的，也有深层次的；教育科研既有深层次的，也有模式化的废话、套话。但是教授的出发点是好的，他使我想到另一个问题，语文教学研究如何深入，如何发展，我们现在的研究徘徊、停留在同一个层面的比较多，大家谈来论去，没有深入，没有新意，只是彼此重复，久而久之，语文教育研究无法发展。80年代讨论的，90年代仍在讨论；上个世纪的话题，新世纪仍然老话重谈。思想观念上没有彻底的突破，研究内容上没有实质性的区别，研究方法上没有明显的进步，研究手段上没有充分更新，因此语文研究进展当然落后于时代要求，语文教学的许多实际问题依然如故，没有得到解决。这不得不让我们思考，我们如何走出不断徘徊的怪圈？其实这也是许多热心于教育研究的语文教师所关心的话题。你能否给老师们谈谈如何使研究走向深入？

程红兵（以下简称"程"）：对你的观点我是有保留地赞同。赞同的是，从总体上看我们的语文教育研究确有不尽如人意的地方，我们语文教师的研究是有待深入；有所保留的是，我们语文教学研究并非总是徘徊停留在同一层面上，如果你稍加留意，你就能发现很多地方发生了很大的变化，比如我们天天都在使用的语文教材，从1978年到现在已经变了很多次，你不能不承认是越变越好。再以1978年以来的两次语文大讨论为例，你也可以发现我们语文发展的轨迹。第一次大讨论是在1978年，是以吕叔湘先生发表在《人民日报》的一篇文章引发的，吕老文章的意思是语文课时最多而收效最微，引起了全国范围内关于语文教学效率的大讨论。二十年之后，1997年《北京文学》引发的主要是关于标准化试题泛滥成灾、语文人文性严重失落的大讨论。话题的不同其实可以看出语文研究的进步。

谭：在两次大讨论中间还有若干次讨论，其中就有过关于提高语文教学效率的讨论。当然，语文教学效率的提高也可以说是语文教育研究永恒的话题，任何时候都会在不同层面上出现这个问题，并讨论这个问题。我想这不是今天我们的主要话题，我们还是言归正传吧。

程：系统地回答如何使语文教育研究走向深入这个问题不是我所能做到的，应该阅读一些教育研究方法论之类的书籍。不过我可以举一些语文教育研究的基本问题作为实际例子来谈，这或许有点作用。先说语文教育目标吧，关于语文教育目标，我发现近年来有一些新的研究成果出来，其观点本身值得我们注意，而且就其研究方法来看，也值得我们学习。不妨让我来复述一下其主要内容，从中看看其研究的逻辑轨迹。

人们对语文教学的具体目标的认识，大体经历以下三个阶段。

1. 一维教学目标阶段。最早，人们把人的语文素质理解为听说读写、语修逻文的简单相加。人们把语文素质理解为一维的结构，即构建的内容。这种理解存在以下问题：（1）它把极为复杂的素质结构看得过于简单；（2）人们只重视构建的内容，忽视了构建的结果和过程，缺乏动态观；（3）构建内容也存在很大的片面性，没有把人格因素纳入其中；（4）强调社会对人的语文素质发展的客观要求，即外在目标，忽视内在目标以及外在目标转化为内在目标的内化过程；（5）只看到语文素质发展的动力来自外力的推动，忽视内因是根本的动力，学生的主体地位不落实；（6）根据这种理解所设计的教育教学是低效的，学生语文素质发展的理想难以实现。

2. 二维教学目标阶段。随着社会的进步和人们对语文学科研究的深入发展，人们认识到语文学科教学只传授语文知识技能是不够的，还应重视培养语文能力、发展智力。经过一段时间的语文教育实践，人们认识到还要培养非智力品质。至此，语文教学目标的第二个维度基本形成。这一点受布鲁姆影响很大，布鲁姆的教学目标分类理论是二维教学目标的典型代表，他认为教学目标是由构建内容和构建结果组成的。他的贡献是把情意目标纳入教学目标之中，注重在学科教学中培养能力、情感等心理品质。但是，这种二维教学目标理论仍有局限性：（1）它没有明确人格的独立地位和构建学科人格教育系统的重要性，情意教育缺乏系统性，力度有限；（2）它没有明确提出构建过程，即内化过程，学生人格素质结构缺乏自我完善的内在动力，学生的主体地位仍难以落实。

3. 根据社会和人自身发展的需要，在上述二维目标的基础上，提出语文教学目标的第三个维度，即构建过程。构建过程是指在语文教学过程中，学生主体自定目标、自我评价、自我激励、自我调控，实现目标的自主构建过程。没有自主构建过程，构建内容（即外在目标）就无法内化为构建结果（内在目标）。有了自主构建过程就形成了一个三维教学目标体系，它包括构建内容、构建结果、构建过程三个维度。

自此我们对语文教学的三维目标体系的含义及其研究轨迹已经非常清楚：

1. 一维是构建内容——听说读写协调发展。构建内容是指如前所说的耳目口手体，"耳、目"属于汲取信息的能力；"口、手、体"属于输出信息、表达思想的能力。

2. 二维是构建结果——知（认知）、情（情感）、意（意志）的和谐发展。关于健康人格的构成要素有诸多说法，通常人们多指真善美、知情意。笔者认为语文人格教育的具体目标主要包括认知、情感、意志三个方面。

3. 三维是构建过程——自主构建过程或内化过程。自主构建能力在构建过程中形成、发展、表现。自主构建既是过程，又是一种能力。自主构建是素质结构（即教学目标体系）的动力系统和自我监控系统。培养自主构建能力主要包括：（1）发展主动性（目的性、计划性、自觉性、进取心）；（2）发展自我意识（自我认识、自我体验、自我调控）；（3）增强自我教育能力，正确地认识、评价、激励和调控自我，不断完善自我、超越自我，与环境保持积极平衡；最终实现培养和增强学生的主体意识。

由内容而结果，由结果而过程，这就是语文教学目标体系的研究纵向研究轨迹，层层深入，步步递进。

谭：听了你这番介绍，我对三维语文教学目标的理论和实践意义有了一定的了解，自主构建过程揭示了素质发展的动力机制。二维语文教学目标的外在目标与内在目标是割裂的、静态的，结构松散，主体性缺失。自主构建过程的加入，使外在目标与内在目标连成一个有机整体，并使素质结构具备了自我发展的动力系统。这是对布鲁姆教学目标理论的发展。自主构建吸取杜威理论重视个性发展的合理内核，又有别于他的"儿童中心论"。自主构建将努力使叶圣陶的"教是为了不要教"的理想成为现实。三维语文教学目标是和谐发展的语文人格教学思想的集中体现。它体现了语文教学以人为本，以学生和谐发展为本的教育思想。就语文教学目标的研究走向来看是先内容、然后到结果、最后到过程如此纵向步步深入的。这对我们的研究不无启发，因为内容、结果、过程这三个维度在其他方面的研究也应该会涉及。

程：是的，这种纵向深入的思维方法我们完全可以横向迁移用于其他研究。当然事物并不都是沿着同一轨迹纵向深入的，有时候它是一个范式替代另一个范式，一种新的理论否定旧的理论。教学是一个抽象的范畴，它只有置于活动过程中才有其意义，也只有在活动过程中各种教学问题才会表现出来。正是由于与其他要素构成了一个活动过程，教学主客体才在活动中发生关系，才在过程中表现关系。因此，只用静态、共时的方式来考察存在于过程之中的教学主客体关系，得到的只能是过程的某一点中存在的主客体关系，而不是这一关系的全部。例如，如果肯定学生是教学的主体而不作动态分析，那么学生在不同的年龄阶段、面对不同的教学任务与内容、在教学过程各环节中始终是主体吗？还有，学生主体地位的获得过程是什么？他是怎样由潜在的主体成为现实的主体的？这样的问题不解决，学生主体论恐怕立足不稳。而这样的问题如果用静态、共时的方式去把握则是很难奏效的，因此，用动态、历时的方式探究教学主客体关系乃是学理之正道。

我以为师生主客体关系应该是相互主客体渐变关系，简言之为"相互主客体渐变"说，具体说来，教师是教授过程的主体，学生是学习过程的主体，教师的主体作用是逐渐隐蔽、逐渐减少的，而学生的主体作用是逐渐增强的。（参见上文《语文教育价值观管窥》）

谭："相互主客体渐变"说，想来是你的得意之作，我想你这个研究成果是横向展开，由静态而动态，用一个范式取代另一个范式。

程：你只说对了一部分，我这个研究成果是横向展开，由静态而动态，但还算不上用一个范式取代另一个范式。什么叫范式？学术界的"范式"，通常都援引科学史学家库恩关于范式的含义，那是指从事同一特殊领域研究所持有的共同信念、传统、理论和方法。你说"相互主客体渐变"说，是我的得意之作，此话不错，但是我得意时间不长就有全新的观点出来。现在有人超越了旧的范式，重新提出一个新的范式，从思维本体论转而发展到生成本体论，这种观点认为教学就不是单单的认识过程，而应是教师与学生创造自己生命意义的生活过程。教学世界作为人的世界，是人创造有意义的生活世界，教学过程是具体、现实的人之生成的历史性的实践。语文教学是生活的过程，我们应该强调其"生成性"，也就是不承认或不再假定语文教学有预先存在的本质。语文教学是师生以内在体验的方式参与教学生活过程中，语文教学过程本身就是师生创造生命意义的生活过程。这样一来，意义非常明显，将带来语文教学观的根本变革。以"语文教学的生活观"超越以往的"语文教学认识观"。在这样一种生成论的视域下，语文教学中教师与学生之间是"我与你"的对话关系。学生与语文知识之间关系也将发生变革。这种变革的实质是从"反映（认识）关系"发展为"对话（理解）关系"，从单纯的知识移植转化为沟通、对话、合作。正如库恩指出，科学思想的进步常常是通过一个范式突破并取代另一个范式而实现的，而并不总是在同一方向上的积累、提高、深化。

谭：我明白了，"教师中心说—学生中心说—教师主导学生主体说—相互主客体渐变说"的发展轨迹可以说是同一方向上的积累、提高、深化，但是从思维本体论转而发展到生成本体论就是一种脱胎换骨的变化，就是一种突破，就是一种范式取代另一种范式。

程：是的，语文教学研究是一种科学研究，作为研究者而言，应该保持一种健康的怀疑态度，许多过去或现行的理论观点可能被明天新的研究思路、新的分析工具、新的实证资料取而代之。在这一过程中，过去积累的观点知识可能不仅不是新的学术思想的基础，而且是束缚其发展的桎梏。这就要求我们对教育学术研究和学术成果或这样那样的学术思潮持有一种健康的怀疑态度。

（本文发表在《语文教学通讯》2002年第5期，有改动）

对语文批评的批评

谭消长（以下简称"谭"）："对语文批评的批评"这一命题本身有点绕口令的味道。

程红兵（以下简称"程"）：这不是故意绕口令，而是真的有感而发，不吐不快。

谭：1997年《北京文学》发起的语文教学大讨论，语文圈内圈外的人士都非常关注，说语文教学"误尽苍生"的有，说语文教学取得举世瞩目的成绩也有，旗帜鲜明，针锋相对，一时间煞是热闹，不少人因此扬了名，露了脸，成了语文教学界的知名人士。这个时候没看你写什么批评文章，很有点逍遥派的味道，是不是躲进小楼成一统，管它春夏与秋冬。

程：我不是局外人，我始终在关注着这场大讨论，一直在冷静地思考着如何使这场讨论真正转化为语文教学的发展变革。

谭：记得你以前对语文批评是很感兴趣的。大概是在1992到1993年的时候，你在语文教育刊物上大声疾呼语文教改呼唤批评，身体力行，努力实践自己的主张，在语文刊物上发表一系列的批评文章，而且直接点名毫不遮掩，我对你的注意也就是在那个时候。记得当时你和某一个权威商榷的文章使许许多多人注意到你，对不起，我的意思不是说你是靠批评名人而成名的，批评名人哄抬自己，只管得了一时，管不了长久，你已经经过了时间的考验，我想说的是你那篇文章，词锋犀利，痛快淋漓，有一种遏抑不住的气势，确实读来让人佩服。坦率地说，你以后的文章我读了不少，规范多了，但好像没有先前那股气势。

程：感谢你对我的夸奖，也感谢你的坦率。那时我写批评商榷的文章，的确是源于自己内心情感的涌动，十分真切，也非常老实，在自己的文章里规规矩矩地署上了自己的真实姓名，以示负责，并不一定是敢作敢当的所谓侠义心肠，更主要的是对对方公平，不然的话，别人在明里，而自己在暗里，很有一种打冷枪的味道，怎么说都是不地道的。

谭：记得当时一家刊物发表了一篇对你的文章进行反批评的文章，署名是"木易"，我估计就是化名，很可能是一个姓"杨"的人写的，"木""易"合起来就是"杨"。我想这位作者有他的考虑，但比较起来，我还是欣赏你的坦诚。

程：我以为批评不是为了批评本身，也不是自己逞能，体现自己高人一筹，说到底是为了帮助别人，或者是提醒别人，也是为了事业，相互切磋，共同探讨，为他人、为事业的健康发展。最近一两年读了不少批评语文的文章，应该说很多地方颇有启发，让人产生许多新的认识，产生许多感慨，但有些地方感觉不是味道，现在想提出来就教于行家。

谭：于是有了今天的话题。我想归纳起来看，你是在别人冷的时候，你却热；别人热的时候，你却冷；现在大讨论已经过去了，你又搞起对语文批评的批评。

程：我其实关心的不是讨论本身，而是语文教学的发展，讨论不是目的，而只是手段，目的是促进语文教学，从而促进学生语文水平的提高。这是我所真正关心的。

谭：正是基于这个原因，你又重新拿起了批评的武器，试图把语文批评引向深入，引向对语文学科实实在在的建设。

程：的确如此，这是实践的需要，也是语文教育本身发展的需要。语文教育是关于价值的事情，而有价值的领域，就有批评的必要，因此语文教育离不开批评，这就内在地决定了批评是语文教育改革的必要条件。1997年以来社会各界都一起来谈语文教学，不能否认其中有很多积极意义，特别是提醒我们关注圈内的许多问题，圈内的人对圈内的事见得多了，习以为常，见怪不怪，弄得不好会麻木不仁，圈外的人大吼一声，使人们猛然醒悟过来，这无疑是很有必要的。

谭：请你还是直截了当，开门见山，不必先谈优点，再谈缺点。

程：有不少相关或不怎么相关的所谓专家，他们俨然以权威自居，炮轰语文教学，批评原本没有什么不可以，但问题是看怎么批评。有的文章是借着批评语文却又不谈语文，或者不是主要谈语文，而是顾左右而言他，以语文为话头，然后大发一通牢骚，让人不着边际。有的文章撇开具体考题的测试目标，而对题目大发不满，比如对考标点符号的考题不说标点问题，而大谈其他，对考逻辑顺序的考题不说逻辑问题，而谈由此产生的感觉和联想，使人不知其目标指向到底是什么，甚而让人怀疑大学教授的逻辑知识水平何以如此低下。有的文章总是停留在语文门外谈语文，进不去，也不想进去，抓住一个话柄就扯开去，比如谈语文高考，一味地停留在说标准化试题不好，理由就是弯弯绕，题目模棱两可，著名作家王蒙只能得多少分，北大中文系著名学者钱理群只能得多少分，以此作为反证来说明高考试题如何不好，此外，就没有更多的道理。这种简单的说法几无用处，以王蒙、钱理群为例我以为欠妥。这让我想起"文革"时期，"四人帮"一伙为了整人，拿初中的数理化题目来考老专家老教授，结果不少人考得不好，道理是一样的，名家大家做不好中学题目，只能说明他们不熟悉而已，不能证明什么。

谭：那依你之见，语文高考题就不要批评了。

程：我不是这个意思，可以批评高考试题，但前提是你要进去，你要对你批评的对象有所了解，而且应该是比较透彻的研究，这个要求不过分，比如这道题目的考试目标是什么，目标有无问题，试题的表述是否清晰地指向考试目标，答案是否精确，可否有其他答案，试题的信度效度如何等等应该有所了解，顺便说一句，题目的清晰与否，不能以王蒙之类的人是否清楚作为标准，而应以考生是否确切地读懂为评判标准，因为很显然隔行如隔山，今天的高考卷毕竟不是用来考王蒙的。否则，你只是发牢骚而已，不是真正意义上的批评。

谭：你谈的比较具体，但这是否意味着人家就不能就语文高考的整体作出批评？况且圈外的人他也只能谈些模糊的感受，他不可能像你这样深入到如此微观的程度，他毕竟不是职业语文教学工作者。

程：但事实上他们的批评就涉及某一道小题这样微观的程度。况且我们站在学科建设的角度说，应该多思考语文学科如何建设，包括高考应该怎么考，试卷怎么出，学者沈韬先生提出"语文教学呼唤学科批评"就是基于这样一种批评现状提出的。那种"现象＋牢骚"式的批评，看起来热闹，但仔细想想于事无补，起码是于事无大补益的。我一直在想，语文学科的讨论，是众多学科最多的，无论是讨论的次数，还是每次参加讨论的人数，无论是发表的文章，还是讨论的会议，都是名列中小学各科之冠。但是成效到底怎样呢？到底对语文教学实际产生了多大的影响？语文学科建设取得多大的进展？学生的语文水平发生多大的变化？还是那句话，我一直在想如何使语文讨论真正转化为语文教学的发展变革，转化为学生语文水平实实在在的提高。

谭：你这样说，我基本上能够接受，但是你的说法是针对那些对语文现状提出批评的人，我觉得有失公允。在刚刚过去的语文大讨论中，我们也分明看到一些极力护短的人，和一些极力护短的文章，而且这些护短的文章总是和个人挂上钩，和自己的成绩挂上钩，和自己的功名挂上钩，情绪化的痕迹非常明显。尤其要不得的是，在进行反批评的过程中，总想置对方以闭嘴的地步，不时地往政治的因素上引，这也不是正常的学术批评。我以为这样的批评不但于事无补，而且还于事有害。

程：诚如你所说，语文教学界的批评的确存在许多问题，这恰好说明对语文批评的批评很有必要，应该倡导学理的批评，倡导对语文学科发展有建设意义的常态化的批评。

沈韬先生在其《语文教学呼唤学科批评》的文章说："语文是一门独立存在的自成系统的学科，语文教学的学科批评，就是研究其作为一门学科存在的必然性与可能性的统一。所谓必然性，就是从社会历史发展的角度来认识语文学科的价值、地位；所谓可能性，就是在各种可能性的发展空间中，语文学科以怎样的方式和方法来最理想地体现其价值与地位。学科批评就是研究这二者的相互关系。所以，学科批评本身是一个严密的逻辑体系，孤立的就事论事式的批评，是难以完成这样的任务的。"（见《中学语文教学》1999年第8期）可谓一语中的，教育的批评应该是学术的批评，应该讲究学理，必然性和可能性是我们的批评应该予以考虑的，不可忽略不计。批评并不意味着谴责或抱怨某种现象，也不是意味着单纯的否定和驳斥，批评拒绝那种情绪化的反应，拒绝那种夹杂个人情绪、个人功利、个人恩怨的一己私心。相反，批评的含义远比"抱怨、否定"深刻，它指某种理智的、最终注重实效的努力，它是一种"以社会本身为对象的人类活动"，这种活动视人类活动的合理组织为己任，因而倡导一种以反思和质疑为本质特征的批评意识，其目标在于追求学科建设的合理状态，从而追求社会发展的合理状态。正是基于"批评"的这种含义，它是我们语文教育改革得以展开和成功的必要条件。

谭：你这一番话的确是很有见地的高论，但我也从中嗅出了理想化的成分，批评完全根除个人因素，我以为几无可能，而且在批评与反批评的过程中常常就会因此产生个人情绪，就会结下人与人之间的恩恩怨怨，其实你自己也是有切身体验的。

程：你讲的不无道理，但是我认为，追求理想，正是事物发展的动力源泉，只有不断地追求理想化的境界，才能不断地接近理想化境界。

科学研究是讲究规范性的，知识的发展为特定的历史背景、研究手段和实证资料所束缚，因此知识永远作为一个阶段性成果来看待。在这个意义上，许多的社会科学研究成果属于"猜想"性质。数学上的猜想需要逻辑推理加以证明。而社会科学的"猜想"需要实证研究加以检验。所以克鲁格曼说："任何观点如果未能模式化（实证化），其影响必将很快衰弱。"语文教育的批评也当属此列，媒体的炒作可能炫目一时，但终究因其浅表化，而必然衰弱。有人说，凡是没有经过严谨（实证）研究而得出的观点结论，充其量不过是文人的无聊鼓噪而已。鼓噪炒作式的批评徒然煽起了许多善良人们的热情，但最终使他们由希望的巅峰跌入失望的谷底，无效的劳动，常常会转化为无聊的情绪。我不知道今后是否还有人仍然对语文教学抱有很大的热情，因为这是关系到语文教学前景的重要问题。所以我十分地忧虑。

谭：这是真的，我想这是一个我们都不能忽视的"焦点"问题。不知会不会引起有关人士的注意。

（本文原载于《语文教学通讯·高中刊》2003年第1期，有改动）

三、语文课程改革

高中语文教材改革之我见

语文教材是语文教学的依据,是师生之间语文教与学活动的立足点,要大面积提高高中语文教学质量,改革现行的高中语文教材是首要一步,是基础工程。

一、语文教材改革势在必行

语文教材的编写首先要考虑语文课程目标。语文课程目标是指语文课程本身要实现的具体目标,以及在一定的教育阶段,学生全面发展可望达到的程度,也就是语文之"知"与学生之"情"这两方面。语文课程目标的确定要考虑学习者的身心发展因素和人类认识发展的规律,要考虑吸收和遵循社会发展需要所提出的目标要求,同时要把着眼点瞄准未来方向,必须培养学生学会学习,教材必须体现这一精神,指导学生怎样学习,强调激发学生的学习兴趣和主动探索精神。

以此为标准,对照现行的高中语文教材,我们发现现行高中语文教材的最大问题是教材的编写体例。现行高中语文教材是根据文体组单元,同一单元教学目标不明确,到底学生通过一个单元的学习要掌握哪种阅读技能不明确;每篇课文虽有自读讲读之分,但其在单元目标下所承担的责任义务不明确;每篇课文的评价目标不明确,课后的思考练习也不能检测这堂课的目标实现与否;每单元后的单元知识大多为穿插进来的语文知识,大多与单元目标关联不大,单元知识不能作为单元教与学的小结,单元训练不能作为本单元教与学效果的评价。语文教材没有层进关系的逻辑分类、分级,年级之间无侧重差异,同一个年级的单元之间没有先后差异。

没有差异就没有区别，没有区别就没有界限；模糊了事物界限，就不可能对事物有清晰具体的把握。师生对教学目标不明确，重复性劳动过多，某种文体的文章从高一到高三都是一种教法，学生也就是一种学法，甚至于不同文体文章的教学也沿用着相同的路子和方法，主题、段落层次、表现手法，用这种赏析型的办法对付所有不同类型的课文。这种重复性的语文学习，使学生的语文学习处于模糊发展状态，没有阶段性标志，不能激发学生学习语文的兴趣。最后学生通过几年语文学习下来，只知道学了一篇又一篇的课文，不知道自己到底有啥收获。按教材编写的原理，前一阶段应该为后一阶段提供经验、知识、技能的准备，后一阶段应是前一阶段的发展，这样才能激发学生的学习积极性，才能激发学生的主动探索精神。因此语文教材改革势在必行。

二、改革教材从阅读教学目标入手

阅读是教材与学生发生联系的媒介，通过学生阅读，教材才能产生它应有的效用，阅读还可以成为听、说、读、写四项语文能力的中介，通过阅读优秀文章可以学习借鉴写作方法与写作经验，反过来写作也可以从某个侧面了解阅读效果如何；阅读之后交流阅读体会，听与说既可成为阅读的延伸，反过来又可评价阅读效果。正因为如此，阅读当然成为语文教材改革的着眼点。阅读教学的目标是什么？换句话说，经我们阅读教学训练出来的学生，他们应该具备哪些阅读技能？回答是：他们能准确筛选出必要的信息，能迅速把握文章语脉，能深入挖掘文章内涵，能赏析精美文章，进而能研究语言现象，研究文章特点，掌握阅读规律，最终发展人的个性，使知、情、意和谐发展。现行高中语文教材把这些笼而统之地融合在一块，年级之间无侧重，前后课文无层进序列，糊里糊涂一锅煮，其结果导致师生糊里糊涂不明晰。有鉴于此，语文教材必须分类分级。

三、教材改革必须分类分级

改革语文教材首先必须实现年级区别，各有侧重，就语文教材本身特点来看，有实用的文体，有文学作品，前者相对偏向于知，后者相对偏向于情，以此二者作为两条纵线进行分配，则有高一说明文和散文，含记叙文，高二议论文和小说，高三上学期应用文和诗歌戏剧，高三下学期各种文体综合及全面复习。如此粗略分类，仅只达到各年级教学各有分工、各有侧重，实现集中力量各个击破，也就是仅只达到类的差异，尚未实现级的差别，当然年级之间的差异还可以从目标实现的难易度去努力。笔者认为更重要的还应该努力实现每一年级语文学习的层级差异，使语文前后教学具有逻辑般的层进关系，大家知道一本语文教材就是一本文章选集，文章本身无层级差异，所以如果以文章本身作为分类标准，那就不可能有像数、理、化那样有一环扣一环的约束力。而阅读能力有层级差异，因此语文教材的分级分层必须定位于阅读能力，以阅读能力为标准，根据不同的阅读技能来组单元，配以相应的阅读课型，来分别实现一个个具体的目标。

四、高中语文教材编写方案初步

每册教材根据课程目标，根据阅读课型分五个单元。第一单元为筛选型阅读，培养学生根据阅读目的判断、选择、吸取必要信息的能力，比如《鲁迅的治学方法》一课即可采用这种方法阅读，而且这篇课文本身适宜这样阅读，因为这篇文章本身就是告诉学生鲁迅是如何治学的。本单元安排4篇课文：1篇课文作为教师讲读课文，它承担示范作用，使学生明白如何筛选必要信息；2篇课文（其中1篇是文言文）作为学生自读课文，它承担练习作用；1篇课文作为师生合议课文，它承担小结作用。单元知识：介绍如何筛选必要信息。另编一本与教材配套的"课外阅读"，与本单元相应的，提供10篇供学生筛选必要信息的文章，其中1篇为文言文。评价则采用两种形式：一为书面的，一为口头的。书面的采用活页形式，使用方便，可以课堂解决，也可以课外完成，灵活机动；口头的评价则采用课堂交流各种媒介所获取的信息，既可以锻炼学生的观察力，又可以锻炼学生的听说能力，更主要的是把语文天地延伸到更广阔的社会，实现语文的外延和生活的外延相等。本单元属于速读，侧重训练学生快速感知语言的能力，学生还要同时学会分专题摘录、整理信息。这一单元的作文侧重培养学生的观察力、注意力、注意信息量。

第二单元为框架型阅读，培养学生分析文章层次结构，把握文章脉络的能力，也让学生从写作上借鉴人家布局谋篇的经验。比如《讲讲实事求是》纵横交织的结构网络，完整严密，无懈可击。本单元训练学生在语言感知的基础上从宏观上分析文章的能力，课内安排 2 篇讲读范文，其中 1 篇文言文，3 篇自读课文（其中 1 篇文言文）作为学生实践之用，最后安排 1 篇文章供小结之用。"课外阅读"安排结构形式各异的 8 篇文章，其中 2 篇文言文。书面评价同前一单元仍用活页形式，口头评价则课堂交流课外所阅读到的结构形式有独到之处的文章。这一单元学生学会用图示法标明文章结构。单元知识：介绍文章的一般结构形式。作文要求学生学习本单元课文的结构形式写 2 篇文章。

第三单元为阐释型阅读，培养学生深入挖掘文章内涵，理解文章主旨精神的能力，同时也是对学生进行思想教育。课文《鲁迅的精神》即为一例，挖掘这篇文章的内涵，既锻炼了学生的理解能力，也使学生在精神上、人格气质上受到鲁迅那伟大人格的感染和熏陶，提高学生的思想深度。本单元安排 3 篇范文（其中 1 篇文言文）供讲读，3 篇文章（其中 1 篇文言文）供自读，1 篇文章作小结。"课外阅读"安排 5 篇思想深刻的文章（其中 2 篇文言文）。评价形式同前，书面评价用活页练习反馈，口头评价则课堂交流课外所读的思想内涵丰富的文章。这一单元属于精读。单元知识：介绍如何挖掘分析文章的思想内涵。本单元的作文要求写一篇侧重阐释文章思想内涵的评论文章。

第四单元为赏析型阅读，这是综合型的，既可以培养语言感知能力、分析理解能力，还可以培养鉴赏能力，丰富想象力，提高写作水平，而且知、情、意都涉及，侧重于情。比如朱自清的散文《绿》《荷塘月色》，诵读其中的精彩语段，品味其中优美的语句，置身于作者所创造的优美境界，情感上受到熏陶。这个单元安排 2 篇讲读范文（其中 1 篇文言文），安排 4 篇文章（其中 2 篇文言文）作自读，最后安排 1 篇文章作小结。教学中要让学生能就课文内容、语言、写法提出自己的看法，能质疑，能正确分析评价课文。"课外阅读"安排 10 篇风格各异的优秀文学作品，其中 3 篇文言文。评价依然是书面与口头结合，书面评价采用活页练习，口头评价则交流课外读到的优秀作品，并加以评价。单元知识：介绍如何鉴赏文学作品，根据教材内容来确定介绍哪种文体的作品鉴赏。本单元写 2 篇作文：1 篇文学作品，1 篇文学评论。

第五单元为研究型阅读，这一单元既起着全书总结的作用，又起着培养学生基本研究能力的作用，让他们研究语言现象，研究文章特点，研究阅读规律，进而培养学生的学术兴趣，增强个性意识。这一单元要求的层次较高，不另外安排课文，而从本册教材中选取一些语言现象、段落篇章要求学生研究，学生各自从某一个角度进行研究，研究之后，课堂上学生互相交流研究心得，互相启发，互相补充，再进而将研究心得写成一篇文章。教师从总体上总结本册教材所涉及文体的总体特征及阅读方法、阅读程序。单元知识：介绍几种研究方法。其实在前面单元教学中我们如果注意培养学生质疑能力、归纳能力，就能为研究型阅读打下良好的基础。

教材主体就是上述这些，每册教材累计起来课文共 24 篇，其中文言文 8 篇，占三分之一；"课外阅读"32 篇，其中 8 篇文言文，占四分之一；学生一学期共写作 8 篇文章。每册教材均分五个单元。这里出现的反复，不是同类文章的机械重复，而是体现能力的课型的反复，而且这种反复也不是简单等同，而是同中有异，同中有变，各年级有文体不同。正因为课程目标决定课程内容、课程方法和课程评价，这种教材编排方法，既确定了教学什么，又确定了怎样教学，同时也确定了如何评价教得怎样、学得怎样。

主体之后是附录，附录主要包括语言知识、文章知识、文学常识、文化常识，辅之以相应的练习，在初中的基础上渐次深化。加强实用，不搞概念游戏。这些放在教材最后不会影响教材主体部分各单元的相对单纯性、独立性，而且各门知识又自成体系，使用起来也灵活机动，或穿插，或单独使用。

  必须强调的是每册书的开头必须印上本册教材的总目标及要求，学生应该掌握什么阅读技能，达到什么样的阅读水平。每个单元的开头应该说明本单元的教学目标及教学要求，每篇课文的开头应该说明这篇课文在单元之中所承担的任务，还要说明学生达到什么程度才算合格、优秀。让每个教师和每个学生都有明确的目标，教师可以此为准则来设计自己的教学，也可以此来衡量学生的掌握情况，从而了解、评价教学效果；学生也可以此为准则来检查自己的学习情况是否达到要求，还可以来衡量教师的教学是否符合要求。总之师生对教学目标无论宏观的（高中三年、每学年的教学目标），还是微观的（每单元、每篇课文的教学目标），都有了清楚的了解和具体的把握，就能对照目标去教、去学，从而取得好的教学效果。看得见的成功将推动学生去阅读更多的好作品，养成好读书、会读书的良好习惯，储存信息，长于表达，发展思维，培养个性。

    （本文发表在《中学语文教学》1995 年第 3 期，有改动）

语文教改必须扎根于现实的土壤
——30年语文教学的回顾与反思

要全面推进素质教育，必须通过深化教育改革来实现。要在语文教学中实施素质教育，也必须加大语文教学改革的力度，无数事实证明语文教改要取得成功，必须扎根于现实的土壤。

一、成绩

1978年党的十一届三中全会以来，语文教学拨乱反正，正本清源，回归本体，摒弃政治替代、政文合一的局面，语文教学恢复有序状态，取得了一系列成绩。

（一）语文教改风起云涌

1978年3月18日著名的语文教育家吕叔湘先生在《人民日报》发表文章，指出语文教学效率不高的现象，从此拉开了语文教学改革的大幕，轰轰烈烈的语文教改在全国各地开展起来了，我们可以自豪地说，语文是最早提出并实施改革的学科。于漪、颜振遥、洪宗礼、时雁行、潘凤湘、陆继椿等一大批语文教师钟情于语文教育事业，甘于寂寞，不求名利，纷纷行动起来，投身于语文教学改革，全心全意提高学生的语文能力，立足现实，着眼未来，做了许多可贵的探索，积累了许多宝贵的经验，他们的教学异彩纷呈，各具特色，具有很强的实践性和创造性，有些人已经形成自己的风格，创造了许多新的教学方法，编制了很有特色的语文教材，且在实践中证明是行之有效的。山西师大陶本一首创《语文报》，众多的语文报刊如雨后春笋般涌现，传播先进的语文教育思想、语文教育理论，介绍优秀的语文教改经验、先进的语文教学方法，为语文教育改革推波助澜。这些在不同程度上缓解了语文教学少慢差费的现象，可以说语文学科的公开课最多，研讨会最多，语文报刊最多，这种可喜的现象一直持续到80年代中后期，形势非常喜人。

（二）语文教育观念不断更新

20多年的语文教育改革，使我们端正了思想，吸收了许多新的知识，接受了许多新的信息，更新了教育观念。例如我们对语文教学的任务有了新的认识，由培养双基到培养能力，进而由发展智力，到我们今天的提高学生的思想道德素质、科学文化素质，实现知识、能力、素质的和谐统一。每一次的认识发展不是简单地抛弃过去的认识，而是对过去认识的超越，是不断的升华，1996年国家教委基础教育司编订的《全日制普通高级中学语文教学大纲》明确提出语文教学的任务，除了培养语文能力外，还要"指导学生进一步开拓视野，增长知识，陶冶情操，发展智力，发展个性和特长，培养学生热爱祖国语言文字、热爱中华优秀传统文化的感情，培养健康高尚的审美情趣和一定的审美能力，培养社会主义思想道德和爱国主义精神"。这是在大纲中第一次提出发展个性，表明在语文教育界已经深切地认识到语文课的意义不仅仅在于教给学生某种语文知识和技能，更重要的是，它通过一篇篇凝聚着作家灵感、激情和思想的文字，潜移默化地影响着每一个人的情感、情趣和情操，影响着每一个人对世界的感受、思考及表达方式，并最终积淀成为人的精神世界中最深层、最基本的东西——价值观和人生观，最终造就学生的健康人格。

又比如关于语文学科性质的看法，我们的认识也在一步步发展。过去我们认为语文是政治工具，是阶级斗争的工具。拨乱反正以后，1978年中学语文教学大纲已经基本消除语文是政治工具的说法，应该说这个观点在当时是一个了不起的进步，决定了培养和提高学生理解、运用语言文字能力的教学目的，进行语文训练的教学模式。1986年和1988年制订的语文教学大纲完全明确"语文是学习和工作的基础工具"这种说法，但是这个表述没有突出语文这个工具特有的"交际"功能，没有突出语文这个工具特有的"文化"内涵。1996年5月版的《全日制普通高级中学语文教学大纲》第一句话就是："语文是最重要的交际工具，也是最重要的文化载体。"这又是一个了不起的进步，突出交际功能，使学生在交际过程中培养和提高运用语文工具的交际能力，这正是提高语文教学效率的高速公路，是正确的方向。突出文化载体，也是有其深意的，因为语文反映人类社会的事、理、情、志，是一门综合性的基础课，其内容包罗万象，涉及古今中外，上自天文，下至地理，旁及哲学、历史、艺术、宗教、民俗和自然科学等相关内容，几乎涉及人类文化生活的一切领域。语文表现民族精神、民族情操、民族审美情趣等，承载着丰富多彩的文化，在语文训练过程中如果不理解这些文化内容，就不能理解语言的表现力，不能运用语言很好地表情达意，不能有效地塑造学生的健康人格。大纲变化的轨迹，反映了语文界对语文教学认识的变化过程，因为大纲是人们认识的结晶。

（三）语文学科建设稳步进行

实践推动着理论，语文理论工作者初步建立起语文学科教育学的理论框架，从研究内容的深度和广度上看，借助教育学、心理学基本原理的支持，广泛吸收国内外教学论、课程论、教育技术学、教学心理学的最新理论与方法，立足语文学科，对语文教育活动的目标、内容、过程方法以及教育效果的评价，做了可贵的探索，取得了明显的成绩。此外还引进、借鉴其他有关理论阐述语文学科，丰富语文学科的建设，比如运用系统论对语文教学侧重整体研究，系统论的整体性原则、有序性原则、动态性原则、目的性原则及自主性原则被广泛运用于语文教育中，人们开始以系统思维方法研究语文教育，把语文教育看成是语文教育系统，这个系统是由多种要素、多个层次所组成的动态有机整体。又如运用信息论阐述语文教育活动中的信息交流、教学反馈与调控，运用接受美学阐述对作品进行个性解读，创造性解读等等。

课程建设逐步推进。以前的语文教改往往是在教学方法层面上的改革，逐步走向内容的改革、课程教材的改革。总结了新中国成立以来语文教学正反两方面的经验，国家教委颁布了中学语文教学大纲，恢复了语文课应有的性质和功能,并不断修正大纲,使之日趋科学,这对近30年的语文教学起到了重要指导作用。

进入新世纪以来,由上海率先研制并颁布语文课程标准,教育部随后研制颁布课程标准,建立了语文课程标准,指导教材编写、指导教学活动和教学评价。语文教材由一趋多,我国过去只有一套教材,难以适应不同地区的需要,现在思想解放,实行"一纲多本",已经审定通过的实验课本就有八套之多,这些教材自成体系,各有所长,体现新的教育观念,在教学实践中积累了成功的经验。

初步建立一套语文能力训练体系和语文评价体系。内容包括字词句篇语修逻文,覆盖面很广。高考语文测试是对语文能力训练现状的高度抽象,又极大地影响语文教学现状,改变语文能力训练格局:开始是一篇作文,然后由语文基础、写作到语文基础、阅读、写作,再到阅读(语文基础)、写作,逐步淡化语文基础,强化阅读和写作,阅读从语文基础的附庸逐渐独立,与写作并重。

二、现实困境

步入1990年代以来,愈演愈烈的高考竞争,使应试教育走向了极端,语文教学深受其害,出现了种种弊端,语文教学步入现实困境。

(一)脱离实际,远离现实生活

把学生框在教室里,框在语文教材里,框在题海里,学生缺乏必要的生活积累和生活常识,远离社会实践。这是极其有害的,直接的社会实践,不仅能增加学生的生活经验、生活阅历,而且对学生意会大量的语文模糊性知识,对学生积累审美经验,形成健康的审美情趣,具有极为重要的作用。语文的外延和生活的外延相等,作为社会交际工具,语文与社会生活密切相关,它源于社会生活,应用于社会生活,一旦离开了社会生活,也就丧失了生命力。观察、调查、参观、访问等生活体验和社会实践,是学生学好语文,增加积累,培养审美情操的有效途径。课文学习是"一杯水",课外学习是"江河湖海",把学生关在教室里而忽略生活实践,这无疑是"小学而大遗"。

（二）积淀太浅，缺乏语文功底

现在学生识字量少，阅读量少，写作量少，练习册多。学生的课余时间被大量的数理化、英语作业占据，还要参加各种形形色色的辅导班，或者请老师搞家教辅导，这样所剩无几的一点可怜时间，就是看看电视，很少看书，或者根本不看书。而语文课里学生读书的时间也只有几分钟，大部分时间被老师的繁琐分析和频繁提问占去了，正如苏霍姆林斯基所批评的那样："学生在课堂上阅读得很少，而关于阅读的谈话却很多。"其实我们知道，任何能力都是学习主体"悟"后"练"出来的，而绝非是"讲"或"听"出来的。缺少阅读，对语文教学是釜底抽薪，对学生能力的养成是致命一击。阅读是一种综合吸收，应沉潜于其中，"读书切戒在慌忙，涵泳工夫兴味长"。更有甚者，教师不但不鼓励学生读书，反而阻止学生阅读课外书，理由非常充分，为了学生能考上大学，为了学生的前途。有学生在接受记者采访时说道："看书的时间越来越少，书的篇幅也相应越来越短，从长篇到短篇，从短篇到畅销杂志，最后就是被老师没收的漫画。没收的时候老师说'不要因为一根树枝，挡掉前面的一片森林。'"（《文汇报》1999年7月17日）其实这句话用在这个教师身上恰好合适。越来越多的大学教授痛感现在的学生文化积淀太少，文学感受力在下降，知识面越来越窄，无法和教师产生共鸣。文化积淀太少，不但学不好语文，而且妨碍学生个人的成长，文学素养的缺乏会造成人生与社会经验的缺乏，读文学作品，不仅是为了弄懂语词的含义和文法的规律，但更要紧的是青少年通过阅读文学，获得一种对善与美的把握和领悟，培养起对人类几千年来代代相传的美好心灵美好情操的特殊感受。这要靠心灵对心灵的呼唤、感情对感情的激发、智慧对智慧的启迪。应该让孩子们成为读书人，而不能成为习题人，把书本还给学生，把语文课还给学生。语文本身就是一种历史深厚的文化，乌申斯基说得好："在民族语言明亮而透彻的深处，不但反映着祖国的自然，而且反映着民族精神生活的全部的历史。"不读中外名著，学生的人文素养无法提高，必然导致文化的匮乏，语文积累的浮浅，语文功底的匮乏。

（三）重术轻人，偏离培养目标

主要体现在：阅读教学程式化、作文教学模式化、能力训练机械化。

阅读教学程式化：现在的语文阅读教学由满堂灌转向满堂问或者是满堂灌加满堂问，琐碎的分析一统天下，肢解了一篇篇优美的课文。串讲串问，把具有一定思维价值的问题掰开揉碎，肢解成无数个毫无价值的问题，不利于学生自学能力的形成，影响其消化吸收功能的正常发育。多余的讲解，多余的提问，多余的板书，导致语文课堂教学效率低下。而且老师的分析多半来源于教学参考书，而教学参考书的观点多半比较陈旧，假大空的东西还存在，任意拔高，整齐划一，缺乏个性，实际上是老师戴上旧框框又去框学生，教师和参考书的标准答案代替了学生的自我思考，理性的分析代替了感性丰富的体验，这样扼杀了师生的独立思考，抑制和削弱了师生的创造力，使学生学习语文的兴趣受到很大影响。

作文教学模式化：现在的作文教学喜欢教方法，美其名曰方法，其实是套路，教给学生一些套路，让学生去套，搞的是八股文的那一套，而不考虑学生的真情实感，那么如此写出来的文章当然无灵性，学生在作文里表露的不是内心的真情实感。有时也讲感情，诸如写《最敬爱的人》《难忘的一件事》等等，但是往往不切实际地任意拔高，任意地升华、圣化主题和作者的情感，导致学生说假话，虚情假意，学生在作文里表露的不是内心的真情实感，这样容易养成学生的双面人格。作文即做人，人以诚为信，文以诚为本，失去了真情实感，文章就如枯枝败叶一般，毫无生气。

能力训练机械化：题海泛滥，荒诞离奇；机械操练，刻板僵化。学生的思维能力、想象能力、创造能力、个性灵气给打掉了，教师成了解题"操作工"，学生成了做题"机器人"，强烈的功利主义、技术主义的价值取向，将充满人性之美、最具趣味的语文变成枯燥无味的技艺之学、知识之学，乃至变成一种高度工具化、技术化的应试训练。这个问题许多人已有论述，此处不多加论述。

三、原因探究

（一）理论落后于实践

语文学科发展到今天，现在仍缺乏让大家普遍接受的理论阐述，对语文学科教育学的研究对象、性质任务、目标定位、结构体系、研究方法、语文基础性学力、语文发展性学力、语文评价体系以及它与相邻学科的关系等基本问题的认识还不够清晰，还没有形成比较一致的看法，还没能建立起语文自己学科的概念体系。语文本来是最有利于培养学生创造力的空间，但现行的语文课程体系忽视语文课程本身所具有的创新价值，认识到这种价值就会发挥它的功能，忽视了这种价值就会抑制这种功能的发挥。以往我们语文课程概念的狭窄，把语文课程只看作是传递知识的载体和工具，严重忽视了其创新价值，语文课程目标缺乏对学生创新素质培养的明确要求和具体规定，语文课程结构不尽合理，如何使语文课程结构有利于师生创造性的发挥和培养，如何在语文教学中培养学生创造力尚不明确。21世纪社会发展与科技进步对人才的要求以及社会主义市场经济与现代信息技术对语文教学到底产生了哪些影响，我们如何面对世界科学文化高速发展和高度信息化对语文课程的严重挑战，如何处理好学校教育时间的有限性与科学文化新知识高速无限增长的矛盾，实现语文课程设置的现代化，如何适应我国国情，充分发挥汉语言文字的优势，如何继承和发展我国母语教育中的优良传统，形成具有中国语文教学特色的课程体系，实现语文课程设置的民族化，这些理论界都不能予以清楚的解说，总之，对曲折发展的语文教学实践，语文学科理论不能给予深刻的阐释。在知识经济社会，语文的诸多问题不明，很可能导致高中语文的地位摇摇欲坠，现在偏向外语和计算机的倾向已经非常明显。语文学科理论的贫乏，导致理论不能有效指导语文教学实践，最终导致语文教学实践的徘徊不前，甚至倒退。

（二）缺乏常态下的语文教学科学实验

由于功利心、功名心在作怪，甚而还有腐败因素在作怪，现在人们很少静下心来踏踏实实搞教学实验，特别是缺乏常态下的语文教学科学实验，务虚的多，务实的少，不少人的力气大都用在名目的翻新上，追求这个模式，那个方法，形式主义满天飞。虽不乏一些理论探索，但终因无可操作性而不能给老师以切实的帮助；虽不乏一些教学改革，但终因无可再现性而没有多大的价值。缺乏科学调查，无大规模跟踪考察，导致语文教学许多该清楚的问题不清楚。比如小学、初中、高中各个不同的年龄段的学生语文能力的层级差异是什么，小学各年级分别掌握多少汉字为最佳等，很多地方缺乏科学的量化研究。科学认识的发展一般经历现象论阶段、实体论阶段和本质论阶段，这和马克思主义哲学认识论中的三个基本范畴——感性认识、知性认识和理性认识基本是相对应的，语文教育研究正处于现象论、实体论向本质论过渡阶段，既需要理论分析，也需要科学实验、科学调查。

（三）落后于现实的哲学理念

语文教法的一元化，从总体情况看，语文教学依然是按照时代背景、主题思想、写作特点，从头至尾地分析一遍，一种教学模式一统天下，以前是满堂灌，现在是满堂问，或者是问和讲的综合，始终脱不了分析课文的模式，我们也可以问一下：语文教学不分析课文可不可以？在语文课上，就是朗读课文可不可以？就是背诵课文可不可以？

文章解读方式的一元化，对选入教材的文章，我们的语文老师和同学只能从好的角度去分析理解，去欣赏吸收；不能说一个"不"字。我们的解读必须紧扣教学参考书，紧扣各种标准答案、标准说法，不能越雷池一步，不如此，就会没有统一的评判标准，就会乱，就无法评定谁的分数高低。一篇文章应该分三段还是四段，不必争论，就按照教学参考书的说法。诸如此类的问题本来是可以有多种答案的，语文本来就是多义的，人看文章的角度也可以是不同的，何必要千篇一律、人人一样呢？鲁迅谈到对《红楼梦》的阅读，不是说过不同的人读会读出不同的东西来吗？对文章的解读本应该是多元解读、个性解读，一千个读者就应该有一千个哈姆雷特。

话语形式的一元化，用规范划一的话语形式来套一个个可爱的孩子，使得我们学生的说话呈现一种形式，谈吐呈现一种腔调，写文章也是千篇一律，套话连篇。甚至课堂上的回答问题也是如此，比如中心思想的概括就必须是：通过……赞扬了……揭露了、唤醒了……揭示了……这样一种话语形式，像套子一样，把生动活泼的孩子束缚住了，少年偏说大人话，孩子却发成人腔。有人说语言是民族的血脉，单一的八股式的话语形式，体现了个性的呆板划一。这是很可悲的。

评价测试的一元化，语文考试只有一种形式，就是用语文基础、阅读、写作组合的一张试卷，来考评学生，此外别无选择，初中学生如此，高中学生也如此。形式统一，内容统一，答案统一，时间统一，地点统一。不但被评价者处于受动状态，就连评价者的主观意愿也很难介入。让如此众多的学生接受同一张试卷测试，接受同一种答案评判，如何体现学生个性，如何体现学生的创新精神？语文评分标准不允许"不拘一格"，那么那些有思想、有能力、有创造性的人才又怎能不拘一格地产生呢？不同的学生选择不同的测试形式、不同的试卷、不同的测试时间、不同的测试地点可不可以？很值得我们思考。一切从人出发，什么都好办。单一的测试模式会造成教学追逐考试的现象，日本也是升学竞争激烈的国家，但日本的升学考试对中学教学影响力相对较弱，原因之一就是它的考试形式多样，公立学校除了采用大学入学考试中心举办的考试外，还要单独举行考试，考试分笔试和面试，由于考试类型多，内容不同，形式不一，中学教学不便模仿，自然也就放弃了这种追逐。

提倡多元，会不会削弱规范？会不会使教师、学生无所适从？我以为是不会的。我们说的多元是在不同层面切入的，是在掌握基本原则的基础上切入的，打碎的是枷锁，是僵化的教条，获得的是选择的权利，是自由。

当然这里面还有很多文章可做，需要我们认真深入地研究。

综上所述，语文教改必须扎根于现实的土壤，这样语文教学才有生命力。

(本文发表在《中学语文教学参考》2001年第11期，有改动)

高考语文测试的反思与前瞻

高考语文测试是语文教学界的热门话题，一年一度的高考下来，语文教师或愤愤然，或欣欣然，或哓哓然，但无论怎样都得顺着高考来教学，权当高考是不变量，而自身就只好作变量了。其实如果我们把高考放在更大的时间背景下考察，即可发现，高考也是变量，纵观 1977 年以来至今的高考语文试卷，很明显有着阶段性色彩，1977 年—1982 年可以说基本上是传统模式，1983 年的试卷可以说是过渡期，1984 年—1991 年可以说是"章熊模式"，1992 年也可以说是过渡期，1993 年的语文试卷明显存在风格转换迹象，标志着语文测试新阶段的到来。本文着重于"章熊模式"和 1993 年语文试卷风格的考察及未来语文测试形式的展望。

一、"章熊模式"

我将 1984—1991 年的高考语文测试称之为"章熊模式"，因为这期间章熊先生参与、主持了全国高考语文命题，先后好几年担任全国高考语文命题组组长，试卷出现了一种全新的格局，沿着同一轨迹发展，根本改变了中国中小学语文测试的模式，章熊先生在这期间起着重要的作用，因此姑且称之为"章熊模式"。章熊模式在几个方面取得了突出成效。

1. 现代文阅读。1984 年高考语文测试开始出现了一种叫"现代文阅读"的试题，它的影响是巨大的，意义是多方面的。第一，适应社会的需要，改变师生观念。现代人首先要读懂现代文，从中筛选、汲取大量有用、必要的信息。这是现代社会对语文教学的基本要求。在此之前，人们往往自觉或不自觉地轻视现代文的教学和测试，教学中基本沿着"思想内容、艺术特色"这种赏析型的路子进行,而考试则是把现代文作为语法、修辞的附庸,作为语文基础知识及其运用检测的例子出现。"章熊模式"的出现一下子打破了人们的思维定式,改变了师生以往那种"现代文既没啥好教,又没啥好学,更没啥好考"的陈旧观念。人们于是认识到,快速、准确、高效的现代文阅读是当今信息倍增时代的要求,开始对现代文作信息搜索式的阅读理解,在慢节奏的鉴赏性阅读中,又增添了快节奏的实用性阅读训练。语文教学从此开始了新的一章。第二,打破旧的格局,建立新的格局。在这之前的语文测试基本上是语文基础知识和写作两大块,由于现代文阅读试题的出现,又带出文言文阅读,旧的模式被打破了,二维格局被语文基础知识及其运用、阅读、写作三维格局所替代,从而使语文测试的布局更趋于科学合理。格局变化的意义并不仅仅在格局本身,更重要的在于反映了人们对语文能力的构成有了更新、更准确的认识。

2. 语感、语境。以前人们也说语感,但测试仅仅体现在背诵、默写之类,老师们在观念上总以为语感是抽象的,而"章熊模式"在这方面作了可贵的探索,用灵活多样的命题形式来检测学生的语言感知能力,变呆板为灵活,化抽象为具体,开阔了师生的眼界。语感考查抓住了语文教学的重要环节,叶圣陶说:"至于文字语言的训练,最要紧的是训练语感。"语感是对文章中语言文字的一种感受,是进一步把握文章内涵的基础环节。列宁说过,人对客观世界的认识过程,是从感觉开始的。就这个意义上说,感觉是人关于世界的一切知识的源泉,通过它,人才有可能逐步认识不依赖于他而存在的客观世界。由于高考增设了语感考查题,使师生从此重视起语感训练。强调语境就是强调对动态化的语言作活的理解、分析,章熊模式用句中带点词的理解和文段中画线句的理解等形式,来考查学生对语言环境中语词、语句的把握和使用,否定了过去那种孤立静止考查语言现象的做法,重视语境,把握住语言跳动的脉搏,增强了语文学习的准确性和实用性,这样有利于提高学生阅读理解能力。

3. 标准化。从1983年起高考语文试卷逐步引进了标准化的试题,改变了一贯以来的语文测试形式，可以说它是适应我国高考考生众多、竞争激烈的国情而使用的一种有效方法。标准化考试的优点明显。第一，覆盖面广，有效性高。这种考试是集中组织研究出题，试题所覆盖的语文知识点、能力点是以往主观试题的几倍，测定范围成倍扩大，防止碰题押题等偶然因素带来的不公平现象，对全面考核学生的语文知识、语文能力有积极的促进作用。第二，评分客观公正。标准化试题为评分带来了很大的方便，评分标准统一，最大限度地控制误差，评卷老师的主观态度受到限制，用计算机评分、采分、合分，可以在极短的时间内迅速准确处理几十万、几百万份试卷，大大提高了阅卷速度，节省了人力、物力、财力。标准化考试的理论依据是控制论中的可控性理论思想，这种观点强调对人的知识水平、能力进行准确测量，因而标准化考试有明确详尽的指标体系，从命题到考试实施、评卷、报告成绩，整个过程都是规范化的，对于大规模的高考选拔性考试作用明显。

"章熊模式"在一段时期里不但统治了高中语文测试，而且极大地影响了初中语文测试，甚至连小学语文测试都做了相对较大的改变。应该说它在语文测试史上起到了承前启后的历史性作用，为语文测试走向科学化奠定了坚实的基础。它解决了以往一些难以解决的难题，当然它也直接、间接地带来了新的问题，使语文教师产生了新的困惑。

困惑之一：教材无用的错误偏向。"章熊模式"注重考查能力，考查学生的迁移能力，这合乎叶圣陶先生关于"教材不过是个例子"的说法，语文试题特别是现代文阅读部分基本上取自课外，少数取自课文的试题亦是从新角度出题。于是产生了一种现象，学好语文教材所形成的语文能力，并不能很好地迁移到高考语文测试中，也就是在对学生进行终端评价的高考语文测试中学生的语文水平不能很好地体现出来，原因有许多，其中一条重要的原因是教材的教学重点、教学方向与高考的测试重点、测试方向是不一致的，或者说是基本不一致的。教材教学侧重于对课文作整体性把握与分析鉴赏，高考则几乎不触及这一方面，而是侧重于局部的读懂与信息筛选。虽然教学中教师有意识地向高考靠拢，但差距仍然很大，所以能力迁移无法明显地体现出来，因此导致很多师生以为学不学教材无所谓，进而认为教材无用。

困惑之二：玄虚琐碎的试题设计。"章熊模式"重视语感、语境的考查本是好事，但一些玄虚琐碎的试题随之出现。有些试题只能知其答案，不能明其规律，有些试题只能知其是非，不能明其因果，这对学生掌握语言规律没有多大帮助，有些试题甚至连答案都无必然性可言，这样的结果使老师无从教导，学生无从把握，临到考试只好碰运气了。有些试题设计繁琐，搞"弯弯绕"，有些试题材料术语较多，学生理解题意时费力，这样检测很难达到预期的检测效果。高考越考越细，为迎合高考，一部分教师也越教越碎，其后果之一是肢解了一篇篇完整的美文，现在不少语文教师上课就是以一连串具体细小问题的问与答贯穿课堂教学始终，练习更是如此。长此以往，学生自然目无全牛，见一斑而不见全豹。

困惑之三：标准形式的负极导向。其一，用标准化考试形式，只能检测结果而看不出学生的思维过程，这当然对学生的思维发展不利，这是很多人都注意到的。其二，只重吸取，不重表达，实行标准化考试，学生锻炼了判断选择能力，却弱化了语言表达能力，我们处在信息倍增的时代，考试当然要侧重考查学生阅读文章摄取信息的能力，完整地说应该是考查学生快速准确地吸取信息、传达信息的能力，二者不可偏废，也不好割裂。今后学生所接触的信息载体并没有现成的答案供他选择，他必须自己寻找，自己表述出来，一个学生只会选择而不会表达，或者表达不好，那他的语文能力是不合格的。其三，标准化考试强调精确，排斥模糊，强调求异，忽略求同，长期的训练使学生养成这样一种习惯：无论碰到什么问题，只求明确具体的答案，对事物的认识趋于绝对化，非此即彼，非彼即此。这当然不利于学生创造性思维的培养，求同与求异，精确与模糊，既是矛盾对立的，又是和谐统一的，作为两种思维方式我们都必须重视，否则只求其一，排斥其二，都是不科学的，是违反认识规律的，有碍于学生思维能力的发展。其四，实行标准化考试的初衷之一，在于通过广泛的覆盖面，使人无法猜题、押题，从而减轻师生负担。然而异常激烈的升学竞争，迫使师生知难而进，进行大运动量、大面积的强化训练，导致题海泛滥，这样学生原已可怜的那么一点自由阅读时间被瓜分殆尽，学生失去了自由阅读时间，反过来又影响他们语言感知能力、阅读理解能力的提高。自由阅读对人的成长起着重要作用，大量的自由性阅读、浓厚的读书兴趣是高水平语文能力形成的重要原因。强制性阅读量过大将败坏学生的读书兴趣，这一点已成为许多老师的共识。权曙明、顾菊生两位同志在他们的文章中说："教师的主导性质应该有一个从参与到旁观的渐弱过程，以利于学生的个性才能得到自由而健康的发展，过紧的控制或过早的放手都是十分有害的——只可惜，近年愈演愈烈的应试教学却直接违背了这些原则，学生极其宝贵的课外时间几乎全被题海蚕食、瓜分了——语文训练与一般数理训练有着明显区别，它本质上是一种人际交往活动，需要注入更多的情意因素，需要尽可能自然的对话情境，哪怕些许的虚假与生硬，都会破坏学生的阅读情绪。或许正因为课堂教学总难完全避免这些局限，才必须给学生留出更充裕的课外阅读时间，以保证他们自由选择、自由交流、自由发展。"[1] 苏联教育家苏霍姆林斯基也说过："自由时间，这是全面发展必不可少的条件，也是形成求知和审美的意境和需要必不可少的条件。然而，这巨大的财富被剥夺，对中年级说来如此，对高年级说尤其如此。这种现象乃是中小学生精神生活的最大弊端。"[2] 美国人对标准化的弊端也有认识，首先用标准化测验迫使全国各地的学校采用同样的教材和教学方案，不利于教育事业的"百花齐放"，也违背了美国"由地方控制教育"的传统准则。其次提供了标准化常模后，会使教师错误地对年龄相同而发展水平不同的学生产生同样的期望，不利于因材施教。第三标准化测验的形式不利于全面真实地反映每个学生的学业成就。因为标准化测验以选择题为主，其内容大多集中在认知和技能领域，而且集中在"记忆""理解"等较低水平上，学生的实际应用能力和态度、价值观方面的成就

---

[1] 权曙明，顾菊生. 学生与作者教师的平等对话 [J]. 语文学习，1993（2）：4.
[2] 苏霍姆林斯基. 负担过重的症结 [J]. 外国中小学教育，1992（2）：4.

很少得到测量。以上材料足以说明标准化测验形式也有其明显的局限和负极导向。

我们不能否认"章熊模式"在新时期中国语文测试史上起过的重要历史作用,我们同样不能对"章熊模式"所带来的现实问题视而不见,正视现实问题正是我们变革的起点。

二、返璞归真

1993年高考语文测试在1992年过渡的基础上,又有了新的变化,可以说是一次质的飞跃。具体体现在:题型偏向主观性,试题设问实在性,选材取材实用性,作文检测综合性,整体评价立体性。

1. 题型偏向主观性。1977年—1982年语文试卷基本上是传统的主观题模式,1983年开始引进客观题型,到80年代后半期、90年代最初两年,客观题比重达到了顶峰,这是对传统的单考主观题型的否定,1990年高考语文试卷客观题(选择题)与主观题(文字题)的分值比是58:62,1991年的试卷是54:66,1992年试卷是58:62,1993年主观题分值大幅度上升,客观题与主观题的分值比是45:75,北京等6省市的试卷是62:88,这是对大量使用选择题、滥用客观题的一次否定,这个否定绝不是以前单考主观题型的回归,而是否定之否定后的一次新的变革,既保留了客观题的长处,又限制了客观题的弱点。其实许多国家的教育界都意识到标准化的局限,他们实行标准化考试和小论文考试相结合的办法,就连作为标准化考试的故乡的美国,也把小论文作为大学录取新生的重要依据。1993年我们的语文试卷增强了主观性试题,同时又设法保证评卷的客观、公正、很多主观题在大体方向上给予客观的限制,缩小了评分的误差,主客观试题的比例适中,主观而又不随意,度掌握得好,从而确保了试题的信度。

2. 试题设问实在性。1993年高考语文试卷设问单纯具体,比如汉字音、形、义,以往常合在一起考,今年分项分题来考。整张试卷考的实在,问的具体,或判断病句,或修改措辞,或拟写一个通知,或删简一则报道,所检测的都是阅读、写作的基本技能,没有故弄玄虚的所谓语言技巧题。高考是选拔性考试，选拔性考试就是要拉开档次，拉开距离，那么就应该有一定分量的难题，问题的关键是难题的设计，以往难题往往集中在现代文阅读上，这本无可非议，但问题是难又难在题目繁琐上。1992年语文试卷那段科技短文的现代文阅读就是典型例子，几乎做每道题甚至每个选项都必须阅读全文才能分析判断，过于繁琐使得许多考生的心绪被扰乱，无从把握。这样考的结果是大家普遍丢分，多数考生答不准，少数语文水平中下的考生靠瞎猜又碰对了，这就起不到选拔的作用。1993年的高考语文试卷难度集中在表达上，切中了学生的弱处，其导向是非常积极的。试题或浓缩特点，或概括要点，或分析指代对象，或阐明基本原因，都必须在吸取的同时用语言表达出来，这样设计是合理的，化繁为简，变复杂为单纯，改玄虚为具体，其意义不仅在于试题本身，更重要的是反映这种评价的指导思想是科学的，合乎教学规律的。

3. 选材取材实用性。1993年高考语文试题取材注重实用，贴近生活，注意到社会评价标准，试题（全国统考题）涉及实用性文体的种类有广告、报道、通知，介绍实物的说明文，如果把议论文也算进去，直接取自实用性文体的分值是44分，取自实用性文体的数量之多，分值之高，涉及实用文体的种类之多，在近几年的高考试题中是鲜见的（1992年的试卷，即使把议论文也算进去也只有29分），这反映了命题者重视实用的思想意图，其实更主要的是反映出现代社会日趋实用的概念，反映社会对学校教育学以致用的要求。作为高考试题，如此取材，其导向意义是明显的，也是积极的，今后教师在教学中、学生在学习中无疑会更加重视实用文的教学，为学生将来走上社会打下良好的语文基础。

4. 作文检测综合性。1993年全国语文统考试卷，作文题的综合性让人感到耳目一新。首先体现在综合运用多种表达方式。大作文既要记叙，把女儿、儿子、父亲的话续写下去，又要议论，三人的话包含了一定的生活哲理，三人都要作出议论判断；又要抒情，女儿的赞叹，儿子的赞美，父亲的深有感触，都饱含感情；还有描写，描写环境气氛，描写人物神态。加上小作文的说明，五种表达方式都有了，这样考可以全面检测学生综合运用多种表达方式的能力，这样考也顺应了"淡化文体"的趋势，告诉人们不要过于执着地揪住文体形式不放，而应着重于内容，着重于务实，淡化文体界限，强化综合表达。其次体现在大作文的虚实结合。虚就是它的哲理性，对生活现象的抽象概括，对现实生活的把握；实是考题要求落得实，写人物对话，写人物神态、环境气氛。这个题目既可以考查学生的分析能力、理解能力、概括能力，又突出了语言表达能力，强调语言功底的重要作用，这就突出了语文的个性，平常语言功底好的同学，有了发挥自己才能、表现自己才华的机会，由此拉开档次，有了区分度。

5. 整体评价立体性。1993年语文试卷，主观与客观皆有，偏向主观；求实与创新并存，重在求实；实用与文学兼顾，加强实用。这一切构成了整个考试测评的立体网络，也成就了试题朴实化的风格。当然1993年语文试卷并非圆满，比如为了保证评分的客观公正，大作文给了多种限制，于是学生只好戴着脚镣跳舞，其中滋味是命卷者、改卷者难以体会的。此外1993年试卷文学鉴赏题缺乏，也是其不足之处。命题者试图纠正以往试卷的偏向，并作了可喜的努力，但还有许多问题远没有得到解决。1993年语文试卷如此风格，既是当今社会的总体要求所致，也是语文界各种观念、各种思想、各种主张矛盾斗争的结果。知识与能力，主观与客观，课内与课外，白话与文言，实用与文学，求实与创新，等等矛盾因素相互冲突、相互争斗，其结果是各自的削弱和对对方的兼容，中庸、折中、妥协，于是达到了某种均衡，最后是各方面的普遍接受，预计在今后三五年之内，由于外在社会条件不会有太大的变动，语文界各种主张也不会有太大的变动，均衡仍可保持一段时间，在最近几年内，1993年的语文测试风格基本仍可保持。

不同的是1994年全国二十个省市铺开会考、高考分流。会考是"向后看"，着重考查学生对中学知识的掌握和运用情况，这是与发展教育观相应的目标参照性考试，是学习成绩的测验。高考是"向前看"，着重考查学生的发展潜力以及适应今后大学学习的能力，正态分布率依然在考试中起作用，这是与发现教育观相应的常模参照性考试，是学能测验。由此可以预见，会考以后的高考风格大体不变，只是教材中的内容不再直接涉及而已，着重于考查基础知识以及运用基础知识解决实际问题的能力。其实比较一下1993年北京等六省市的高考语文试题与全国统考试题就可明白这一点。

三、未来语文测试前瞻

预测未来的语文测试，无非从两个维度进行：一是空间维度，由未来的背景环境、社会条件、时尚要求预测未来的语文测试；一是时间维度，沿着语文测试自身发展的内在逻辑，由过去、现在预测未来的语文测试。

1. 空间维度。未来的社会背景、环境条件、时尚要求一定程度上决定了未来语文测试考什么、怎么考。

第一，能力多样，测试多点，角度多变，淡化"一锤定音"。

未来社会竞争更加激烈，首先是国与国的竞争。我们国家人口众多、资源相对不足、经济相对落后，要改变这种状况，要建成社会主义的现代化强国，从根本上说取决于劳动者素质的提高，除了将沉重的人口负担转化为人才资源优势外，别无选择，竞争决定了语文测试以检测学生能力为主。国家的竞争，行业的竞争，部门的竞争，单位的竞争，人员的竞争，说到底是能力的竞争，即使作为一个普通劳动者，没有一定胜任本职工作的能力，也只是一个对社会无用的人。未来的就业市场，决定了学生必须具备比较广泛的适应能力和应变能力。随着社会的发展，特别是科学技术的发展，未来语文的内涵日趋扩大，包括口头语言、书面语言、体态语言、计算机语言，以及用各种手段展示的语言，如板书、幻灯、投影、录像等，这两种现实状况决定了语文能力多样化，语文测试多点化，在博与专的问题上，作为中学生更应着重于博，否则无以应变，无以适应社会需要。

1993年5月，由钱伟长任校长的上海工业大学率先宣布：上海工大1993年起全方位改革高校招生制度，实行"面向社会，自主招生、择优录取"的招生办法，提前单独招生，实践结果获得各界人士的充分肯定。大家普遍以为,上海从全国高校入学统一考试中分离出来是一大进步,上海工大从上海统考中分离是又一大进步,对我国整个招生制度的改革具有重要意义。这是一个重要的信息,对语文测试将产生重要影响。随着大学单独招生考试的出现,原来大规模考试所带来的种种限制将随之消失,一旦限制消失,考试形式将发生革命性变化,命题自由性、灵活性增大,各大学单独出卷,试题更具个性色彩,百花齐放,角度多变,考试内容可因人、因时、因地而异,测试重点可根据各学校、各专业的不同而变。于是对中学语文教学而言,对中学生而言,具备广博的语文能力又是必然的选择。

另一方面由于对能力的追求,确切地说是追求真才多能,追求广博实用的语文能力,必然淡化考试的"一锤定音",除笔试外,还可进行口试、听力试、操作试等,不是只专注高考终端考试的一次性验证,还应参照平时,注意对学生作动态观察,注意考查学生的情意态度。

第二,注重准确、规范、简明、连贯、得体的口语表达能力,加强实用。

科学技术的迅猛发展,为人们提供了新的媒介、新的工具、新的手段,从而使社会对语文的要求发生变化,语文测试当然也随之变化。日新月异的传声技术,使声音语言可以不依靠文字传播,打破时空限制,比文字传得更远更快。新一代电子计算机的出现,人们可以不用程序语言而用自然语言进行人机对话。"语言输入文字自动输出"的智能化电脑的诞生,中外文、中外语同时互译机的问世,这些都需要较强的"说写"能力。加上未来社会人的社会交往日益增多,频率加快,各种先进通讯手段的广泛普及,于是对学生的语言表述能力,特别是口语表达能力提出了新的、更高的要求,要求学生必须敏捷使用准确、规范、简明、连贯、得体的口语。敏捷,就是指口语活动中语言的运用和思维的反应都必须迅速;准确,是因为边想、边说,语音一出口就成定格,所以它要求表述的一次性准确;规范,就是指使用全国通用、国际通用的规范的标准语言,即标准普通话;简明,就是指使用简洁明确的口头语言,因为机器理解与控制语言意义的能力较差,无法排除语言杂质；连贯，就是指口头语言也必须具有逻辑性，要有明确的中心、合理的顺序、适当的衔接；得体，就是指要注意对象、注意语境条件。这些要求必然反映到高考语文测试之中，成为高考测试的重点之一，而科技的发展和大学单独招生考试使得口语测试变为可能。这一切说到底就是语文教学语文测试要注重实用，为实际运用服务。

2. 时间维度。语文测试自身也有着内在的逻辑，它遵循自己的逻辑发展变化着。

第一，定量考查与定性考查的结合，认知水平检测与情意态度考查的结合。

1977年以来的语文测试，由传统模式到"章熊模式"，到1993年风格转换的新阶段，渐次发展，变化显著，而这三个阶段亦有几个共性特征：一是侧重考查学生的认知水平，而无以检测学生的情意态度、动机等内在因素；二是有统一的评价标准控制操纵着整个评价过程，不但评价对象处于被告地位，而且连评价者的主观意愿也难以介入；三是重视检测结果，而忽视过程。这其实是一种定量测评，这种测评以自然科学的实证理论为依据，把教育活动从特定的人文背景中抽出，以量来定质，以定量代替定性，这种评价形式的局限性非常明显，也已引起一些有识之士的疑虑；这种测评形式发展下去当然是走向对它的反面，这是语文测试内在逻辑发展的必然。

未来语文测评，不但要检测学生的语文认知水平，还要考查学生对语文的兴趣态度和学习语文的动机意志（这与我们前面从空间维度的研究预测殊途同归，得出相同的结论）；不但要重视评价结果本身，更要重视过程，注意在活动中所充满的纵横交叉的人际关系；既要有客观统一的标准，但又不是僵死、绝对的教条，而应该是弹性的机制；不但评价者的主观意愿可以介入，而且还要重视评价对象对自己的看法，并鼓励他们自我评价，以充分发挥评价应有的效用；既有定量的考查，又有定性的评价。

第二，"一张一弛"的考试节奏，"点面结合"的试卷布局。

新时期的语文教学节奏，经历了由慢而快的过程，反映在教材上，教材的内容骤然增多，以人民教育出版社编的高中语文课本为例，1983年版语文课本第1—6册共1461页，1987年10月版的语文课本第1—6册共2317页，1990年版的语文课本虽减至1882页，但是另外又增加了补充教材，教材骤然大量增加，教学节奏大大加快，是对社会知识激增的一种本能反应，也是一种机械反应。这种思想方法必然反映到高考试卷，1989年的高考语文试卷的文字符号和试卷长度是1982年的一倍，到1992年试卷长度仍维持在13页，文字符号仍达5000多。快节奏不能一统天下，快节奏并不意味着必然取消慢节奏，快慢结合、松紧有致方是语文教学，也是语文测试的正常频率。科学的试卷布局应该是点与面的结合，大量的实用性文章作为面而存在，少量的思想深刻、形式精美的佳作作为点而存在，语文教材如此，语文测试亦如此。从篇章量的角度看，从时间总量讲，速读速写的实用语文占绝对多数；从单位篇章时间量的角度讲，细嚼慢咽的精美佳作占相对多数，即单位篇章的时间多数。没有"面"，无以适应形势，没有"点"，无以体现水平。

　　从更深层次的意义上说，控制、定量的考查形式，快节奏多题量的语文测试，说到底其实是社会趋崇工具理性在语文教学中的反映，而工具理性的极致，必将导致价值理性的回归，价值理性的回归并不意味着对工具理性的摒弃，而是对工具理性的兼容，正因为如此，上述二种情况出现在未来语文测试之中，即属必然。

　　总之，在未来的语文高考测试中，更加重视能力检测，能力多样、测试多点、角度多变，淡化"一锤定音"是一个趋势；注重检测学生的口语表达能力，要求学生必须具备敏捷使用准确、规范、简明、连贯、得体的口语，加强实用；注重定量考查与定性评价的结合，认知水平检测与情意态度考查的结合；注重"一张一弛"的考试节奏，"点面结合"的试卷布局。

(本文发表在《山东师范大学学报》1994年第2期，有改动)

建平中学校本化语文课程重构

建平中学语文课程建设，是基于课程研究与课程改革发展趋势的要求，是基于语文课程改革发展趋势的要求，是基于学校文化建设和课程文化建设的总体要求而进行的。

哈佛学院前院长哈瑞·刘易斯曾经说过，大约每隔25年，大学就会对所有课程进行重新设计，以适应社会和文化发展的需要。大学如此，中学亦然。布拉德利在他的《课程领导——超越统一的课程标准》一书中提到：学校课程发展超越州和国家的统一课程标准模板，开发、调整、改编并持续地改进学校课程。

重新设计学校课程，重新构建学校课程是必然的，没有课改，学校的课程就不能适应当下和未来社会的需求，学校就没有发展。当下课改一个非常重要的目标指向就是建立服务于学校个性化培养目标、适合学校办学条件、满足学生需求的学校课程。

自觉的课程改革必须伴随着自觉的课程文化，学校课程改革必须深入到文化层面，必须深入到思想层面、精神层面，就是要有持之以恒的教育信仰、价值追求，并在此基础上做出正确的价值判断，庄重地做出教育承诺，始终如一地去实践、去探索、去兑现，使之体现在学校课程、教育行为、教育细节之中，成为这所学校的课程文化传统。

建平中学的语文课程改革尊重上海市的语文课程标准，以党的教育方针、以政府制定的语文课程标准作为总的指导思想，以学校的核心价值取向为基本取向，以学校的教育哲学思想为基本理念，围绕建平中学独具特色的育人目标——自立精神、共生意识、科学态度、人文情怀、领袖气质——进行学校课程设计。

为了学生终身可持续地发展，为了学生健康快乐地成长，这是建平中学的办学目的，也是课改目的；学校的期望目标是：让每一个建平学生的名字充满神圣和庄严，让每一个建平人拥有归属感和幸福感。这就是建平中学的共同价值观。

建平语文课程改革的基本原则：课程设计要适合建平中学学生成长的特点，选择那些学生在成长中最需要的东西生成课程主体内容；课程设计要符合语文本身的学科特点。期望的目标：学习语文的过程就是学生吸取精神养料和掌握语文技术的过程。理想的境界：经过三年建平高中语文学习，从建平中学走出去的建平学生带有建平学生独有的语文素养标志。

对国家教材需要尊重，同时需要在尊重的前提下进行校本化的改造和实施，以实现服务于本校学生个性化发展的目标。

建平中学的语文课程改革建构自己的语文模块课程系列，包括：语文成长系列——"成长"与"大家"；语文阅读系列——"文学"与"文言"；语文写作系列——"思维"与"作文"；语文知识系列——"陈述"与"程序"。在此基础上，建平中学正式出版了自己编写的语文教材，一定程度上实现了语文课程的校本化实施。

一、语文成长系列："成长"与"大家"

成长系列：以建平中学育人目标为选择文章标准，把选文内容与自己的成长要素"关联"起来，包括自我、自然、社会诸方面内容，学习方式回归自然常态的语文学习，进行自然状态下的阅读，汲取养料，促进自己健康成长。

回归自然常态的语文学习，就是大量的阅读，广泛的积累。应该让我们的学生去阅读人类成长的精神养料，使学生在全人类所共同创造的优秀文化遗产中尽情徜徉、玩味、思索并汲取、消化，其好处将是终生受用不尽的。

教学中要求学生读一读，背一背，圈一圈，画一画，点一点，批一批，评一评，作些书摘，或者进而写些读后感、书评，是为常态式阅读，这种阅读方式不必回答一连串无聊的问题，无须篇篇去研究写作技巧，如此则阅读的时间多了，学生阅读兴趣强了，阅读的作品也多了。课间、课后学生之间交流阅读体会，分享阅读快乐。圈点批注，主要着重在五个切入点：兴奋点、关键点、触发点、赏析点、质疑点。兴奋点：即学生阅读文章的兴奋点，用一句话概括整体阅读文章后的第一感受或直觉评价。关键点：即学生认定的文章关键句，把它摘录下来，或列出简明的文意提纲。触发点：即学生读文后的感悟或联想，将这些记录下来。赏析点：即学生读后的欣赏评价，可以写"点评"——对文中美词佳句的品评、思想内容的评判等，也可以写作成段成篇的鉴赏短文。质疑点：记下阅读中遇到的障碍或随时发现的疑难问题。五"点"内容，可以随手记在课文批注栏，也可以整理后写在语文笔记本上。

自然状态下的读书，不去考虑那些莫名其妙的问答题、选择题，学生不会把读书看作负担，从而引发他们潜在的读书兴趣，回归读书乐、乐读书的自然状态。这类课文的语文课堂教学也作相应的改变，多读文，少分析；多感悟，少说教。舍弃那种满堂灌转向满堂问或者是满堂灌加满堂问，琐碎分析一统天下的程式化阅读教学。鼓励学生自我思考，既要有理性的分析，也要有感性的体验，从而提高学生的创造力，提高学生学习语文的效率。

成长系列的教材有如下模块：认识自我、体验亲情、杰出人物、平民生活、读书生活、文化境界、科学之光、艺术殿堂、民族精神、世界眼光。

建平中学自编的语文课程教材充分体现了自主性，给同学大量留白，留给学生旁批，留给学生点评，留给学生剪贴自己喜欢的作品，留给学生总结模块学习下来的体验。同时还专设自主学习模块——自然情怀、人文修养、科学教育、社会文化，这四个模块都是在老师的引导示范之下学生自主学习。这样一来，教材一定程度上实现了生本化、个性化，每个学生的语文教材都是不相同的，都带有个人的兴趣爱好和理解体验，教师和学生共同建构语文课程，实现让教材满足不同学生的不同需求的美好愿望。这也是其他教材所没有的，它体现了我们自身对语文教育的理解，对建平中学语文课程的理解。

"大家"系列：从文化角度选取文学史上的最重要的大家，对其最代表作品集中加以研读，《论语》、司马迁的《史记》，曹雪芹的《红楼梦》，鲁迅的小说、散文、杂文，莎士比亚的戏剧，托尔斯泰的小说，还有雨果、歌德、托尔斯泰、普希金等，教师对大家代表作采用多种形式，下大力气做充分的导读，指导学生研读大师作品，和"大师们"直接"对话"，着眼于学生的精神底蕴、文化素养的培育。

人的培养重要的是气质的培养，气质的养成是需要大师作品熏陶的。大师，灵魂超凡脱俗，思想深刻悠远，作品大气磅礴，其文字蕴含无限张力，自有一种气质魅力启人心智，摄人心魄。当下社会有一种文化思潮值得我们警惕，消解崇高、消解伟大、消解深刻，视低俗为人情，视无聊为有趣，津津乐道于一地鸡毛的琐屑，流连忘返于家长里短的空虚，灵魂深处空洞而干瘪，学校教育应该培育对真、善、美、伟大与深刻事物的欣赏，对假、恶、丑、渺小与平庸事物的厌恶。建平中学要培育具有"领袖气质"的一代新人，就应该有大志向，有大境界，有大胸怀，就应该重点研读大师的杰作，一个个大师就是一座座矗立在学生心中的文化丰碑。

当下全民的语文水平是提高了，文盲少了，能写文章的人多了。但是，精英的水平下降了，语文大师少了，文学精品少了，这不能不引起反思。哲学家怀特认为，天才是一个人的心灵中产生了有意义的综合。就是说，竞争诺贝尔奖的选手需要深厚的人文底蕴和文化内涵，需要大思路，大智慧，大视野。爱因斯坦的创造力和科学成就，与他深厚的艺术修养和哲学修养是分不开的。而我们的教育太专，这有利于培养专才，但不容易造就大师级人才。

教学方式就是研究性学习，教师进行先期导读，介绍相关背景、介绍相关人物，提出关键性的问题，为学生提供一个思想碰撞的平台，为学生营造自主探究问题的环境，把鼓励带进课堂，把方法带进课堂，充分发挥学生的主体作用。让学生通过研究，去重新认识文学，重新发现大师，重新发现名作的意义，让学生重新认识大师个体的生命价值以及自身的价值取向。通过教师与学生、学生与大师作品的交流对话，丰富学生的知识，改善学生的知识结构，形成学生的研究意识，充实学生的精神内涵，提升学生的文化层次。通过研究，能够促使学生形成一批研究成果，进一步激发他们研究性阅读的兴趣。

"大家系列"的教材编写，首先是"大家"及其代表作的介绍；其次是介绍研习目标、研习步骤、研习建议、推荐书目，给学生以目标定位，再给学生以方法、策略的建议，引导学生延伸性阅读；接下来是"大家"重要作品的精选，这是教材的主体部分；"相关链接"是拓展性阅读；最后是模块学习总结，这一部分由学生完成。

二、语文阅读系列："文学"与"文言"

文学系列：以文学体裁为分类标准，将中国现当代文学作品和外国文学作品，按照诗歌、小说、戏剧、散文进行分类教学，教学方式以讨论、鉴赏为主，培养审美情趣，培养学生对文学作品的理解与鉴赏能力。

当下语文教学改革有一种思潮——淡化文体，语文阅读教材基本上都是以主题划分为各种单元，写作教学大都忽略文体，高考作文更是如此，几乎所有的高考题都是这样表述的：除诗歌外，文体不限。对照高中语文课程标准，课标是这样说的："在阅读中了解叙述、描写、说明、议论、抒情等表达方式"，"能够区分写实作品与虚构作品，了解诗歌、散文、小说、戏剧等文学样式"；很显然课程标准并没有淡化文体的要求。每一种文学体裁的作品形式都是不同的，其各自的审美特征虽有许多共性，但是也有许多不同之处，完全抹平各种文体的差异是错误的，一味地淡化文体势必带来审美形式错位，教学过程中的文学鉴赏不到位。

高中语文课程标准的意见是我们应该遵循的主导思想，按照诗歌、散文、小说、戏剧进行教材编排，思路清晰，便于教学，便于引导学生进行文学鉴赏。

文言系列：按照中国文学史的发展顺序，以史纲线为纵线，先秦、两汉、唐宋、元明清；以文体线为横线，韵文和散文。梳理出中国古代文学作品的内容序列，韵文线——春秋《诗经》、战国《楚辞》，两汉魏晋诗赋，唐古体诗与近体诗，宋豪放词与婉约词，元曲与杂剧；散文线——先秦诸子散文，两汉魏晋散文，唐宋八大家散文，明清散文与小说。帮助学生形成关于中国传统文化的系统而完整的知识序列。

文言文形式典雅、内涵丰富，承载了中国古代文化，中国古代文化是我们中华民族的精神家园。有人说人生有三大问题：我是谁？我从哪里来？我向何处去？第一个问题是认同问题：文化认同、母语认同、民族认同、国家认同。认同本质上是个人文化归属的问题。第二个问题是问出身、问历史。我们从诸子百家来，我们从唐诗宋词来，我们从悠悠五千年中华文明中来，重要的是我们应该让学生明白：我是谁的子孙！为孩子们打下民族根脉意识。第三是人生路向的问题，这个问题其实是人生价值观问题，是由前两个问题决定的。语文教育要通过自己的学科优势帮助学生回答这三个问题。学习中国古代优秀作品，体会其中蕴涵的民族精神，为形成一定的传统文化底蕴奠定基础，从中汲取文章丰厚的文化精髓，熏陶人文精神，提高语文素养。

系统化地、分阶段地学习文言文，就要求教材要把文言文相对集中加以编排。当下多数语文教材是以人文主题为单元进行组元的，因此必然带来一个文白混编的教材特征，易导致学生的文言文学习零碎而不成系统。从学生学习文言文的规律看来，集中一段时间专门学习文言文，系统学习文言知识，对提高文言文的阅读能力是有十分有利的，人民教育出版社曾经做过尝试，由周正逵先生主编高中语文大改本教材，按照"文言读本""文学读本""文化读本"依次下来，其中高一阶段以文言读本的教学为主，辅之以现代文选读，这种实验结果是十分成功的，有利于学生构建文言知识系统，养成文言语感。学生学习文言，系统明晰，相对集中，效果很好。

三、语文写作系列："思维"与"作文"

思维与作文系列：将作文与思维结合起来，按照原点思维→多样化思维→求异思维→求同思维→横向思维→纵向思维→动态思维→静态思维→超前思维→后馈思维→辩证思维的顺序依次下来，教给学生思考问题的方法，提高学生思考问题的水平，探索一条作文教学的新路子，即从人出发，而不是从文出发，从开发人的创新思维能力出发来提高写作能力。

文章是以文字符号为媒介，或叙事明理，或表情达意的有一定篇章组织的信息载体。以现代信息观点看，写作过程实际上是信息处理的流程。从起始阶段对于客体自然信息的反应与选择，到大脑的转换加工成为主体的自为信息，然后编码组合为新的人工再生信息，这整个流动过程，无不体现作者多方面的思维能力。比如在选材定题时，需要观察力和直觉力，在炼意构思时，需要推断力和想象力；每一环节的深入，都是思维的推进。

文章要有新意，选材要新，立意要新，手法要新，语言要新，一句话作文就应该体现自己独到的东西，是自我个性的直接外现，因而创新思维就显得尤为重要。创新思维是人类思维活动形式的最高形式，最活跃，最生动，最奇特，因而也最富于生命力。创新思维在人的文章生成过程中，对文章主题的创新、内容的创新、形式的创新、语言的创新，起着决定作用。如果说写作的产品——文章，就是披上语言文字外衣的思维，那么有新意文章的写作过程就是主体给创新思维选择并披上新鲜的漂亮的具有个性色彩的外衣的过程。

这样的探索打破了以往作文教学从文章出发的单一模式，诸如教学生如何审题，如何构思，如何结构，教给学生议论文的写法，记叙文的写法，说明文的写法，材料作文的写法，小作文的写法等等，这种模式能让学生懂得文章的基本要素，掌握基本的行文规范，写出比较规范的文章，但文章却是模式化千篇一律，缺乏生气，缺乏灵性，缺乏体现自我个性的创意。"创新思维与作文"将作文与思维联姻，从人出发，从人的思维出发，抓住了写作教学的根本，开拓了一条培养学生创新意识、创新能力的重要途径。

"思维与作文"系列的课堂教学所遵循的基本原则主要有：

（1）在故事中获得感悟。在实际教学过程中，引用比较多的故事，让孩子们在可感的故事中获得启示，了解感悟思维的方式、方法，而不是从逻辑到逻辑，从概念到概念。这样能够充分调动学生上课的积极性。（2）在思维中学会思维。在游泳中学会游泳，在思维的过程中学会思维，这种策略十分有效。从导入课题开始，学生就一直处于思维活动之中，兴奋地思考问题，一个接一个，一个比一个难，这样学生不知不觉地在思维的过程中掌握并学会了思维的方法，学会思考问题。（3）在开放中放飞思想。这样的课不是全预设的，不是封闭的，而是开放的，老师设置的几个问题不过是给学生的思维体操搭个台子，学生们尽可以展开想象的翅膀，放飞自己的思想，这里并没有唯一的答案，每一个学生的答案各不相同，很多孩子的说法富有哲理，充满诗意的闪光的句子都是在开放的课堂里涌现出来的。（4）在民主中均衡发展。课堂民主应该让每一个学生动起来，积极思考起来。作为教师，有意识地开启每个学生的大脑，让每个学生都发言，全班同学都处于思考状态，这样每个学生才能得到有效的发展。（5）在融会中实现贯通。语文的外延和生活的外延相等，在作文教学过程中更应该开放，把语文的和军事的、生物的、哲学的、经济的、文学的等等融合起来，只要对启发学生思维有利，都可以拿来为我所用，融会古今中外，实现贯通。

教材的编写则根据思维类型分为：单一原点思维创新与作文，多样化思维创新与作文；求同思维创新与作文，求异思维创新与作文；横向思维创新与作文，纵向思维创新与作文；动态思维创新与作文，静态思维创新与作文；后馈思维创新与作文，超前思维创新与作文；辩证思维创新与作文等11个部分。每一部分包括：导入课题（以生活中的思维实例导入）、思维方法（结合相应的思维故事、实例让学生明确思维的方法策略，着眼于打开学生的思维空间，激发人的想象力、创造力）、急中生智（提供生活、写作的实例让学生思考、课堂交流)、文章例析(精选了中外作家的优秀短文,让学生"取法乎上",给他们以启发)、思维大冲浪(提供作文题目实施迁移训练,讲评时提供范文,主要是精选学生的优秀作文,贴近学生,给学生以亲近感,使之有学习借鉴的作用)。

四、语文知识系列:"陈述"与"程序"

知识系列——在建平语文课堂教学中自觉进行基础知识、基本技能的双基教学,涉及语修逻文、字词句篇,既有陈述性知识的学习,更有程序性知识的应用。

中学语文教学走过了一段过于强化知识教学的弯路,以知识为主体,将课文学习作为知识教学的附属实例,篇章学习被零打碎敲。新课程改革改变这种状态,但一度将知识教学、技能训练边缘化,导致学生语文学习停留在空洞的"整体把握""用心去体验""用生命去感悟",学生语文知识空白化,语文技能空洞化。

中学语文知识教学,不应淡化,淡化到几乎忽略状态,不应强化,强化到繁琐复杂状态,两个极端都是不对的。语文教学必须有语文知识的教学,但不宜有系统的语文知识教学,因为一提系统,就容易走上繁复,而且客观上在有限的时间里无法做到系统。因此选择什么知识进行教学,侧重点定位在哪里,至关重要。回归原点,语文知识教学的目的在于帮助学生阅读理解、表情达意,因此当下我们必须考虑什么知识对学生的阅读理解、语言表达有帮助。

一是语修逻文、字词句篇的陈述性知识。语文课程标准所确认的知识可以说是语文基础知识——了解基本的语法知识,用来帮助理解课文中的语言难点;了解常用的修辞知识,体会它们在课文中的表达效果;了解课文涉及的重要作家作品知识和文化常识。这些都非常重要,同样重要的还有逻辑知识,基本的逻辑知识能够有效地帮助学生形成比较严密的逻辑思维能力,而基本的逻辑思维能力又是理解和表达的基础,思维不清晰、逻辑混乱必然导致学生无法准确理解,无法准确表达。

二是如何阅读理解、如何思维的具体应用性的策略知识、技术方法性知识，与语修逻文、字词句篇的知识相对，这些知识可以说是侧重应用的程序性知识。[1] 国家语委副主任李宇明教授说："在学这个层面，是要通过语文学习提高语文能力。知识并不代表能力，但是知识在能力的形成过程中肯定有作用。没有知识却有很高的能力，这是不可想象的。要研究知识和能力之间的转化关系。"在知识向能力转化的过程中，方法、策略、技术十分重要，紧密结合语文读写实践来激活语言知识，进而形成语文能力，这是正确的思路。

阅读教学从指导学生阅读始，到培养学生阅读能力终，阅读技术的习得过程是决定阅读技能形成的关键所在。心理学家认为，人的行动是由一系列动作组成的，行动是否顺利进行，大多与人对实现这些动作的方式掌握程度相关。阅读技术是可以转化为阅读能力的知识。它是一种行为方式，也是一种操作方法，目前我们的阅读教学恰恰是忽略了阅读技术这一重要环节，盲目强调阅读能力提高，缺乏提高阅读能力的有效科学的办法。

阅读技能是实现阅读能力提高诸多因素中的决定因素，也是阅读教学中诸多矛盾中的主要矛盾。而矛盾的主要方面是阅读技术的习得过程，这个过程包括老师如何传授技术，学生如何习得技术。掌握阅读技术可以采用灌输式，即老师按照一定的程序逐步将阅读技术灌输给学生；可以采用发现法，即通过选择具有相同规律的语言现象，让学生自己去比较，自己去分析，自己研究找到阅读的规律，把握阅读的技术。灌输式的习得是被动获得，发现法则重视问题的发现和提出，积极促进学生对问题的思考、研究，符合观念形成的认知接受规律，同时它能强化学生的主体思维，主要表现在对问题的积极思考中。在学习上不善于提出问题，不善于分析、研究问题的学生，从本质上讲是缺少主体思维的表现。发现法着力于提高学生的阅读能力，同时培养学生的创造意识、自主意识，培养学生发现规

---

[1] 李宇明. 培养现代语文能力，过好现代语文生活 [J]. 语文建设 2008 (5).

律、从事研究的能力。方法不同，效果各异。

建平中学重构语文课程，实现国家课程的校本化实施，促进学生个性发展，促进教师专业化发展，取得一定成效。建平毕业生张黎明写给母校老师谢海颖的信可以作为一个例证。

"建平的语文课是我至今想来最为享受，同时又给我莫大启迪的课程，模块教学毫无疑问是其中的重要部分，堪称建平特色。相比较而言，就我与一些小学、初中同学的叙谈可知，他们的高中语文课依然延续了以往语文老师讲授文章背景、中心思想、重点字词分析的沉闷套路，或者就是传授题目解答技巧等纯技术性的内容，因而，回顾高中生活，至少语文课程对他们来说，庶几等同于空白，绝对谈不上启迪，更谈不上享受。同样的，到了复旦的中文系，老师比较多的也是从理论到理论，从概念到概念的讲授，剥离了文学最为本质的一些关乎社会、人类、生命的成分，俨然把文学上成了一门工具性课程。

建平高中语文是一个发现的时代，一个完全迥异于以往生活的，彻底丰富和深邃的世界在我面前展开了。发现亲情的温馨，发现友谊的可贵，发现文学的美好，发现自然的深刻，发现人生的意义，发现生命的价值，自然而然地，我生发出对外部世界的极大向往，对未来生活的极大憧憬，我相信生活是可以美好的，是可以充满诗意的，是有意义的，是值得人好好活一活的。所以，尽管比之大学，高中有紧张的生活节奏，有繁多的作业练习，有接踵而来的测验考试，但真正留在我记忆中的，却是当时精神世界的阔大和丰富。这种充满发现的欣喜和憧憬的诗意的'人文情怀'，正是我最为怀想建平的地方。"

（此文分上下两期先后发表在《中学语文教学参考》2009 年第 12 期、2010 年第 4 期，有改动）

基于核心素养的语文课程改革[①]
—— 语文课程校本化实施的明德样本

著名思想家斯宾塞曾经提出一个非常经典的问题:"什么知识最有价值?"我们不妨仿照斯宾塞提出关于教育的问题:"什么样的教育最为美好?""什么样的学校最为理想?""什么样的课程最为优秀?""什么样的语文最为卓越?"笔者认为:"美好的教育是人的社会化与个性化的和谐统一;理想的学校是东方教育与西方教育的和谐统一;优秀的课程是科学精神与人文思想的和谐统一;卓越的语文是沉潜经典与走进社会的和谐统一。"这样的教育理念决定了我们课程改革的价值取向,必然是以核心素养作为学校课程改革的基本导向和根本依据。

核心素养是指学生应具备的,能够适应终身发展和社会发展需要的必备品格和关键能力。从时间长度来讲,关系到学生终身发展;从内容跨度而言,涉及社会发展各个方面。教育关系到学生终身发展的时间长度,曾任腾讯副总裁的著名搜索专家吴军曾经坦言:"成功的道路并不像想象的那么拥挤,因为在人生的马拉松长路上,绝大部分人跑不到一半就主动退下来了。到后来,剩下的少数人不是嫌竞争对手太多,而是发愁怎样找一个同伴陪自己一同跑下去。因此,教育是一辈子的事情,笑到最后的人是一辈子接受教育的人。"[②] 核心素养是支撑一个人不断努力不断前行的精神支柱。麻省理工学院院长哥顿·布朗曾经说过:"要当一名教师,首先要

[①] "基金项目"全国教育科学"十三五"规划课题,教育部重点课题"教育治理现代化进程中学校治理体系变革研究"(DHA160367)。

[②] http://www.360doc.com/content/16/0612/09/2731648_567039682.shtml。

三、语文课程改革

做一个预言家,你的教育不是为了今天,而是要为学生们想象不到的未来做准备。"① 优质的教育要为学生的未来做好充分的准备,在未来的时间里我们不知道学生到底从事什么工作,将置身什么样的具体环境,但我们要做的就是培养孩子发展自我立足社会的核心素养。核心素养的内容跨度很大,教育部颁发的相关文件提出三大领域:文化基础、自主发展、社会参与。文化基础包括人文底蕴、科学精神;自主发展包括学会学习、健康生活;社会参与包括责任担当、实践创新。这些几乎涉及个人成长与社会发展的方方面面。美国的核心素养所定义的是未来发展的关键技能,包括:创造力与想象力,批判性思维与问题解决能力,沟通,合作,品质教育,公民的权利与义务。这些思想理念对一线校长、一线教师会有很大的启发,促使校长、教师思考:基于核心素养,学校何为?教师何为?学科教学何为?

基于核心素养,学校何为?怀特海在《教育的目的》一书中提到:"教育改革的第一要务是,学校必须作为一个独立的单位,必须有自己的经过批准的课程,这些课程应该根据学校自身的需要由其自己的老师开发出来。"② 学校作为一个独立的文化主体,应该有自己的办学思想、办学目标,基于自己的学生情况,基于自己的学校文化,建构自己的课程谱系。

基于核心素养,教师何为?怀特海主张:要教授有用的而非僵化的知识;要教授专门的知识而非仅仅普通的知识;要教授整合的知识而非分离的知识。③ 学校教育是面向社会,面向未来的,因此教师教给学生的知识是能够解决问题的,而不是僵化的知识;学校教育是专业性的教育,所以教师所教的知识不能简单地等同于生活中的普通知识;学校教育是面向学生生命个体的教育,因此学科之间应该相互联系,知识需要整合,而不是

---

① 齐林泉. 教育要为想象不到的未来做准备 [N]. 中国教育报,2017-04-19 (5).

② [英] 怀特海. 教育的目的 [M]. 庄莲平,王立中,译. 上海:文汇出版社,2012:18.

③ 刘铁芳. 重构为了人的教育 [N]. 中国教育报,2017-04-03 (12).

彼此分割。

基于核心素养,语文何为?如果语文课程过于泛化,将导致语文课程的平庸;如果语文课程过于窄化,将导致语文课程的狭隘;如果语文课程过于净化,将导致语文课程的空洞。有鉴于此,深圳明德实验学校建构语文课程谱系,包括:一、语文必修课程——以要素组合为路径的语文课堂模型建构;二、语文选修课程——以学科跨界为路径的语文课程模型建构;三、语文活动课程——以社会进入为路径的语文生态模型建构。

一、语文必修课程:以要素组合为路径的语文课堂模型建构

语文素养是语文教学的目标所在,语文课堂是实现目标的主要载体,那么课堂再造就是语文课改的基本方略。

当下语文课堂教学还存在一系列问题。简化语文,把原本内涵丰富的语文美文,教成高度概括的套话公式,轻轻地滑过经典文本,比如,大凡写景散文,老师总是归纳出"情景交融,感情丰富,语言优美"等几句高度概括的套话,把复杂的问题简单化,把富有审美价值的美文变成几条公式;把丰富多彩的人物性格,变成标签式的人物,比如《老山界》红军的精神最后归纳出"大无畏的精神、坚强的精神、革命的乐观主义精神",人物的心理活动,人物的心理波折,人物行为的细枝末节统统被抹杀、被忽略,将人物最后变成了口号,不再是有血有肉的,而是干瘪的概念。闹腾语文,在语文课堂上一味追求热闹,在语文课堂上充斥着无意义问答,进行无效益的讨论或展示。玩弄语文,远离语言运用,追求不切实际的所谓创新,比如鲁迅作品中写老鼠用"匹",不用"只",有老师无限拔高,赞不绝口,说成是"突破规范的出奇一笔,很见功力",其实鲁迅是受日语表达方式的影响,日语"一匹"可以拿来数不论大小的动物,甚至蚊子也可以用"一匹"。这样的文本细读根本无创新可言,反而贻笑大方。固化语文,热衷于建立模式,并使之机械化,程序固化,时间固化,方式固化,刻板操作,缺乏弹性,缺乏活力。

破解这些问题必须进行课堂再造。课堂是有规律的自由活动,既要遵

循一定的教学规律及其所形成的相应规范，也要有充分的自由度，让课堂灵动起来。深圳明德实验学校语文必修课课堂改革的切入点就是课堂转型。将模式建构改为模型创建，将程序建构转变为要素组合，将封闭僵化的单一模式转变为富有弹性张力的多种模型。明德语文课堂模型建构不同于其他语文课堂模式的关键点在于不是机械的教学程序步骤的规定，而是首先提炼出教学过程的共同规律、共同要素，然后基于教学目标、教学对象、教学内容、教学时间的不同，采用不同要素的不同组合，灵活机动。共同要素就是教学规律、教学规范的体现，自由组合就是个性化教学的体现。

基于学习理论、批判性思维理论、国际教育评估理论，以及长期以来的教学实践经验，笔者提炼出课堂教学的 7 个共同要素。在教学目标环节上，一个要素：行为目标——水平要求。在理解迁移环节上，三个要素：还原背景——回归原点；还原原型——原型变异；还原思维——思维可视。在应用评价环节上，三个要素：多维反思——多元视角；矛盾质疑——批判辩证；动态视角——时空变化。这七个要素不是封闭的，在实际教学中老师们还可以进一步提炼出新的要素。

行为目标——水平要求，是鉴于新课程改革以来老师们按照课程标准三维目标的思想，在课堂教学目标环节上机械设置知识与能力、过程与方法、情感态度价值观三个目标，我们认为三维目标不是三个目标，而是三位一体的目标，体现在学生课堂行为上，因此课堂教学目标就定位在学生行为上，即学生做什么、学生达成什么，水平要求就是要将完成行为的时间、完成行为的数量、完成行为的质量要求说清楚。比如，"不看笔记，学生应写出引起第一次世界大战的 5 个主要原因，并对每个原因进行评论性的解释，全部完成时间为 30 分钟"，这个行为目标的表述就把水平要求的时间、数量、质量三个要点讲清楚了。

还原背景，至少有三种情况。其一是回到历史场景，即带领学生理清历史背景，进而理解相关文章。比如要学生理解《木兰诗》中提到的年纪大的人也要当兵打仗，当兵之前要自己买武器装备，这就涉及南北朝时候的府兵制，搞清楚府兵制有助于学生理解《木兰诗》。其二是置身历史场景，在条件许可的前提下，让学生走进历史场景之中，寻找作者当年的感觉，有助于学生理解文本。比如学习鲁迅的《从百草园到三味书屋》，把学生带到绍兴去，到鲁迅故居去，到三味书屋去，体会鲁迅的情感，从而充分理解作品。其三是进入现实场景，即进入作品相关的现实生活场景，帮助学生理解文本。

还原原型就是还原事物原型的各种现象包括变异现象，以求对事物的全面了解，借用马飞龙（Ference Marton）教授的变异理论，"要想知道梨子的味道，不仅要亲口尝一尝梨子，还要同时尝一尝非梨子（如苹果或桃子）"。客观事物具有多样性与复杂性，既有标准正例、标准反例，也有非标准正例（旁例），非标准反例（旁例）。要让学生实现学习迁移的必要条件是同时具备共同性和差异性。以智库为例，其原型就有多种情况，有库有智——标准正例，无库无智——标准反例，有库无智——非标准反例（旁例），无库有智——非标准正例（旁例）。由智与库的多少，可以演化成多种情况：多库多智——标准正例，少库少智——标准反例，多库少智——非标准反例，少库多智——非标准正例。

还原思维就是指思维可视化，其核心意义就是课堂教学要有清晰的逻辑思维过程，有证据的观点立论，有理性的有效推论，一句话：课堂有逻辑。包括：知识有逻辑，即还原获取知识的思维过程；教师有逻辑，即呈现清晰的教学思维过程；学生有逻辑，即让学生表达自己的思维过程。课堂只有逻辑清晰，学生学习效率才会提高，否则，课堂思维混乱，学生不可能有清晰的收获。现实教学过程中，教师也会犯无逻辑的错误。例如，北京市2010年幼升小测试题权威归类标准版有一道题目："1到9九个数，按照要求给它们分类，比如'1、3、5、7、9''2、4、6、8'是按照奇数、偶数来分，那如果是1378、59、246是按照什么将它们分为三类的？"所谓的正确答案是：按照拼音来分的，1378都是一声，59都是三声，246都是四声。这道题很显然是没有逻辑的，题目与答案没有必然的逻辑关联。课堂教学过程中，教师不但要让学生说出答案，更应该要让学生清晰地说出思维过程,这样教师才可能针对性地解决学生的问题。

多维反思就是让学生学会从多重角度思考问题,而不是单一的角度看问题。教师在课堂中不应该只提供一种说法,而应该提供给学生多种说法,让学生学会比较鉴别,可以是同一国家的不同教材,也可以是不同国家的不同教材,可以是不同专家的不同说法,也可以是不同时期的不同说法。例如,朝鲜战争,给学生提供人教版、朝鲜版、韩国版、俄国版、美国版等不同版本的教材,让学生去寻找差异,寻找共同点,比较鉴别,找出事物的真相。卢梭有句名言:问题不在于告诉他一个真理,而在于教他怎样去发现真理。需要记住的是,我们想取得的不是知识,而是判断的能力。卢梭的这些话点到了课堂教学的关键之处,教学是为了启迪智慧,而不是为了灌输知识,启智就要让学生学会辨析,学会判断,学会从多种角度思考问题。

矛盾质疑就是教师在课堂中或创设矛盾尖锐的情境,或创设两难的情境,引导学生向书本质疑,向老师质疑,同时老师也向学生质疑,引导学生深入思考,让学生学会严谨的论证,学会逻辑清晰的立论,学会有理有据的质疑辩驳。对比如下两个课例,可以清楚地理解矛盾质疑的意义。两位教师执教同一篇课文《项链》,课的前半部分似乎没有什么区别:学生阅读课文;教师提出问题"说出你对'项链'的看法";学生畅谈心得。但课的后半部分却不尽相同:张老师鼓励学生畅谈心得,有半数以上的学生发言。学生出现一些见解,并作了简单的阐述,如"挫折使人领悟了真实的生活",对此,张老师给予"有新意"一类的鼓励,直到不再有学生举手,张老师进行简单总结,这堂课就结束了。这堂课看似发挥学生的主体作用,但其实几无意义,张老师所组织的讨论是低效、无效的,因为老师创设的情境所显示的矛盾不够尖锐,老师所创设的两难情境不够明显,因而无法激发学生开展批判性思维的灵感,学生基本停留在自说自话的状态。李老师则随着学生的发言,将各类貌似无序的心得写到黑板上,最后形成四组八种解读:性格的审视:虚荣——自尊;情感的评价:同情——微讽;人生的感悟:悲剧——喜剧;哲学的思考:偶然——必然。接下来老师让学生与对立面展开辩论，学生思维非常活跃，积极展开对话。苏格拉底说：没有一种方式，比师生之间的对话更能提高沟通能力，更能启发思维技能。在这里苏格拉底说的是对话，而不是自说自话，对话就必须有交集，就必须有碰撞，这样的对话就能起到促进思考的作用。

动态视角就是将时间、空间的变化引入思考的范畴，培养学生用发展运动的观点看待事物，看待自己，而不是一成不变地看待事物。例如，让学生理解陈胜吴广起义的意义，当然要让学生认识陈胜吴广起义极大地鼓舞了人民起来反抗暴政，但同时也要让学生明确作为今天的公民如何正常地表达自己的合理诉求，要让学生知道圣雄甘地、马丁·路德金、曼德拉。

要素组合的基本原则，是将行为目标、思维可视化作为基本要素，其他要素根据实际教学的需要选择搭配，搭配方式灵活，先后顺序灵活，教师还可以增加新的要素。组合方式虽然不拘一格，但教师可以探究什么内容的学习用什么要素组合教学最佳，什么程度的学生用什么方式组合学习效果最佳。

怀特海说："教育的全部目的就是使人具有活跃的智慧。"[①] 课堂教学的最终目标是让学生成为聪明的人，只有活跃的思维才能体现活跃的智慧，因此课堂教学模型建构的核心是思维，评价语文课堂教学的核心是基于语文目标的学生思维流量。也就是说评价一堂语文课，主要看学生在课堂里是否思考了有价值的问题，思考了多少有价值的问题，思考问题的逻辑梯度如何。杜威非常重视学生思维能力和智慧的培养，他认为学习是包含从无知到智慧的过渡，杜威在他的《我们怎样思维·经验与教育》一书中说道："好的教学必须能唤起儿童的思维。"[②] 好的课堂必然要激发起学生思维的热情，并且促进学生进一步的思考，检验他们的思考，正如杜威

---

① ［英］怀特海. 教育的目的［M］. 庄莲平，王立中，译. 上海：文汇出版社，2012（49）.

② https://baike.baidu.com/item/%E7%BB%8F%E9%AA%8C%E4%B8%8E%E6%95%99%E8%82%B2/12652447.

三、语文课程改革

所说："不断改进教学方法唯一直接的途径，就是把学生置于必须思考、促进思考和考验思考的情境之中。"① 优秀的教师之所以优秀就在于他们善于创设足以令学生困惑并且调动起他们思考积极性的课堂情境，因为"困惑是思考的不可或缺的刺激"。涂尔干说："所有中等教育的对象都在于激发并发展一种思考能力……凭空演练思考能力也是不可能的，这种思考能力必须指向具体的思考对象。发展思考能力的唯一途径，就是为头脑提供具体的事物让它思考，教给它如何从最便于把握的可能方向去理解这些事物，切近这些事物，告诉它要想得出清楚明确的结论，最好该怎么处理。"② 涂尔干这些论断是科学正确的，符合实际的。所以我们语文课堂模型建构最终指向发展学生的思维能力。

PIRLS、PISA 两种国际教育评估理论，对语文课堂教学模型建构的直接指导作用主要体现在语文课堂模型的具体指标上。以 PIRLS 为例，其全称为国际阅读素养进步评估项目（Progress in International Reading Literacy Study），由国际教育成就评估协会发起并组织，自 2001 年起每五年循环一次，测试对象为小学四年级学生。也就是说小学语文阅读课模型建构主要依据它。PIRLS 认为阅读过程是建构文章意义的心智活动，包括：第一，关注并提取明确陈述的信息；第二，作直接的推论；第三，理解并整合观点和信息；第四，检查和评价内容、语言和文本成分。这些可以直接编入课堂模型的二级、三级指标之中。

第一，就是筛选信息，包括：事件的主角，发生的时间、地点、背景，文章的主题、观点。第二，就是直接推断，包括：事情的因果，总结论据的要点，归纳文章主旨，形容人物间的关系。第三，就是综合并解释篇章，包括归纳文章主旨；比较、对比文章中的信息；推断作者的意图；把文章中信息应用于现实生活，并加以解释。第四，就是评价篇章内容和表达形式，包括：文中事情的真实性，故事结局的出乎意料，文章内容的

---

① 钟启泉. 对练习的批判与辩护［N］. 中国教育报 2014-7-22. http://www.360doc.com/content/14/0722/14/16202868_396266553.shtml.

② 涂尔干. 教育思想的演进［M］. 北京：商务印书馆. 2016 年（466）.

完整性，表述的清晰度，以及形容词的选用及表达效果。这些可以直接编入课堂模型的四级指标之中。

根据评估理论涉及的能力标准和课程标准所涉及的能力标准，我们可以把语文课堂模型的基本要素具体化，从而使语文课堂模型建构直接落实到提高学生的实际语文能力水平和语文核心素养上。①

语文课堂模型有四条延伸线索：向不同文体延伸，向主题内容延伸，向能力指标延伸，向要素具体化延伸。

二、语文选修课程——以学科跨界为路径的语文课程模型建构

当下学科教学有一个突出的现实问题就是学科之间壁垒森严，教材编写各自为政，学科教学互不往来。学生所处的学习世界是被割裂的儿童世界，这个世界原本就是儿童自己的世界，它具有儿童自己的生活统一性和完整性。但是儿童一到学校，多种多样的学科就把他的世界加以割裂和肢解。

俄国思想家巴赫金曾经提出一个"边界理论"，他认为边界都是历史的，都具有历史的阶段性，因此越界就是合法的，学科之间的越界也当然具有合法性。②伯恩斯坦的课程理论更加明确地指出：不同课程之间并没有严格分开，而是出现在一种开放的关系中。③芬兰新的国家课程标准使用了"Transversal Competence"一词，直译应为"跨界素养"，意译可为"核心素养"。④他们为学科跨界提供了相关的理论基础，其实在文科学术界早就有文史哲不分家的说法。由此可见，学科跨界具有合理合法性。

---

① 程红兵. 基于思维流量的语文课堂模型群建构［J］. 语文教学通讯. 2016（2B）.

② 转引自：马大康，周启来. 越界的冲动——论巴赫金的边界思想［J］. 浙江学刊，2011（5）：109-116.

③ 转引自：谢维和. 中小学课程改革的路径选择［EB/OL］. http://epaper.rmzxb.com.cn/detail.aspx?id=351900.

④ 唐建朝，李栋. 从中芬对比视角看芬兰核心素养［N］. 中国教育报，2017-05-12（5）.

深圳明德实验学校语文选修课程，从小学开始实施学科重组，小学一年级、二年级实施主题式综合课程，以语文为龙头，实施语文、数学、英语、思品跨学科组合，架设学科通道，打通学科壁垒，将学科知识变成解决问题资源。以主题为单元，就是为了适应并尊重低龄儿童的认识特征。创建世界上第一所幼儿园的教育学家福禄贝尔说："在掌握文字的语言之前，儿童必须先掌握事物的语言。"叔本华也说过："一般来说，在孩子们从生活原型中了解到生活之前，他们不应该从其复印件中认识生活的任何方面。"[1] 每一个主题，就是儿童生活的一个方面，主题学习，就是认识生活。课程名称叫作明德"红树林"课程，避免全课程定义的逻辑缺憾，因为客观上全不了，而且红树林更具有形象化和富有生命力，红树林本身具有整体的概念，且体现深圳与福田的地方特色。课程思想、课程特征充分体现亲近儿童、顺应儿童的思想，顺应低幼学段儿童的发展特点、生活经验、学习规律，主题内容编排的时间、空间都是依据儿童由近及远的纵向认识顺序，教材穿插同学、老师、校园、社区的照片，创设儿童可亲可感的生活情境，大量引用学生喜爱的生动的绘本故事。

深圳明德实验学校中学语文选修课程，以语文为核心，语文与历史、思品组合，开设"中国文化原典阅读"选修课，按照历史的先后顺序，精选中国历史上对中华文化产生过重大影响的重要人物的并且是适合于中学生阅读的重要作品。语文、历史、思品三门课程有着内在的联系，历史的也是文学的，文学的也是历史的，历史和文学同时又是思想品德的主要课程资源。语文课程、思想品德课程、历史课程背后隐含的深层次的价值思想、思维方式是一致的，具有相同或相近的教育功能，都要培养学生的人文情怀、健康人格，都要提升学生的思维品质。我们这门课程的主要目的、主要思想就是培育学生的中华文化基因，让孩子们从承载着中华文化精神的原始典籍的阅读中去涵养中华文化，去感知中国历史文化脉络，去

---

[1] [德]叔本华. 叔本华思想随笔[M]. 韦启昌, 译. 上海：上海人民出版社. 2014.

汲取人格健康成长的精神养料，去成就一个中国人良好的文化基因。

　　高中阶段开设跨学科的"西方思想名著选读"选修课程，精选西方思想文化史上对人类文明做出过重大贡献的思想家的作品，柏拉图的《苏格拉底的申辩》《理想国》，亚里士多德的《形而上学》，《旧约圣经》《新约圣经》，奥古斯丁的《忏悔录》，蒙田的《蒙田随笔》，培根的《培根散文集》，霍布斯的《利维坦》，笛卡尔的《方法论》，帕斯卡的《思想录》，斯宾诺莎的《伦理学》，洛克的《人性理解论》，莫尔的《乌托邦》，休谟的《论人性》，卢梭的《爱弥儿》，孟德斯鸠的《论法的精神》，亚当·斯密的《国富论》，杰弗逊的《独立宣言》，康德的《实践理性批判》，黑格尔的《哲学史讲演录》，叔本华的《作为意志和表象的世界》，马克思、恩格斯的《共产党宣言》，尼采的《快乐的知识》，杜威的《学校与社会》《民主主义与教育》，罗素的《幸福之路》，弗洛伊德的《梦的解析》，萨特的《存在与虚无》，达尔文的《物种起源》，詹姆士的《实用主义》，雅思贝尔斯的《智慧之路》，弗洛姆的《爱的艺术》，李约瑟的《中国科学技术史》，福柯的《规训与惩罚》，马丁·路德·金的《我有一个梦想》。从中选择适合于学生阅读的篇章，编成教材。每个章节介绍一位著名的思想家，版块分"趣味导读"——激发学习兴趣，启迪学生从生活细节去理解人的个性特征；"文章节选"——节选该思想家代表性的、适合高中生阅读的文章；拓展延伸——直接介绍作者，做思想的阐述，让学生深入理解其思想；"思维纵横"看似思考练习，但并非机械地记忆、非低层次的技能操练，而是文化的积淀与思考。一种题目：把文章中最经典的名句列出，让学生反复熟读，然后让学生说说体会——此为吸收；一种题目：提供多种思考角度，多种可能，多种观点，甚至对立的观点，让学生谈自己的新想法，锻炼学生的批判性思维——此为辨析；一种题目：给出一定的情境让学生根据刚刚学过的或者之前学过的经典，给出判断，给出思考，给出说法，给出建议——此为运用。

　　开设这门选修课，其用意就在于让孩子们仰望星空，虽然学生暂时不可能去读那些大部头的专著，但通过这些节选的文章段落的学习，至少引导一些有兴趣的孩子进一步去阅读，至少让多数孩子知道星星在哪里？哪些人的哪些著作在人类文明史上曾经产生过重大影响。美国斯坦福大学工程学院教授托马斯·肯尼撰写的斯坦福报告，就提出未来工程师也要尝点哲学味。优秀的学生是仰望星空与脚踏实地的完美统一，智慧的教学是学术学习与社会实践的有机结合。

传统学校的学科林立，每一门学科都似一口深井，但井和井之间缺少关联。我们通过语文学科与思品（政治）、历史学科的整合，将学科打通，让深井串联。

三、语文活动课程——以社会进入为路径的语文生态模型建构

学校与社会应该双向开放，社会向学生打开，学生向社会走进，实现双主建构，建构开放的语文活动课程，造就开阔的学生心怀。

现实问题是生活世界严重剥离于语文学习，学校里的知识世界成了学生唯一的生长家园。在学校语文教学中，出现严重隔离，学生与自然世界隔离，学生与社会生活隔离，隔离导致语文教学的社会性缺失，语文教学过程丰富的社会性被冷冰冰的知识授受和机械的应试训练所代替；导致语文教学的生动性缺失，生活世界中的生动性在语文教学中荡然无存；导致主体性失落，学生与社会互动的主体能动性失落。

在这种背景下的语文教学，学生真实的语文交际能力、语文素养不可能提升，他们学到的是作为解题技巧的方法，却学不到生活世界人情练达和世事洞明。他们当中的许多人被灌输了定型的思想，却从来没有尝试过从直观和经验中总结出自己的思想。

深圳明德实验学校的语文教育重返生活世界，正如鲁迅先生所说："无穷的远方，无尽的人们，都与我有关。"现实生活与学生语文素养的提升息息相关，与学生的人格成长息息相关，找回失落的主体意识，构建语文活动的课程生态。

明德实验学校的语文活动场域逐步拓展，从学校到社区，从深圳市到省外，从中国到外国，学生语文活动的社会半径不断扩大，以 2017 年暑假

为例，明德学生前往贵州从江、黎平县侗乡、海南白沙县青松乡、陕北清涧县王宿里、美国亚特兰大伍德沃德学院、阿根廷圣胡安大学附中、加拿大童军营 Scouts、英国 Kingswood。

以赴贵州从江、黎平县侗乡为例，"开荒黔野，别有侗天"这是明德学校暑期乡村实践夏令营活动。我给孩子们提了许多问题：为什么有的山只长灌木？有的山可长乔木？为什么这里的水稻只种一季？为什么有块平地就是村？为什么稍大一点的平地就是镇？为什么这里风景如画，却鲜有人来？为什么如此动听的侗歌却走不进音乐市场？为什么不少山民依然走不出大山深处？这里的孩子们想什么？他们喜欢什么？他们盼望什么？他们愿意走出大山吗？他们靠什么走出大山？他们和父辈们的生活会有不同吗？明德孩子与他们的命运不同在哪里？相同在哪里？面对当地的孩子我们应该做些什么？让孩子们带着问题观察思考。

孩子们自制早餐，早餐是当地番薯、玉米、黑米粥和豆浆，九个同学要在七点半之前把所有早餐准备妥当。生火，剥玉米，洗番薯，磨豆浆，虽为平常，但对我们生活在大城市的孩子来说，新鲜但又艰难。特别是磨豆浆，一人摇磨，一人加黄豆，两人要配合好，速度要把握好，因为磨不好，黄豆就不会被磨碎，还要返工。经过近两个小时的忙碌，早餐方才大功告成。这个过程，大家对"一粥一饭当思来之不易，半丝半缕恒念物力维艰"有了直观深刻的理解。

早餐结束，同学们装上糯米饭，戴上斗笠，手拿锄头，越过荷花池，前往离居住地六公里多的山头为茶树除草。走在羊肠山道上，道狭草长，酷热难耐，加之蚊虫叮咬，没到一半路程，就有孩子开始掉队，大汗淋漓，满脸通红，大口喘气，但他们坚持着。几经曲折，经过两个小时的艰难跋涉，终于到达目的地。稍作休整后，孩子们开始劳动。正午的太阳炙烤着山地，明德的孩子们挥舞着镰刀、锄头走向半人多深的野草。由于缺乏经验，不少人手被草叶划破，胳膊被划伤。汗水汇成水珠滑过脸庞，滴在手臂上，滴在土地里，也滴在孩子们的心里。"锄禾日当午，汗滴禾下土。谁知盘中餐，粒粒皆辛苦。"这首从小就耳熟能详的诗歌，此时此刻，在孩子们的心中有了更加直接和深刻的体会。学生感悟颇深:"这么大的太阳我们走过来了,这么长的路我们走过来了,那些远离现代科技的、不太理想的生活,我们也都坚持过来了。我们在健康美好的心态中获得快乐,在生活的细节里寻找精神的富足。我们共同度过了一段有意义的时光,获得了在艰苦条件下实践的勇气和力量,不虚此行。"

学生访问侗家,他们看到"灰黑的墙壁裂痕道道,狭小的空间蚊虫乱飞,一家六口人居住于此,奶奶的腿脚在手术后基本无法动弹,这无疑使整个家庭雪上加霜"。他们与留守儿童一起聊天,一同畅想未来,"两个当地孩子的梦想都是做医生,因为他们要再回来,为这里的人们看病。根在这里,他们思念,他们牵挂,无论走了多远,终是要回来,造福这个养育自己的地方"。与当地孩子交流之后,学生感叹:"最令我为之动容的是,我们问他(山区学生)的理想和愿望是什么,他的回答是:希望长大以后能养家,让家人的生活变得更好。"

整个活动过程,既是学生深入生活、了解社会的过程,也是学生语文学习、语言运用的过程,是提升学生语文素养的过程。学生通过劳动体会劳动者的情感,那些到陕北的学生通过置身黄河太极湾,唱响《保卫黄河》,吟诵《沁园春·雪》"大河上下,顿失滔滔;山舞银蛇,原驰蜡象……江山如此多娇",充分体会诗作的思想感情及其开阔的意境。美国教育学者戴尔提出的"经验塔"(the cone of experience)理论认为:凡是学生用其全部感官来亲自参与的直接经验与活动,他们都有很高的学习动机与兴趣,且在亲身经验中自行发现科学知识,建构正确概念。

创设学生语文学习的生态也是学生健康人格的锤炼过程。语文课程生态的人格目标就是致力于学生人格健康和谐发展,发展学生的自然性、社会性、自主性,培养学生作为未来公民健康的审美情感和自由人格。走进社会,走进生活,学生的语文课程内容就开阔了,突破语文知识世界的局限,实现语文知识与人文活动的和谐统一,语文能力与社会实践的和谐统一,审美体验与伦理精神的和谐统一,知识世界与生活世界的和谐统一。

怀特海说："教育只有一个主题——那就是多姿多彩的生活。"[①] 现代语文课程生态观的基本命题就是自然、社会、人，自然、社会、人在语文课程中有机统一，自然即课程，生活即课程，自我即课程。正因为自然即课程，所以语文课程应向自然界开放，语文与自然世界融为一体，学生走向自然并感知自然，实现审美体验与伦理精神统一。正因为生活即课程，所以语文课程直接面向社会，把语文与生活融为一体，使学生和社会密切联系，使生活促进学生的发展。正因为自我即课程，所以语文课程应面向自我，尊重个人的感受与体验，关注学生个人价值观念，成就学生自主学习习惯。

重返生活世界的语文课程生态，使语文课程真实而生动，美感而自由，让学生寻找自己的精神家园，这是人性的回归，也是学生个性的张扬。经历即财富，体验即学习，把学生关在学校里，好比是让学生在小浴缸里游泳，把学生带到广阔天地当中，好比是让学生在大江大海游泳。构建语文课程生态本质上是文化建构，依据语文的原理，遵循育人的法则，建立多维度联系，搭建交流的平台，优化大语文环境，造就生态的文化。构建语文课程生态的意义就是为了培养完整的人，让学生面向丰富多彩的生活，而不仅仅是语文学科；让学生关注复杂的社会系统，而不仅仅是语文知识系统；让学生提高问题解决能力，而不仅仅是解题能力；让学生提升语文综合素养，不仅仅是语文学科能力；这是着眼于未来的学习，而不仅仅是为了分数的学习。

（此文发表在《课程·教材·教法》2018年第1期，《人大复印报刊资料·高中语文教与学》2018年第4期全文转载）

[①] ［英］怀特海. 教育的目的［M］. 庄莲平，王立中，译. 上海：文汇出版社. 2012.

四、语文教学

试论语文教学的科学性与艺术性

一、语文教学有序与无序的现象

语文教学作为一门学科是科学而有序的，它体现在学科目标是标准的，学科内容是规范的，知识分类是严谨的，语、修、逻、文、字、词、句、段、篇，既突出重点，又覆盖全面。课文选取的是文质兼美、适合教学的典范文章，课文体系既体现了综合性、实用性，也体现了序列性，纵向注意训练点由浅入深，循序渐进，横向注意知识点互相渗透、相辅相成。

语文教学的有序性还体现在教学过程中。总体上说，无论是教师教学还是学生掌握语文知识，都是从简单到复杂，从低级到高级，从有限趋向无限；学生思维过程也是由实践到认识，再由认识到实践。就教学方法看，各种程式化的教学法应运而生，语文能力训练亦呈层次化，包括听、说、读、写、观察、联想、想象、综合、概括、比较等等。

语文教学有序性还体现在教学管理和教学评价上。课前预习，课堂安排，课后复习，学期计划，每月部署，都可以统筹安排，量化管理。几年来实行的标准化考试，精确的双向细目表，十分讲究的效度、信度，无疑都是语文考试科学化的体现。

语文教学也是无序的，无序性表现在教材上，现行语文课本都是"文章选集"，虽然总体看来从低年级到高年级也是遵循由浅入深的逻辑顺序，但它毕竟是由一篇篇并不连贯的文章组成的，和其他学科相比（比如数学），语文前后课文之间并不存在严密的科学序列。数学课前面一章没学懂，后面一章就无法听，后面的习题就做不出来。而语文课，《雨中登泰山》没讲，并不妨碍你学《荷塘月色》，所以说语文课缺乏这样一环扣一环的约束力。

语文教学的无序性还表现在课堂教学的不平衡性、随机性。语文课的主观性、审美性、多义性决定了语文课堂教学的不平衡性、随机性。和其他学科比，语文的主观色彩特别浓，同一个问题往往可以有多种答案，对一篇课文的鉴赏可以从不同角度来进行。写作更是如此，在保证合乎基本规范、原则的前提下，反对千篇一律，主张各抒己见，主张创新。而学生虽然同在一个年级、班级，语文程度各不相同，而且他们的个人趣味、欣赏要求、审美习惯也各不相同，这些因素直接影响着课堂教学，因此，高明的语文老师，他们的课堂教学总是不平衡的，不可能是绝对有序的，因为他们总是以学生为主体，总是千方百计地激活学生，学生活了，偶然性、随机性的情况就会不断发生，甚至异峰突起，高潮迭出。一堂语文优质课的轨迹，就是一条波浪线，一条心电图的曲线。任何"一刀切"的教学设计，不论传统的，还是现代的，追求语文课堂教学的绝对平衡有序，只能把丰富的语文课堂教学"约化"，在这样的课堂里，学生慢慢变成机器，思维在教师的指挥棒下钝化。

语文教学的无序性还表现在教学方法的灵活性、自由性，这是课堂教学的不平衡性与随机性所决定的。语文教学活动是一种复杂的、自由度比较大的创造性活动，为了达到某种教学要求，教学的途径和方法是多种多样的，传授式、启发式、点拨法、发现法等等。我们并不只依靠某一种途径和方法来实现教学目的，我们更没有必要不顾主观、客观条件去生搬硬套某种教学方法，语文教学效果的实现，在一定程度上比任何学科都更依赖教师的个体素质。朱绍禹先生对此有过非常精辟的分析："语文教学是个人技巧性很强的活动，其效果是通过个人的观察和实践才能得到。而这种实践又多半无法按一定的法则来进行。而要由实践者的知识、经验和个性来决定。它牵涉到许多变项，即使人们了解这些变项的性质，却不能给它定量定序。"[1] 他这番简明的分析说出了其中的原因所在。

二、语文教学科学性与艺术性

（一）科学性与艺术性的关系

科学是语文教学的学科基础性质，艺术是语文教学的教法主导。和其他学科一样，语文教学是有规律可循的，科学的语文教学思想，系统的语文知识，总体上循序渐进的教学过程，序列化的智力培养、智能训练，语文教学中的这些不变量，奠定了语文教学作为一门科学的学科基础。和其他学科不一样，语文教学强烈的主观性、鲜明的审美性，课堂教学的相对不平衡性、教学方法的灵活性等等诸多的不变量决定了语文教学方法是以艺术为主导的。美国斯坦福大学教授、教育艺术论的一位重要人物艾斯纳在其1985年出版的《教育想象——学校课程设计与评价》一书中认为："教育是艺术，第一是由于教学可以运用自己的技巧和能力，使师生双方都能感受到一种美；第二是因为教学过程中，教师像画家、作曲家、演员和舞蹈家一样，是根据行为过程展开的性质来做出评价和判断的；第三是因为教学不需要受事先安排好的行动程序的束缚，教师必须以不断创新的方式来应对在教育过程中发生的各种意料和始料不及的事件；第四是由于教学的成绩常常是在教学过程中取得的。"[2] 艾斯纳的观点是认为教育不仅从方法技巧上，而且从教育的特点、内容诸方面看都应视为艺术，这一看法对我们认识语文教学的艺术性不无启迪。

科学与艺术二者不可偏废，华东师范大学谭惟翰教授曾借用斯坦尼斯拉夫斯基评论梅兰芳表演艺术的一句话，说出了语文教学中科学与艺术和谐统一的关系，这就是"有规律的自由行动"。人们常说语文教学"教学有法，教无定法，贵在得法"。第一个"法"就是"有规律"，可以理解为教学的一般原则，也就是教学规律；第二个"法"字是某种特殊的方法，

---

[1] 朱绍禹. 语文教育辞典[M]. 延边人民出版社，1991：9.
[2] 王长纯. 当代西方教育艺术论初探[J]. 外国教育研究，1992（4）.

"教无定法"就是"自由行动"。语文教学是一门科学,而科学的特点就是根据普遍性来处理特殊性;语文教学是一门艺术,就是用教学的特殊性去体现教学的普遍性。语文教学能够做到有规律地自由行动,就是"得法",是语文教学艺术已趋炉火纯青的标志。

语文教学不是一种静止的、僵化的有序结构,而是一种活的、运动着的有序结构,它的秩序性与外界有着密切关系,是依靠同外界不断进行能量、物质和信息交换来维持和发展的。语文教学过程就是不断地向学生输送各种信息,包括从理论界、现实社会吸取信息,并从学生那里获得反馈信息的过程。通过这种持续不断的信息交流,语文教学呈现出一种有条不紊、有计划、有步骤的"有序"状态,同时也是一种充满活力、运动发展、波澜起伏的"无序"状态。它不断地由无序变为有序,同时又不断地打破有序,从而出现新的无序,进而追求新的有序,每一个过程都是一个进步,每一个过程都是一个上升,它永远没有绝对静止的有序,但它也永远不停地追求有序。

(二)原因之一:它属于人文科学

语文教学是个综合性的交叉学科,它隶属于人文科学,其内容又几乎涉及人文科学的各个方面,它既是科学,就应该"科学化",就必须遵循科学的原则;它又是"人学",应该"人文化",同时必须遵循"活"的艺术的原则;科学化与人文化的统一,理智与感情的统一,是语文这门学科应该致力的目标。

近年来,科学主义思潮对语文教学界产生了强烈的冲击,语文界的一些专家、老师追求有序,追求语文教学目标的单一化、教学内容的体系化、教学过程的规范化、教学程序的系列化、教学方法的模式化、教学评估的标准化和教学管理的机械自动化,试图实现语文教学效果的最优化;他们设想经过努力,最终达到解决语文教学的规定性和准确性这两个难题,全面提高语文教学效率。在教学中,他们注重传授系统知识,开发学生理解能力,让学生掌握知识技能,却不注重学生的兴趣、价值,轻视情感经验的积累,轻视情绪感受能力、情感表现能力的培养和发展,不注重培养学生良好的个性品质。在研究过程中，重视固定程序、操作规则及方法，把教学过程视为纯粹的认识过程、理性过程、逻辑思维过程。

但在人文主义思潮的影响下，语文界一些专家、老师高扬人本主义的大旗，追求学生的个性发展，自我价值实现。重视非智力因素，着重于研究如何摆脱对学生的束缚，使他们获得自由、获得解放，然而却忽视对学生进行系统知识的传授、正规技能的培养；重视开发潜能，重视人际关系、情感交流、情意发展，而忽视程序、环节、操作方法，忽视技能掌握，把学生的语文学习过程看成是纯粹非理性的、情感体验的、艺术审美的、形象思维的过程。强调教育的内在价值（即培养人的功能），轻视教育的外在价值（即社会功能）。

受科学主义、人文主义思潮影响的语文教学界的这两种矛盾状况，就其观念而言，我们可以借用德国社会学家马克思·韦伯的概念来说，前者实际上有意或无意推崇一种工具理性，后者实际上则是自觉或不自觉地信奉一种价值理性。前者重视学以致用、立竿见影的技术观点，后者过于看重价值实现。二者均含片面性，不尽正确。

教育价值的多元性，要求教育改革必须把政治的、经济的、科技的、文化的以及人的精神需要紧密结合起来，实现人与社会一体化，科技经济发展与人的精神世界的发展一体化，国际教育思潮显示了这一趋势，20世纪70年代联合国教科文组织以《学会生存》为题告诫人们，教育是一个国家、社会乃至个人"生存"的基本条件，它是以社会经济需求来规范教育发展的方向和个人教育的选择。到了80年代，教育改革的思想从学会生存走向学会关心，它要求把教育改革的着眼点放在与人的需要和发展密切相关的方面上，注意到受教育者的需要，引导受教育者去关心他人，关心自然，关心全球生态危机。一句话，从人自身的角度发散开去考虑教育改革。这个转变的意义是重大的，它表明，忽视人的发展的需要，或忽视科技与经济发展的需要，都不能成为当代教育改革的总体选择。

高技术与高情感的平衡已经被认为是现代社会发展的必然趋势，美国著名社会预测学家约翰·奈斯比特指出：技术决定论是危险的，我们周围的高科技越多，就越需要人的情感，需要高技术与高情感的平衡，这是象征我们需要平衡物质与精神而显示的原则。

综上可知，语文教学科学性与艺术性的结合是当今时代要求下必然的选择。

（三）原因之二：它和认知风格有关

从认知的意义上说，语文教学界两种矛盾状况和专家们、教师们的认知风格有较密切的关系。理论告诉我们，理性型的人喜欢根据已知的事实行事，愿意采用标准化的解决问题的方式；直觉型的人对灵感的依赖更甚于对经验的依赖，并且喜欢探求解决问题的方法；思维型的人是通过逻辑性的分析来做出判断，并且不易显露过激的情感；情感型的人倾向于把判断建立在主观的价值观念之上，并且对于别人的情感特别敏感；判断型的人喜欢有计划、有秩序的生活方式，并且喜欢用不同的方式来解决问题；感知型的人对资料的选取比对问题的解决更感兴趣，因为他们不满于固定的模式而尊重对刺激做自主性反应。教师认知风格的不同，直接决定了他们在同时受到科学主义思潮和人文主义思潮冲击下的不同抉择，树立不同的目标，接受不同的影响，采取不同的策略，决定了他们在教学中采取不同的工作态度和工作作风，影响了他们选择使用教学方法。正因为人们在做出决策时偏爱不同的价值系统，所以教师采用的教学方式，可以被看作是教师认知倾向的直接结果。有人做过实验，在思维和判断测量中获得高分的教师，倾向于由教师来计划和控制的教学方式，而在直觉、情感、感知测量中获得高分的教师，更乐于采取灵活、主动的教学风格。

语文教学中有序与无序的两种矛盾状况都是片面的，但都有其合理的因素，把它们统一起来，才是正确的，既注重培养学生的知识技能，又注重发展他们的个性品质。科学与艺术的统一，代表了有关教学的一种最完美的解释，同样也代表了有关在提高学生的独立性，强调学生的自我尊严以及激发一种内在的学习热情的过程中，发展学生的分析技能和认知技能的教学能力的一种完美的解释。鲁迅就是一个很好的例子，虽然鲁迅的形象总是被看作是彻底反传统的，然而面对活生生的人，鲁迅便自然地表现出东方伦理亲情的人伦意味,"横眉冷对千夫指,俯首甘为孺子牛""无情未必真豪杰,怜子如何不丈夫"两句话,是他个性最完整而简洁的概括。鲁迅的教学风格便是科学性与艺术性的完美的统一:一方面是对旧的教育方式的清算,呼唤以全新的科学的教育取而代之;一方面又反对将教育沦为技术性工具,而主张把教育对象作为活生生的人看待,去关注他们的身心健康。

当然,我们说语文教学科学性与艺术性的统一,是就语文教学的整体而言,而且认为综合统一不是机械地拼合,而是各种因素组合成一个有机的整体,从整体出发有机地结合。各种被综合的因素或成分,在整体中绝不是等量齐观、千篇一律的,而必然是多样的,因为语文教学活动本身就是非常复杂的,外部条件各不相同,内部的目的、课程、教材、方法和形式各有特点,教师和学生又都是各有独特个性的活生生的人。因此每一堂课便有自己的特点,而不同的教学活动,不同的课就会有千差万别。一方面,每一次教学活动都是活生生的丰满的整体,另一方面组成教学体系的又是极其多样的个体。在一般教学实践中,在语文课堂里,有的可能理性成分强些,有的可能情感色彩浓些;有的可能操作性强些,有的可能思辨性鲜明些;有的可能侧重分析,有的可能更重视整体;有的可能更多体现出科学技术性的特点,有的可能更多地体现审美的特点。切不可机械绝对地看问题。

三、教学实践中应该如何处理好科学性与艺术性的关系

(一)应该注意的倾向

由于社会对成绩实效的高期望,以及高考升学诸方面的压力,现阶段语文教学界普遍存在着对"序"的追求,表现为:热衷于创立种种程式化的教学模式,诸如"三阶段教学法""五步骤教学法""六步骤教学法"等等;在语文教学管理上执着于创立一个庞大的管理系统,事无巨细,一切都在严密的计划安排之中;在经验学习上,出现了一种"明星"效应,热衷于围绕"明星"搞一种较大规模的临摹行为。

这些情况在一定程度上开阔了老师们的眼界，给老师以新的有益的启示，点燃了许多老师的教研之火，但同时这恰好也违背了科学性与艺术性相统一的规律。其后果既淹没了教师的个性，又削弱了学习先进经验的效果。吕叔湘先生说得好："关键在一个'活'字。如果不会活用，任何教学法都会变成一堆公式。……真正掌握一种教学法的老师他是会随机应变的，他的教室是生机勃勃的。你叫他换一种教学法，他也会根据实际情况，取其所长，舍其所短，同样取得成功。总而言之，成功的教师之所以成功，是因为他把课教活了。如果说一种教学法是一把钥匙。那么，在各种教学法之上还有一把总钥匙，它的名字叫作'活'。"（吕叔湘在全国中语会第五次年会上的书面发言，转引自《语文教学论坛》1991年第6期。）

总之，不存在一成不变、普遍适用的教学方法，组织教学应根据教学所处的内、外部条件随机应变，内部条件和外部环境等因素是自变量，而教学方法、教学管理是因变量，因变量随自变量的变化而变化，教师应根据自变量与因变量之间的函数关系来确定一种最有效的教学方式。

（二）正确把握科学与艺术的关系

第一，在教学过程中始终把握科学的方向。树立科学的教学目标，拟制科学的教学计划，传授科学的知识体系，采用科学的教学方法，掌握科学的教学节奏，选择科学的训练手段。而这一切必须建立在对学生现状及未来发展的整体把握上。我国著名的语文特级教师于漪老师说："教语文不能无目的无计划，胸中要有教文育人的清晰蓝图，既认识学生的现有情况，更规划他们成长的前景，把握准教学的出发点，向着教育计划语文教学大纲的目标有步骤地辛勤耕耘。"（转引自《语文教学通讯》1991年第12期第17页。）于漪老师在她的教学中很好地把握了科学的方向，她说科学就在于她把教学与育人、眼前与长远有机地结合起来，她做到了胸有学生、脑有大纲、腹有"经论"、心有"灵犀"。由此我们体会到要使语文教学不偏离科学的轨道，教师应该做到：对职业、对学生怀有一腔深情的挚爱；对教学目标、教学大纲要有一番深刻的理解；对语文教材、相关知识要做一番深入的钻研；从而形成深厚的教学功底，这样在教学实践中才能灵活运用、得心应手。

第二，在语文课上，努力创设美的情境。语文课需要合乎逻辑的思考，更需要生动形象的感染。在语文课上，教师用各种手段，创设某种具体、生动、美的情境，能唤起学生的情感体验，引起他们激动、愉快的情绪。美的情境色彩绚烂，情深意浓，充满诗情画意，能使学生如坐春风、如饮甘泉。

李吉林老师对情境教学作了成功的探索和实践。她说："情境教学有重要的作用，它以鲜明的形象，强化学生感知教材的亲切感，情境缩短了久远事物的时空距离，增强了形象的真实感；它以真切的情感，调动学生参与认知的主动性；它以旷远的意境，激发学生拓展课文的想象力；它以蕴含的理念，诱导学生提高对事物的认识力。"[1] 这方面她有许多宝贵的经验供我们学习借鉴。

于漪老师也很善于用她那充满感情的艺术化的语言创设美的情境，她上课就如演员进入角色，声情并茂，"润物细无声"，有人说她，教《春》时是个诗人，教《最后一课》时是个朗诵家，教《海燕》时是个画家，教《挥手之间》时是个摄影家，教《马克思墓前的讲话》时是个政治家，学生在不知不觉中耳濡目染受到熏陶，这就是美的魅力。

第三，在现代时空里，充分利用科技手段。充分利用现代化科技手段是语文教学科学性的一个体现。比如利用计算机进行思维训练、知识训练，这种方法针对性强，它其实是一种个体化教学，人机对话，因人施教；其次这种方法系统、全面，如利用电脑进行古汉语教学，它可以把所有实词、虚词进行筛选，找出真正常用而较难掌握的词语，它可以覆盖各种语法现象，每个语法现象可以覆盖到每一篇课文。今后电脑还可以模拟人工智能，搞人机论辩，训练学生思维的敏捷性和语言表达能力。

利用科技手段能帮助达到艺术化的教学效果。比如可以利用电视播放课本剧录像，利用卡拉 OK 电视音响设备进行诗歌教学，学生朗诵诗作，

---

[1] 李吉林. 情境教学的理论与实践［J］. 人民教育，1991（5）.

配以电视屏幕的画面渲染、音乐烘托，能把大家带入如痴如醉的诗歌意境中。

现代科技手段有两个重要功能：其一是把课堂放大，即把课堂里的一些重要问题相对集中，更加突出展示出来，它能在单位时间里，在局部问题上加大学习容量，更快、更有针对性、更方便、更有效地达到训练目的；其二是把社会缩小，就是把教学所需要的社会环境、自然环境借助某些手段缩小在课堂里。

第四，在模式林立的教海中，保持不羁的个性色彩。新时期的中语界百花争艳，各创新说，模式林立，教法纷呈。任何一种模式，任何一种教派，只要它是成功的，就必然带有鲜明的个性色彩。任何一种教学方法，都是一定教育思想、历史环境的产物，因而既有其合理性，也有其局限性，巴班斯基既反对由于赶时髦而迷恋于某些教学方式，也反对不分青红皂白地完全排斥某种教学方法和方式。重要的是我们一定要以我为主，不盲目照搬，不盲目屈从，始终保持自己的个性品质。学习他人经验不是引来滔滔洪水，淹没自己的一切，然后另起炉灶；而是引来涓涓清泉，浇灌自己的园地。安徽省特级教师蔡澄清说："事实证明，我的点拨法正是挣脱模式重压而悄然独立于原野的一株小草。为什么动不动就编拟一种具有呆板意味的模式呢？还是追求真实的艺术境界吧！"（参见《语文学习》1992年第1期第8页）我以为这最后一句当是我们语文教师奋斗的目标。

总而言之，以科学为基点，但不能走向极端，不能机械；以艺术为主导，但不能过分随便，不能散漫。有序不是一潭死水；无序不是一团乱麻。于无序之中见有序，于有序中显自由。

于漪语文教育思想的审美体现

　　于漪老师的语文教育思想是立体的、全方位的，几乎涉及语文教育的方方面面，可以说是语文教育百科全书式的。"教在今天，想到明天"，这是于漪老师立足今天着眼未来的教育思想；"立体化施教，全方位育人"，这是于漪老师的全面育人的整体观念；"身上要有时代的年轮"，这是于漪老师与时俱进的课程思想；"胸中有书，目中有人"，这是于漪老师的教学观与学生观；"缘文释道，因道解文；文道统一，以道育人"，这是于漪老师文道统一的教育思想；"要有所为，有所不为"，这是于漪老师课堂教学目标思想的精当表述；"教学不是一次完成的"，这是于漪老师对教育教学连续性、层次性、阶段性、复杂性的充分认识。

　　于漪老师的语文教育思想，源于时代，又总是在时代发展的进程中产生积极的、重要的作用，在语文教育发展的重要关头，她的思想总是起着方向性的引领作用。翻开改革开放以来的语文教育历史画册，总能看到，于漪老师在关键时期所发表的语文思想，给人以很大的启发和引导。1978年刚刚从"文化大革命"走出来的人们，对政治有一种强烈的反感，语文就是语文，不要把政治混进其中，成了当时许多人的看法，上海教育出版社召开专题会议，有不少人由否定思想政治教育进而否定人的教育。于漪老师在会上大声疾呼"既教文又教人"，旗帜鲜明地倡导语文教学的育人功能。1980年代初，有人提出"初中三年语文过关"，于漪老师强烈反对，她认为高中放弃语文，后患无穷。1990年代，关于语文学科性质工具性、人文性各执一端，于漪老师强调语文学科性质应该是工具性与人文性的统一，她在《语文学习》发表《弘扬人文，改革弊端》，直接影响语文课程标准。进入 21 世纪，面对基础教育出现的问题，于漪老师呼吁：基础教育应该为孩子们铸魂立根，积极倡导并推进民族精神教育和生命教育。这些，充分体现了于漪语文教育思想的现实作用和历史意义。

　　研究于漪老师的语文教育思想，既可以立体地考察于漪老师的语文教育论述，也可以聚焦于漪老师的语文课堂教学实践。于漪老师是从语文教育实践一线走出来的教育大家，她的多姿多彩而充满魅力的语文教育思想更多地、更精彩地体现在她长期以来的语文教育实践当中。一个语文教师穷其一生的探索实践，能够形成自己的教学风格，已属不易；而一个语文教师在其语文教学生涯中能形成多种风格，且游刃有余、出神入化，更属难能可贵。于漪就是当代语文教坛中难得的一位兼具多种风格的语文教师。风格即人，于漪老师的语文教学风格与她的内在的语文教育思想、人格气质有着密切的关联，上海教育学院的张撝之先生称道于漪是"没有固定模式的特级教师"。这是对于漪老师审美的语文教育思想最聚焦的概括，正因为主张审美的语文教育思想，所以于漪老师的语文教学是艺术化的，是没有固定模式的。滕英超先生在其编著的《中学语文教坛风格流派录》一书中，对于漪老师审美的教学风格作了比较具体的阐述："于漪的教学不是一色的普通石子，而是斑斓的雨花石；不是单片的颜色浅淡的桃花和梨花，而是重瓣的五彩缤纷的月季和牡丹；不是玲珑小巧的盆景，而是巍峨壮观的大山。""在教学中，于漪讲究'声情并茂，熏陶感染'，你不能因此就说她就是'情感派'；于漪曾提倡'兴趣是学习的推动力'，你也不能就此认定她是'兴趣教学'。……她虽从传统教学中走来，但并不墨守成规，在她的教学中确实融入了不少新东西；你看到于漪教学中讲思维训练，有'引进'的教法，便认为于漪教学是完全抛弃了传统教学的'现代派'，也不全面；事实上，于漪在她的教学中，没有排斥传统的精华。于漪的教学，可以称得上是多风格教学，她继承了传统教学中有生命的东西，也吸收改革中的新经验，特别是外国的有价值的东西。在教学实践上，她是多面手，有讲有练，善诱导，会指点；既注重教书，又注重育人；既强调感情教育，又不忽视思维训练。"① 戴前伦先生在此基础上又作了进一步的研究，他认为于漪老师的课堂教学结构的最大特点是教无定法，学无定式，变化多姿，他称这种没有固定模式的个人教学风格为"无恒的课堂教学模式"。具体说来主要体现在两个方面，不同的文体采用不同的教法，同一文体变化不同的设计，戴前伦先生对此作了比较具体的例证阐述。② 于漪老师多风格的语文教育实践所表现出来的语文教育思想正是一种审美的语文教育思想，全国中语会原理事长刘国正听了于漪老师的课之后，深有感慨："我坐在学生中间，思想化到了讲课中去，忘记了自己是听课者。有人说，听于老师的课，是一种艺术享受，是的确的。"刘先生的话说出了许多人的共同感受。因为于漪的语文课堂教学集中而鲜明地体现了一种审美的语文教育思想，审美的语文教育思想是于漪语文课堂教学的总体指导思想，是她多风格的语文教学的思想支撑，于漪的语文课堂教学自觉不自觉地将"美学法则"作为语文教学的灵魂，或者说她将审美的语文教育思想、审美的灵魂赋予语文课堂教学的"肌体"，使之按照美的规律运转起来，体现了鲜明的审美特性。于漪老师语文课堂教学实践总的规律是将传授语文知识、培养语文能力转换成种种美的形象和审美活动，其运转过程所表现出来的和谐性、自由性、形象性、情感性等特征，构成了其课堂教学的美感因素，使之具有了无限的艺术魅力，从而形成了于漪语文课堂教学美的风格，充分体现了于漪老师审美的语文教育思想。我们可以具体从以下几个方面加以品读。

（一）于漪老师审美的语文教育的思想体现在她的语文课堂具有美好和谐的课堂心境。走进于老师的语文课堂，就会体验到一种和谐美好的氛围，这是于老师创造的课堂心境。这种课堂心境，贯穿于语文课堂教学的始终，影响着、感染着课堂里的每个人。在这样的课堂心境下，老师精神振奋、乐观豁达，学生思路开阔、思维敏捷，整个课堂气氛活跃。于漪老

---

① 滕英超. 中学语文教坛风格流派录. 沈阳：辽宁教育出版社，1994.82-83.
② 戴前伦. 立体化施教全方位育人——于漪语文教育改革评介［M］//赵福祺，刘冈. 当代中国语文教育改革名家评介. 成都：成都出版社，1993.

师是怎样营造这种课堂心境的呢？每当于老师走进课堂，就像走进一个纯净的世界，她眼里只有学生，心里只有教案、教法，其他的一切对她来说似乎都不存在了，这种全身心的投入，是课堂心境的最佳预备。不论是什么课型，每堂课的开头于老师都能顺利地启动心理流。比如教《春》一课，一开始于老师就说："一提到春天，我们就会想到春光明媚，绿满天下，鸟语花香，万象更新，自古以来许多文人用彩笔来描绘春天，杜甫有一首《绝句》，记得吗？"学生齐背："两个黄鹂鸣翠柳，一行白鹭上青天。窗含西岭千秋雪，门泊东吴万里船。"于老师又问："王安石的《泊船瓜州》呢？"学生又齐背："京口瓜州一水间，钟山只隔数重山。春风又绿江南岸，明月何时照我还。"课一开始就充满了诗情画意，于老师因势利导启发说："现在我们就欢乐地生活在阳春三月的日子里，《春》中写的山、水、草、树、花、鸟等景物的姿态、色彩，你们注意到没有？让我们细读课文，领略大好春光，寻找与作者观察的差距。"学生被这诗一般的意境所感染，良好的课堂心境开始形成。但于漪老师绝不就此罢休，她要扩大这个"磁场"，使人人都笼罩在这种和谐的氛围里，这是一种绵绵不绝无处不在的"气"，一股勃勃的生气，一股神奇的灵气，师生双方都觉得得心应手，左右逢源，整堂课充满了活力和魅力。于老师上《最后一次讲演》就是一例。先是有表情地朗读闻一多先生的《红烛》序诗："请将你的脂膏，不息地流向人间，培出慰藉底花儿，结成快乐的果子！"在激发学生思考的同时，出示《闻一多传》封面图像，将之与《红烛》序诗对照讲解，指出该诗是闻一多先生的自我写照，借助诗情画意去拨动学生的心弦；接着引用毛泽东同志在《别了，司徒雷登》中的语句引出讲演的前前后后的事实，渲染闻一多先生拍案而起、横眉冷对国民党特务的手枪而慷慨献身的情景。就这样，层层深入，推波助澜，走向高潮。在这样一种心境下，师生的话语很容易相互感染，相互激发，从而产生了一朵朵智慧的火花。

（二）于漪老师审美的语文教育思想体现在自由、融融的师生亲情关系。在于漪老师的语文课堂里，洋溢着一种融融的师生情谊，这既是一种师生友情，又是一种长幼亲情。于老师说得好："师爱超越亲子之爱，友人之爱。"这种感情从进入课堂就开始，师生双方处于平等的地位，自由思考、想象，自由交流、谈话。这种谈话中学生得到了教益，教师得到了某种启发，教师不是单纯的给予者，学生不是单纯的接受者，双方敞开自己的心扉，互相接纳，互相理解，平等自由，宽容和谐。师生双方把对方看成与"我"交流言谈的人，是一个整体意义的人，有独立的人格，有独到的思想，彼此交流，彼此沟通，彼此理解，建立了一种相互信赖的友情。这有许多事情可以作为例证。有一次于老师要初一学生做题为《四季景色图》的作文，许多同学寻章摘句，生吞活剥，抄袭相当严重，于漪对学生没有指责、训斥，而是面带微笑、感情真挚地说这是一次失败的写景尝试，然后启发大家思考失败的原因。学生七嘴八舌地议着、笑着，有的扮着鬼脸道出了原因所在："抄！"于老师频频颔首，把自己的笑汇入学生笑的溪流，接着她语重心长地告诉大家：抄袭人家而写得好的文章，像纸花一样，是假的，虽然很美且迷人，但没有生命力。苦学加巧学写出来的文章，像鲜花一样，是真的，它带着晨露，富有生命力。最后于漪要求学生学着写一写《秋色老梧桐》，她依然微笑着，诱导学生，怎样从形色声态方面去写。面对学生的抄袭，于漪没有简单指责学生"不应该这样"，而是用情感与学生交流，在交流中让学生自己明白"应该怎样"，于漪和学生之间虽然不是亲人却洋溢着一种融融的胜似亲情的友情，这种人情美正是于漪语文课堂教学之所以具有美的风格的重要原因之一。由于情感因素的参与，于漪老师和她的学生们创造了语文教学美，我们在欣赏的时候，情感活动被激发起来，使欣赏成为一种审美的享受。于漪说："让学生对课堂生活产生持久的魅力，首先在于教师对生活有执着的追求，在课堂中倾注自己的爱。"的确如此，在教学美的创造中，教师因对教学的美好认识而引起强烈的情感活动，并在学生身上倾注了这种感情，才创造出这样动人的美的课堂教学。情感性是于漪语文课堂教学的内在属性，其课堂教学是师生带着高昂的情绪共同进行的创造性劳动，它肯定了师生的本质力量，因此，它不仅是具体形象的，而且是富有强烈感染力的，可以说情感是于漪语文课堂教学美的风格的主旋律。

（三）于漪老师审美的语文教育思想体现在丰富形象的语文教学手段。捷克教育家夸美纽斯把教学的形象直观当作一条金科玉律加以强调，他认为形象直观教学是"高级的事物可以由低级去代表，不在眼前的可以由眼前的去代表，看不见的可以由看得见的去代表"。于漪老师非常重视用多种多样的形象化的教学手段来教学，努力使学生的语文学习过程在生动形象的表象基础上来进行。诵一首小诗，来一段抒情味很浓的形象化描述，这是听觉形象；放一段美妙的幻灯片、动画片，这是视觉形象；一个惟妙惟肖的模型，这是触觉形象，这些是于漪老师常用的方法。可以毫不夸张地说，她的每堂课都使用了形象化的手段，语言、手势、板书、教具等各种教学手段密切配合，增强教学的形象性和直观度。美离不开形象，形象体现了美，于漪的课上得生动具体，有血有肉，给学生以如临其境、如闻其声、如睹其状的美感，这样一来再枯燥的文字也变得生动化，再抽象的知识也变得形象化，再简单的道理也变得有血有肉，即使静止的画面也变得活灵活现动态化，在学生心中激发了情感，形成了一系列具体的表象运动，学生调动所有感官，情不自禁地去感受、思考、想象，进而在对教学内容的理性悟解中生发美感。

（四）于漪老师审美的语文教育思想体现在充分发掘语文教学的审美因素。于老师的语文教学活动好比带领学生寻幽探美，于老师是向导，她先入美丽的山中，探明语文教学中的幽静山谷、雄峻山峰，居高临下，一览全貌，充分发掘语文教材的审美因素，从审美的角度去研究教材处理教学内容，设计审美化的教学方法，然后带领学生以审美的眼光去发现美、欣赏美、品味美，使学生感觉身心都融入其中，甚至达到如痴如醉的地步。如果语文教师本人对他邀请学生进来观赏的语文世界的五彩缤纷和奇伟壮丽惊叹不已、激动不已，那么他就会想方设法去感染学生；如果语文老师感受不到语文教材的美，那么他的课堂只能是索然无味。于漪老师用深情浸润语文教材，在审美情感的催化下潜入教材深处探得其中用心、意蕴、境界，于教材娓娓而谈，将自己的感情与教材的思想性、艺术性熔化在一起，然后用自己的心与同学的心相亲，用自己的灵魂碰撞学生的灵魂，激起审美的火焰。在此基础上，于漪老师进一步鼓励学生自己去发现美：去发现语文教材中的美，规范的结构，铿锵的音韵，错落有致的优美文字，众多栩栩如生的美好形象，令人心旷神怡、神思飞越的美丽的自然风光，使人奋发的人生哲理；去发现生活的美，大自然的名山大川，风花雪月的美丽景色，见义勇为，助人为乐的高风亮节，勤勉奋斗的美好人物；鼓励学生去感受这些美、欣赏这些美，用自己的手去表现美，用自己的行动去创造美，使学生的心灵得到净化，思想得到升华，情操得到陶冶。

由此可见，于漪老师审美的语文教育思想体现在她的课堂中，于漪老师的课堂教学是她按照一定的审美观念、审美趣味、审美理想，充分发掘施教媒介的审美因素，向学生施以审美影响，从而开启其内在情智的一种最优化的美的语文教育活动。正如于漪老师自己所说："语文教学中美育的任务也很明确，培养健康高尚的审美情趣和一定的审美能力。中学语文教学把发展学生感知美、理解美、欣赏美、创造美的能力作为基本任务之一。语文教材中有丰富的美育因素，自然美、人文美、语言美，无处不在。有意识地给学生以熏陶，能使学生情操高尚起来，对学习对社会有正确的、健康的、积极的追求。千万不能小视语文教学中的审美功能。……语文教学中如果忽视或抽掉美的熏陶，将会苍白无力，失去育人的作用。"于漪老师以她的语文教学实践她的教育思想，注重认知规律与美学规律结合的创造性运用，以丰富多彩的教学形态和美感的多渠道诱发，来诉诸学生的智能结构和审美意识，通过师生双边活动巧妙安排与编织，把语文课堂教学智力内容与施教手段的审美形式结合起来，化抽象为形象，化平淡为神奇，化枯燥为生动，不仅使教的活动成为审美对象，而且使学的过程也具有了审美的品位，具有美的风格，这种美，可以是朴素的美，也可以是华丽的美，可以是智慧的美，也可以是情趣的美。

于漪老师的语文课堂教学的美的风格，既创造了审美的富于魅力的语文课堂，又培养了一个个具有美的心灵、美的情操的学生，同时也塑造了自身"一身正气，两代师表"光彩照人的美的形象。

（本文发表在《语文教学通讯》2017年第2期B版，略有改动）

试论语文课的教学幽默

一、语文课教学幽默的基本特征

关于幽默，1989 年版的《辞海》解释道："英文 humour 的音译。（1）发现生活中喜剧性因素和在艺术中创造、表现轻喜剧性因素的能力，真正的幽默能够洞悉各种琐屑、卑微的事物所掩盖的深刻本质。（2）一种艺术手法。以轻松、戏谑但又含有深意的笑为其主要审美特征，表现为意识对审美所采取的内庄外谐的态度。幽默引人发笑的同时，竭力引导人们对笑的对象进行深入思考……"这里第一点主要说的是幽默的感知能力和创作能力；第二点说的是作为艺术手法的特征。语文教师调动幽默因素借助多种手段，把喜剧因素融进语文教学之中，就使语文课产生了教学幽默。

语文教学要达到这一目的，语文教师相应的就应具备幽默感知和幽默创作能力，也就是具有感受、欣赏和创作教学幽默的能力和品性。他不同于一般人对幽默浅层次的感知，他的幽默感知能力应高于普通人，当然他也不必具备喜剧作家那种很高水平的创作能力，他是把语文教学作为什么对象的态度下而做的一种轻松的调侃、点滴的幽默、灵机一动的滑稽，是一种"轻"幽默。语文课的教学幽默要借助作为艺术手法的幽默手段，它同样是以"笑"为其主要特征形态，表现为温文尔雅、委婉轻快，既不粗浅，也不过于辛辣、刺激，而是富于哲理和饶有意蕴。有时三言两语却妙趣横生，有时片言只语也会令人忍俊不禁，让人在笑声中明智悟理。

与艺术幽默不同的是，语文课的教学幽默总是与语文知识结伴而行，是语文教学过程的一个有机组成部分，它总是为培养学生的语文能力服务，且总是以塑造学生的健康人格为其根本目的。其语文性决定了它以充分调动学生语文学习内容的幽默因素为主，同时又由于语文的外延与生活的外延相等，它又可以采集生活中的幽默，并对之加工改造，使之符合语文课堂情境，符合课堂需要。其认知性决定了它是让学生在笑声中进行认知活动，在认知活动中伴随着笑声。其育人性决定了它不应该是粗俗的，而应该是健康的，不应该是油滑的，而应该是一种亦庄亦谐、以庄为主的轻幽默。同一般幽默一样，也是一种心理的暂时解脱和心灵的松弛，一种压抑被移除的快感。

二、语文课教学幽默的意义

语文课的教学幽默是语文教师思想气质、才学视野和灵感的结晶，它犹如一根神奇的魔棒，常能使语言于瞬间闪耀多彩的火花。苏联著名教育家斯维特洛夫认为："教育家最主要的，也是第一位的助手，就是幽默。"下面从语文教学和培养学生人格两方面来谈幽默的作用和意义。

（一）提高语文学习兴趣，增强语文教学效果

1. 强化首次效应。在中小学众多学科中，语文课无疑是审美性较强的学科之一。按理说它应该是学生学习兴趣较浓的一个学科，然而实际情况却恰恰相反，学生厌学语文是普遍现象。原因是多方面的，使用幽默手段是矫正这一现象的有力措施。语文教师在接手一个新班的时候，开头几堂课一定要在学生心目中为语文课确立一个好印象，也就是说要强化首次效应。此外，借助幽默教学，寓理于趣，以趣引思，趣中长智，能使学生对语文产生兴趣。学生喜爱富于幽默感的语文老师，而学生喜欢上的语文课，其语文教师大都是具有幽默感知和表现能力。语文教师用幽默诙谐的方法来表现其思想感情，能激起学生的愉悦感，使之轻松愉快，感心舒情，将语文课变沉闷而为活跃，变紧张而为宽松，使整个课堂生机勃勃。

2. 激发学生思维，增强记忆力。从心理上说，幽默是启动学生思维的动力之一。美国曾兴起的"笑学研究"证明，人在笑的时候，生理机能会发生多种变化，如脑垂体释放某种欣快物质以减轻痛苦和烦恼，给人以

兴奋的感觉等。在语文课堂上，教师如果一味地分析讲解，使学生总是处于被动静坐的状态，大脑神经细胞处于抑制状态，学生兴奋不起来，整堂课死气沉沉，时间一长，学生思维慢慢趋于沉睡状态。如果此时教师"幽默"一下，就能激活学生的思维，学生"醒"过来，笑出声来，这样情绪上来，神经细胞活跃，注意力相对集中，思维力、记忆力也就会随之加强，学生对所学内容能够产生深刻印象，教学效果要好得多。

3. 舒缓紧张心绪，减轻神经压力。系统的语文知识学习，往往是从提出问题开始的，语文课文学习也要接触到许多问题。问题在学生心理体验上还是外界侵入的未被同化、整理的力，它破坏了学生主体内部原有的暂时平衡状态，造成了紧张力的加剧，而幽默则起着舒缓紧张神经的作用，它并未中止主体的学习探索。一阵轻松之后，学生继续学习，这个过程可能是长期的，也可能是阶段性的，幽默伴随其中，能使学生大脑轻快地工作，舒缓紧张心绪，减轻神经压力，大脑在一张一弛中得到调节。

4. 缩短师生心理距离，融洽师生感情。教学本身不是一种单纯的认知活动，而是在认知的同时交织着情感。情感是纽带，把学生、教师、语文教学内容联系在一起，是师生之间、学生与教学内容之间的桥梁。幽默可以消除师生因过于严肃而出现的紧张状况，融洽师生关系。健康、轻松、融洽、充满温暖和友谊的师生关系，能使学生产生安全感、轻快感、满足感、幸福感和责任感，而冷漠、过于严肃、缺乏关怀和同情的师生关系，则会使师生之间产生误解和隔阂。语文课的教学幽默缩短了师生之间的心理距离，学生因此会觉得教师既可敬又可亲。师生间形成人格平等、心心相通、共同求索的和谐气氛，共同步入语文天地。

(二) 优化学生个性，培养健康人格

1. 教学幽默能帮助实现愉快教育。愉快教育就其本质而言是以培养学生的学习兴趣为核心，而语文课的教学幽默其功能和目的之一也正是提高学生学习语文的兴趣，两者是一致的。愉快教育能充分调动学生学习的主动性和积极性，使学生在认识和情感与动作技能等诸多方面得到全面发展，从而促进学生身心、个性的和谐发展。

2. 教师的个性直接影响学生。学生最喜欢有幽默感的老师。教师的教学幽默总是与独到的看法、深刻的见解结伴而来，展现教师的个性魅力。笑语中包含着深沉，妙语中蕴含着睿智；在他人习焉不察的事物中发掘笑料，在习以为常的事理中辨识悖理；在通俗例子中寻求别致，在平凡普通中提炼神奇；把强烈的反应稀释淡化，以从容潇洒的态度和亦庄亦谐的方式表达出来。语文教师的幽默感首先是语文教师极富个性的独特视角和洞察力，是一种敏锐的易感性，属于他个性气质魅力的再现。语文教师是和学生接触时间最长的学科教师之一，如果语文教师是幽默豁达而又富于进取的，必然使学生受到耳濡目染的影响，使学生形成幽默健康的个性品质，养成乐观豁达的气度和积极进取的精神。

3. 教学幽默有助于实现语文学习审美化。教学幽默之所以受到教师的青睐和学生的喜爱，不仅仅在于它能博人一笑，产生愉悦感，而且还在于它能于笑声中给人以智慧和启迪，产生意味深长的美感效应，有助于实现语文学习的审美化。语文课堂教学中使用幽默手段，是把语文教学作为审美对象来观照，以美的规律来教学，进而使语文教学过程变成审美过程，使学生的语文学习变成一种审美的活动。

作为学习主体的学生，其个体身心也都具有趋美的冲动，喜欢幽默的性情。教师的幽默能帮助学生实现审美愉悦，从语文知识、课文中汲取美的因素来完善自己，实现全面发展。

三、语文课教学幽默的操作与示例

一堂幽默而富于磁力的好课，需要深厚的知识积累和充分的准备，看似轻松，实不易得。语文教师只有自觉地加强自身修养，有目的地研讨艺术化的教学方法，研讨教学幽默的理论与做法，才能使课堂教学产生磁力效应。修养是多方面的，因为教学幽默是熔人文科学多种要素于一炉的智力创作，成功的教学幽默，它本身就显示出对丰富、巧妙的哲学、心理学、社会学、文学、教育学多方面的知识和技能的综合运用，同时又必须关心社会，细心地观察社会，洞察人生各种复杂现象，从中提取幽默素材。

（一）挖掘语文学科内容的幽默素材

语文课文里本身就有许多幽默的内容，比如有锋芒毕露的鲁迅式幽默，有不露声色的蒲松龄式幽默，有契诃夫、欧·亨利的西方式幽默，有"荷花淀"式的中国幽默。人物形象的幽默更是多见，阿Q、苏比、葛朗台、王熙凤等等都有滑稽可笑的一面。对课文中已有的幽默，语文教师只需吃透课文，稍加点染，即可使教学中的幽默神情毕现，生动有趣。比方说葛朗台，课文《守财奴》写："老头儿身子一纵，扑上梳妆匣，好似一头老虎扑上一个睡着的婴儿。"（教师插道："葛朗台这个老头动作之迅速，手脚之敏捷，全然不像老头！"）课文写："可是箍桶匠的眼睛老是盯着女儿跟梳妆匣，（教师插上一句：警惕性很高啊！）他手臂一摆，使劲一推，欧也妮便倒在母亲床上。"（教师插道："老头功夫不比一般，年轻的欧也妮根本不是他的对手！"）更令人大吃一惊的是患了风瘫的老葛朗台，居然"连狗在院子里打哈欠都听得见"。（老师点评：老头确实有特异功能，只要有了钱，葛朗台身上的每一个细胞都活跃起来，全身会迸发出极大的力量。）这种点评式的轻幽默，自然，经济，简洁，既让学生会心一笑，又使学生领悟其中的含义。

（二）讲究操作方法

幽默之所以产生，根本的一条就是反差，出人意料的反差是引笑机制的关键所在。比如预料的是甲，出现的却是不该出现或不可能出现的乙；期待的是丙，冒出的却是丁；A本应与B搭配，却奇妙地与C搭配在一起。有了反差效应，幽默才随之产生。下面介绍几种具体的操作方法。

1. 移时错位。包括两种方法，移时法和错位法。这两种其实都是错位，前者是时间错位，后者是空间错位。"移时"就是根据教学内容有意识地突破时间的限制，把古代事物与现代事物"生拉硬扯"地联系在一起，从而产生幽默效果。比如说到屈原《涉江》，其中有一句"接舆髡首兮"，古代许多刑罚很残酷，而"髡首"却很有意思，是剪去头发。按我们今天的想法，这等于是免费理发，多惬意，无皮肉之苦，而其实这是一种很深的精神折磨。这叫"古为今用"法,把古事拿到现在用。相应的也有"今为古用"法,比如王充的《订鬼》教师有意识地错解标题,让学生辨析,订鬼就是把鬼装订起来吗?用现代的意思去解释古文,闹出笑话。"错位"可以是人际关系的错位,也可以是空间地域的错位。比如长辈请晚辈"钧裁",下级请上级"拜读"自己的报告,这是人际关系的"上下错位"。又如在普通话的讲述中插上一两句方言,在汉语教学中插上一两句英语,这是空间地域上的"左右错位"。移时错位是有意识地违反逻辑上的同一律而闹出笑话。同一律要求同一对象在同一时间或同一空间或同一关系下,只能用同一概念去表达,保持其同一性。而当时间、空间或关系改变的时候仍用同一概念去表达,就会闹出笑话,产生幽默效果。

2. 褒贬换用。褒义词用在该贬的事物上叫褒词贬用,贬义词用在该褒的事物上,叫贬词褒用。比如在讲到语言的修辞效果时,可以举个例子:"这个家伙明知罪行严重,内心十分恐慌,但是他居然'从容不迫'地抹桌子,揩椅子,好像什么事情也没有发生过的样子。""从容不迫"就是褒词贬用。又如为了褒扬某个人或某一事物,先以贬的形式出现,在极贬之后突然提出褒义,形成一种强烈的反差,学生一旦领悟之后就会产生喜剧效果。褒贬换用也是一种错位。与之相似的还有平常的场合使用郑重其事的语言,庄重的地方使用平常的语言,比如毛泽东同志的《反对党八股》,拿洗脸打比方,毛主席说:"我们每天都要洗脸,许多人并且不止洗一次,洗完之后还要调查研究一番,生怕有什么不妥的地方。"听众听到这里禁不住大笑起来。

3. 夸张变形。有时故意把大事化小,把严重的事说得很轻巧;有时又可以人为地把小事夸大,从而造成反差,产生幽默。比如"不过就是浪费了二百万,区区小事,何足挂齿?权当交一次学费吧!"这是大事化小。又如"正当你胆大妄为擅自使用我的橡皮擦的时候,恰好被我撞见了"。这叫小事夸大。

4. 无中生有。原本没有的硬塞进去,或者根本不可能有的假设其有,也能产生幽默的效果。如《荷花淀》写到水生嫂听到丈夫把家里的事托付给她时,课文写道:"女人鼻子有些酸,但她并没有哭,只说:'你明白家里的难处就好了。'"就这么一句话写出了一个中国农村妇女对丈夫的痴情、对家园的热爱,这两种感情自然地统一在这朴素的话语中,为使学生进一步体会原作的妙处,教师不妨假设一种写法与之比较:"女人定了定神,从嘴里吟出一首诗:'生命诚可贵,爱情价更高,若为自由故,二者皆可抛。'孩子他爹,你就放心大胆地去吧!"学生哄堂大笑,在笑声中进一步领悟到原作的真挚、自然、细腻。

5. 画蛇添足。本来无需加一个尾巴,却有意识地加上一个尾巴,也能产生诙谐的效果。《林黛玉进贾府》说到迎春,文中用了一个比喻"腮凝新荔",红润的脸颊宛如新鲜的荔枝。教师说到这里加一句:"当然是像荔枝肉,不能像荔枝壳。"又如黛玉见到贾母时,贾母一把把她"搂入怀中,心肝儿肉叫着大哭起来。当下地下侍立之人无不掩面涕泣"。教师插一句:"谁敢不哭?哪个敢笑?"这么点一下,学生更加明确贾母的特殊地位。

6. 导入情境。语文教师在分析课文或教授语文知识的时候,突然把学生拉扯进去,带入课文情境之中,局外人旁观者陡然进入内里,也能使人笑起来。此外,还可以采用谐音双关、插说故事、制造矛盾、形象描述等等方法,渲染课堂气氛,变呆板、枯燥的分析解说为风趣、诙谐的启迪智慧。语文课的教学幽默要注意教育效果,切忌庸俗无聊、低级趣味,不要流于油滑,不要讽刺挖苦学生,挫伤学生的自尊心,应始终想到是为教学服务,为育人服务。此外不要总用一种方法,要常换常新,要注意幽默的思想内涵和审美价值。

幽默成在舌耕,功在思考。上面介绍的只是几种方法,其实语言本身如果善于变化处理,也能产生反差,起到幽默的作用。比如庄重的场合使用轻快的语调,喜庆的情境用哀婉的语调;该用重音的地方故意用轻音,该用轻音的地方又故意用重音;该拖音的地方不拖音,不该拖音的地方又拖了音。声调或一味高亢,或一味低调,或由高亢陡然一落为低调;其他语速、停顿也可以变化。当然这种故意错位变化不能在一堂课里多次重复，偶尔为之，会有出其不意的新奇效果。除了这些之外，还可以运用戏剧化的方法来增强幽默，比如《装在套子里的人》这一课，可以让一个浑身都是套子的人突然走进教室，用滑稽的腔调，说着别里科夫的语言，必能产生很好的效果。

　　语文课的教学幽默融教育性与趣味性为一体，有助于激发学生的学习兴趣，深化教育的内涵。语文教师在教学中恰当灵活地运用教学幽默进行教学，使语文课堂上有了笑声，使语文课更增添了艺术的魅力，学生语文学习活动就会有了欢快的情趣，生动活泼，教学育人的环境就会优化，从而有助于塑造学生的健康人格和心灵。

　　　　　　（本文发表在《教育科学论坛》1994年第6期，有改动）

"整体阅读"语文课堂教学模式

"整体阅读"语文课堂教学模式,是指在语文阅读课堂教学过程中对课文侧重整体把握、整体理解的一种教学模式,这种教学模式着眼于文章的整体,注重理清内部的相互关系,从宏观上居高临下驾驭文章,领会文章的主旨内涵,吸收文章的精髓养分。这是对现阶段语文教学过程中出现的只重细节不顾整体的教学倾向的纠偏。一篇篇完整的文章在老师的解剖下变得支离破碎,面目全非,生动的内容被割裂成知识的拼盘,美文不美,导致学生兴味索然。课堂教学如此,课后练习更是如此。长此以往,既败坏了学生学语文的兴趣,而且对学生思维方式、认知结构将产生非常不利的影响,学生因此养成只见一斑不见全豹,只见树木不见森林的思维习惯,看问题缺乏整体意识,读文章不能从整体上把握思考问题。中国古典诗词讲究神韵、境界,它们只能总体地把握,"难以句摘"。把任何单独的词或句子拿出来,都无法找到这种神韵或境界。诗评家所谓诗眼、词眼、曲眼、文眼,看似诗文中的某一字或句或段,其实是整体突现的表征,只有处于全篇的整体联系之中才能显示其作为"眼"的特性,一旦把它们分离出来,不过是一个普通的字、句而已。

整体意识、大局观念是 21 世纪人才素质构成的一个重要方面,良好的大局观是思维认知结构健康发展的主要标志之一。现代人才观摒弃那种只顾眼前不顾将来,只抓一点不及其余,只看局部不管整体的狭隘的局部意识和观念,现代教育必须培养现代人才,语文教学是培养途径之一,语文的阅读教学通过帮助学生掌握整体阅读的方法,养成良好的阅读习惯,能够实现培养学生整体意识,培养学生的大局观念。通过"整体阅读"的语文教学模式，使学生做到：在纷繁的材料中能分清主次，在众多的现象中能看出本质，在复杂的事件中能把握主旨。

一、教学目标

1. 培养学生的整体意识，大局观念。
2. 帮助学生掌握整体阅读的方法，养成良好的阅读习惯。

二、教学原则

1. 联系性原则。
2. 主导性原则。

联系性原则就是在阅读教学过程中，注意材料与材料之间的联系、局部与局部的联系、局部与整体的联系，"雕虫"莫忘"雕龙"。主导性原则就是在阅读教学过程中，要坚持认清主旨，把握读物思想的主导倾向，辨清主次，分别轻重，区别表面与本质，在"雕龙"的前提下"雕虫"。这两个原则都与阅读教学的对象有直接关系，阅读教学的对象是汉语言文字，汉语言文字具有整体性、意合性的特点，其语义理解依存于一定的语言环境，一些有歧义的话进入上下文歧义就消除了，同一个词在不同的语境中可能会获得截然相反的意义，句子和篇章的关系也是这样。如鲁迅《秋夜》开头一句话："在我的后园，可以看见墙外有两株树，一株是枣树，还有一株也是枣树。"单看这个句子，看不出它的究竟，但是如果我们从全篇着眼，就会发现，开头一句话是为了显示这个平淡无奇的环境——窗外只有两株枣树，别无他物，多么单调而乏味的生活，是为联系性原则。西方语言有性、数、格、时、体、态之类的形态变化，各级语言单位的组合主要靠语法手段，形式严谨而缺乏弹性，表达精确而底蕴不丰；而汉语是一种非形态语言，字和词在使用时没有形态的变化，各段语言单位的组合主要靠意义关系，即意合法，汉语形式灵活，富于弹性，"言外之意"极为丰富，从整体上把握，可以领略其含蓄而巧妙之处、只有把握文章的主导思维倾向，才能真正认清局部的细节的意义作用。比如鲁迅的

《祝福》既说到封建政权对中国妇女的压迫，又说到封建族权、夫权、神权对中国劳动妇女的摧残，其主导思想是揭露封建礼教对妇女的精神压迫和摧残。认识到这一点我们才能进一步弄清小说局部地方的作用和用意，如小说中提到鲁四老爷家的那半副对联，"事理通达心气和平"，又如小说中反复提到的祭祖等等，都与作者的主导思想倾向有密切关系。联系性原则和主导性原则二者是相互关联的，都属于整体性范畴，好的文章都有其畅达的思路，整体驾驭着局部、局部服从于整体，局部与局部密切相联，如果在教学过程中注重一章一节地拆卸，不时截断文章的意流，势必破坏文章内容的整体性，也阻断学生的思维。

三、教学结构

理论意义上的教学结构是指教师、学生、教材这三个基本要素的组合关系。实践意义上的教学结构包括纵横两个方面：纵向结构是指教学过程中各阶段、环节、步骤之间的相互联系，表现为一定的程序；横向结构则是指构成现实教学活动各要素即教学内容、教学目标、教学手段、教学方法等因素的相互联系，表现为影响教学目标达成的诸要素在一定时空结构内或某一教学环节中的组合方式。我们这里说的课文"整体阅读"教学结构，是指在系统教育思想指导下，为完成帮助学生掌握整体阅读的方法，养成良好的阅读习惯，进而培养学生的整体意识、大局观念这一教学目标，对构成教学的诸要素（教材、学生、教师）所设计的比较固定的简化的组合方式及运作流程，是实施"整体阅读"教学过程的途径和一整套方法体系。

先简略阐述教师、教材、学生三者之间的关系，如下图：

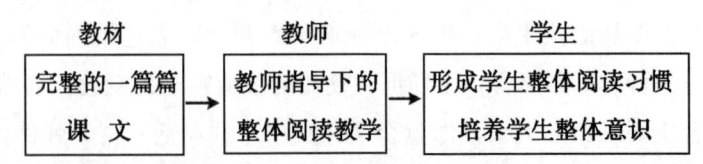

教材	教师	学生
完整的一篇篇课文	→ 教师指导下的整体阅读教学	→ 形成学生整体阅读习惯 培养学生整体意识

教材（完整的一篇篇课文）是学习和形成学生整体阅读习惯、整体意识的必要前提，教师指导下的整体阅读教学是联系教材与学生的中介，是

促进学生形成整体阅读习惯，培养学生整体意识的动力。

再看运作流程：

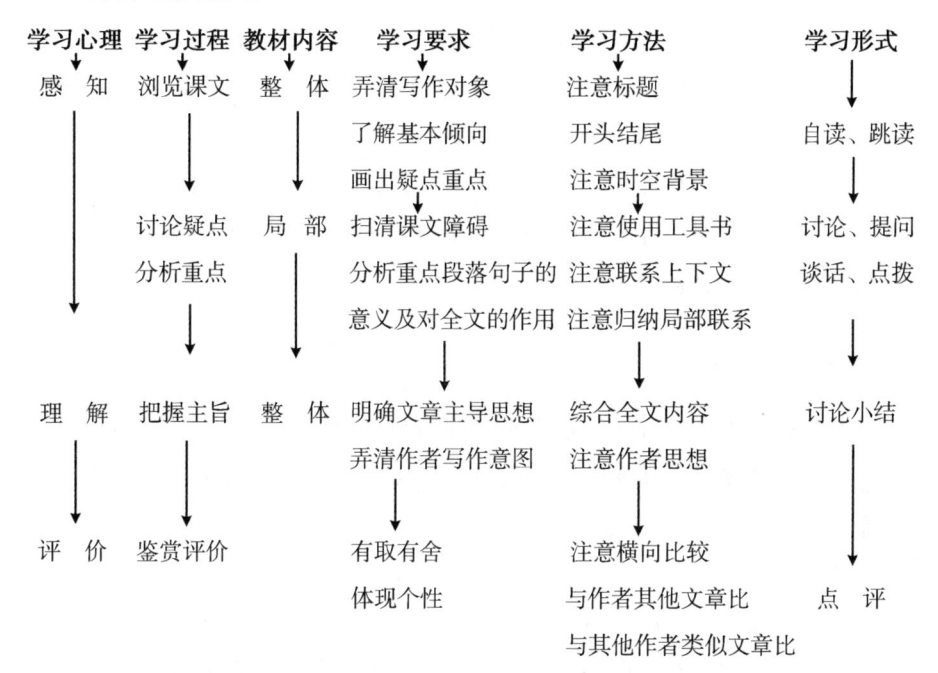

学习心理	学习过程	教材内容	学习要求	学习方法	学习形式
感知	浏览课文	整体	弄清写作对象 了解基本倾向 画出疑点重点	注意标题 开头结尾 注意时空背景	自读、跳读
↓	讨论疑点 分析重点	局部	扫清课文障碍 分析重点段落句子的 意义及对全文的作用	注意使用工具书 注意联系上下文 注意归纳局部联系	讨论、提问 谈话、点拨
理解	把握主旨	整体	明确文章主导思想 弄清作者写作意图	综合全文内容 注意作者思想	讨论小结
↓					↓
评价	鉴赏评价		有取有舍 体现个性	注意横向比较 与作者其他文章比 与其他作者类似文章比	点评

阅读首先是感知。在一篇文章中，作者所描绘的、塑造的、表现的是完整的形象，所介绍的是完整的事物，所阐述的是完整的事理，文章中的各种因素都有着不可分割的内在联系，一篇文章就是一个有机的整体，阅读时决不能也没有必要把它人为地割裂开来。虽然文章是由许多部分组成，各部分又具有不同的特征，但我们不能把它感知为许多个别的独立的部分，而应感知成统一的整体，这是感知的整体性特征所决定的。它要求初读感知时，不急着分层分段，肢解课文，而是要使整篇课文在学生眼里成为一个知觉整体。叶圣陶说得好，学习课文第一步应该"通读全文""知道文章之大概"。当然这时对课文的把握仅仅是混沌的、朦胧的，处于认识的初级阶段。在浏览课文，弄清写作对象，了解基本倾向，画出疑点、重点的情况下，接下来讨论分析疑点、重点，初级阶段鸟瞰式的把握，对局部疑点、重点的分析，起着非常积极的作用，只有站在一定的高度，才能对局部分析得更准确、透彻。一旦局部的疑点弄清楚了，文章重

点部分的意义及其在全文的作用明确了，再回到整体，综合全文内容，把握文章主旨，实现对文章整体的理解，理解是对文章由感性认识过渡到理性认识，它是阅读实践的核心活动。上述学习从整体到局部再到整体，"带着学生从文章里走个来回"（张志公语）。对文章有了比较全面而透彻的了解，然后过渡到鉴赏评价，对文章的思想观点、语言文字、风格特点等进行鉴别、赏析和评价，注重和同类文章比较，提出自己的独到的见解、观点，赏析和评价文章的好坏、是非、美丑，吸收正确的、美的，批判扬弃错误的、丑恶的。

四、教学策略

实现整体阅读，首先应是语文教师的观念问题，语文教师应该树立整体意识、整体观念，在课堂教学的每个环节处理上应始终抓住整体。其次才是策略问题，在关键的几个环节要把握好。第一，起始阶段要抓住整体，课的开头是"龙头"，起导向作用，一篇新课文学生总有一种新异感，要充分利用这种新异感，将学生的注意力引向对全篇的整体感知，不要一开头就从课文第一自然段入手，一下子沉入对局部文字的分析之中。比如上高尔基的《海燕》，开头应着眼于让学生从整体上获得对海燕形象的初步感知，可以通过满怀激情的导语，声情并茂的朗诵，辅之以摄影画面，使学生很快入境。第二，分析局部应不忘整体，我们强调整体阅读，不是排斥局部分析理解，而是强调局部分析要为理解整体服务，优秀文章的细节有许多是作者的传神之笔，分析细节是引导学生寻幽探胜的必经之路，但如果只从微观上研究细节，就很容易将完整的课文讲得支离破碎。因此，分析细节，教师应引导学生认识细节与整体的关系，不能因细节而冲淡对整体的理解。第三，问题设计要突出整体，我们并不反对课堂提问，我们反对的只是一堂课中过多过细的提问，过多过细，或散乱无序，或冲淡湮没主旨，都影响我们对文章整体的把握。课堂问题的设计应少而精，扣住主旨，牵一发而动全身，吃透文章内涵，领会文章精神意图。

五、教学评价

教学评价一为即时性评价，一为阶段性评价。即时性评价，就是在一篇课文学习之后，就这篇课文的一些核心问题即时提问学生，请学生当场回答，以此了解学生对这篇课文的理解深浅情况，即时评价能及时发现问题、发现缺漏，从而得到及时解决。阶段性评价，是分阶段进行评价，比如一个单元学习之后，提供与本单元文体内容相近的一篇文章或者是一个单元留下一篇文章，让学生运用本单元所学的方法去阅读分析理解，考查这一个阶段学生掌握情况。

教学评价既可以是老师评价学生，也可以是学生自评自己，或学生之间相互评价。一个阶段学习下来之后，学生之间或相互提问，或各自出卷请对方应测，然后再批卷，学生在评价他人的同时，也是对自己的检验。待老师评价、学生互评之后，学生写自我小结，对自己前一阶段的语文学习情况作一个具体的评价总结，查缺补漏，肯定成绩。评价的目的最终是要促使学生进一步学习提高，明乎此，则过程评价和结果评价结合，他人评价和自我评价结合是最佳选择。

个案：

祝　　福

一、教学目标

1. 深入体会人物言行与人物内心世界的关系。
2. 充分认识造成祥林嫂悲剧的社会根源，体会文章深刻的思想内涵。

二、教学过程

（一）学生默读课文

读后要求学生：

（1）说说祥林嫂的故事

（2）画出文中读不懂的地方

（3）找出文中的重点段落、文句

说明：这个环节让学生整体感知小说、了解祥林嫂的故事，确定疑难和重点。

（二）讨论疑难及重点

说明：在整体感知的前提下，扫清阅读中的文句障碍。读懂重点段落的语意、内涵。比如开头结尾的环境描写，祥林嫂的肖像变化及语言动作等，使学生充分认识祥林嫂其人。

（三）把握文章主旨

教师提问：是谁杀死了祥林嫂？

说明：这个问题在前面分析祥林嫂其人的基础上，进一步研究祥林嫂的对立面，迫害祥林嫂的方方面面的人物、社会，这个问题直接关系到小说主题，关系到作者的写作意图，关系到作品深刻的思想内涵，牵一发而动全身，一个问题牵涉到方方面面。

学生充分思考形成了两种尖锐对立的观点：一说鲁四老爷杀害了祥林嫂，一说柳妈杀害了祥林嫂。

教师请持两种观点的人从文中找出论据展开辩论，学生充分把握作品中的细节，辩论热烈。

最后教师讲述发生在 20 世纪 80 年代初东海一个偏僻渔村的故事，这个村子里没有鲁四老爷似的人物，也没有柳妈似的人物，却发生了祥林嫂似的悲剧，启发学生认识作品的主题——封建礼教、封建传统思想残酷迫害中国农村的劳动妇女。

（四）鉴赏评价

谈谈小说的人物塑造及环境描写的成功之处。

谈谈小说主题的深刻性。

（本文发表在《中学语文教学》1999 年第 4 期，有改动）

阅读技术的中介作用及其习得方法

阅读教学是一项复杂的活动过程，存在着许多矛盾，什么是主要矛盾，如何找出主要矛盾，如何解决主要矛盾从而带动次要矛盾的解决，这些一直是人们关注的问题，许多人试图解决，但最终又没有彻底解决。这个问题的解决必然涉及阅读教学的目的，阅读教学的目的是培养学生的阅读能力，完善学生的认知结构。

一、阅读技能与阅读技术在阅读教学过程中的地位

我们首先应该明确什么是阅读，阅读的实质是什么。《中国大百科全书（教育卷）》认为："阅读是一种从印的或写的语言符号中取得意义的心理过程。"阅读就是通过视线的扫描，筛选关键信息，结合头脑中储存的思想材料，引起连锁性思考的过程。其次应明确什么是阅读能力。一般认为阅读能力就是读者借助视觉器官，运用已有的知识经验，去了解文字符号所表达的内容的一种心理特征。阅读能力是在一般能力发展的基础上，通过阅读实践而形成的多层次、多侧面的结构。叶圣陶先生主张将阅读能力归结为良好的阅读习惯，即"需要翻查的，能够翻查；需要参考的，能够参考；应当条分缕析的，能够条分缕析；应当综观大意的，能够综观大意；意在言外的，能够辨得出它的言外之意；义有疏漏的，能够指得出它的疏漏之处"。还有的人认为阅读能力的各个侧面各层次都是由相关的智力和知识技能构筑起来的，从纵向考查阅读能力，分解成认读能力、理解能力、评价能力、创造能力四项。沈韬在其所著的《阅读教学论》（江西高校出版社 1993 年版）中指出阅读能力的核心是学生的语感能

力,即对语言现象的感应能力,包括:(1)形象感,阅读时能对间接的语言现象产生如见其人、如闻其声、如临其境的生动具体的主体画面;(2)意蕴感,能体察文章所蕴藏的丰富深刻的含义;(3)情趣感,能仔细辨别与体味文章中有时几乎细微若无的感情和趣味;(4)审美感,能形成直觉性与愉快性的情感体验。

以上我们考察了阅读教学的逻辑起点——阅读,和逻辑终点——阅读能力,如何实现从起点到终点的飞跃,即如何通过阅读,培养提高学生的阅读能力,还必须考察阅读教学的整个过程,即从阅读到阅读能力提高有多少环节,有多少重要的相关因素。

其次,我们应研究影响阅读能力提高的三要素。(1)智商和情商。智力因素包括注意、感知、思维、想象、联想、记忆等。情感因素包括兴趣、情感、意志等。智力因素是人认识客观事物的工作系统,情感因素是人认识客观事物的动力系统,没有情感因素的作用,智力因素的作用就难以发挥,没有智力因素的作用,情感因素也会成为无效力的活动。学生的心理发展水平和个性心理品质,对于阅读活动的顺利进行起很大作用,但是,提高学生的情商和智商并非阅读教学的主要目的,阅读教学毕竟不能上成心理辅导课。(2)知识积累。阅读能力的强弱和知识的丰富程度是相互关联的。阅读能力的形成和发展以一定量的语文基础知识和相关背景知识(包括自然科学、社会科学知识,也包括一般的生活常识)作基础,既需要有关的理论知识,又需要有关的感性知识和生活体验,既是一种知识积累,又是一种文化积淀,有了丰富的知识储备,有了丰厚的文化积淀,就有了阅读的底子,阅读时就能多方联想,多方比较,多方思考,提高阅读理解的广度、深度和速度,同时促进智力的发展。但语文基础知识和相关的背景知识毕竟只是提高阅读能力的必要条件,而不是充分条件,更不是充要条件,我们的阅读课不能上成单纯的知识传授课。(3)思想观念。在阅读活动中,读者一方面从阅读材料中接受教育、吸取思想观点,但另一方面读者对读物的接受与否、接受的程度如何,又受自身已有的思想观念、价值取向的影响。阅读有较强的主观偏向,同一篇文章,不同的人可以有不同的理解与评价；同一篇文章同一个读者不同时期阅读，由于其思想观念不同，也会有不同的理解和评价。培养学生正确的思想观念是阅读教学的一项义务，但毕竟不是主要任务，我们的阅读课也不能上成思想教育课。如果上成思想教育课也背离了语文阅读教学的基本职能与目标。

（4）阅读技能。阅读是从书面语言获取文化科学知识的方法，是信息交流的桥梁和手段，当然也是一种技能。《中国大百科全书（教育卷）》认为："阅读也是一种基本的智力技能，这种技能是取得学业成功的先决条件，它是由一系列的过程和行为构成的总和。"正因为阅读活动是为达到一定阅读目的而进行的一种特殊的技术活动，所以阅读技能掌握直接影响阅读能力的培养和提高。阅读技能不同于阅读能力，阅读能力是顺利完成阅读任务的个性心理特征。阅读技能的形成以一定的阅读能力为前提，它可以反映阅读能力发展的水平和个别差异，同时它又对阅读能力的发展起着不可替代的积极作用，它对阅读能力的核心——语感能力起着重要作用。

从思维学角度解释，语感是人脑对语言的感受和反映。有声语言通过听觉通道输入大脑，唤起大脑语言中枢的注意，并刺激其他皮质区进行注意或回忆，使有声语言与所指称事物的性质、状态、特征相联系，形成表象并被大脑所存储；文字符号则通过视觉通道输入大脑，与所指称事物的性质、状态、特征及字形、读音等材料一起在大脑形成表象并被存储。口语、书面语以及它们的组合顺序经常地并且有效地作用于大脑语言中枢及其相应区域，便在大脑中形成了稳定的语言识别单元，人便有了语感。然而过于频繁、杂乱无章的字音和字符刺激大脑不但不能形成语感，反而会造成大脑神经活动的疲劳，从而出现厌倦情绪。只有有意义的、规范的，在单位时间内频率适宜的言语信号作用于感觉系统，才能激发大脑的表象形成和记忆功能，形成正确的语感。具有正确语感的人，一旦接触到言语信号，便能迅速地进行判断、推理、比较、甄别，从而接受正确的规范的言语，识别并排斥不正确的、违反语言组合规律的"病句"。这种迅速近乎不假思索的思维过程是长期的思维活动实践培养而成的。世界上没有天生而成的语感，从语感的生成机制来看，掌握阅读技术，具备阅读技能，能帮助学生迅速而准确地感知语言，能有效地帮助学生理清杂乱无章的语言现象，使之变为规范的语言，同时能有效地控制过大的训练量，收到事半功倍的效果。

阅读技术的习得过程是决定阅读技能形成的关键所在。心理学家认为，人的行动是由一系列动作组成的，行动能否顺利地进行，大多依人对实现这些动作的方式掌握到何种程度为转移，阅读技术就是指完成任务的动作方式或心智活动方式，它是一种行为方式，也是一种操作方法，它就是阅读的知识。张志公先生说："知识从来都是获得能力的一个非常重要的渠道。"能力没有知识作基础是不行的，但知识与能力的关系较为复杂，"有的知识可以立即转化为能力，有的好像不能，不能一概而论，要具体问题具体分析，不能把知识与能力对立起来。"（《张志公语文教育论集》人民教育出版社1994年版）阅读技术是可以转化为阅读能力的知识。我们强调阅读技术的重要作用，不是就技术而技术，忽略其他方面的重要作用，而是抓住阅读技术这一清晰有序的东西作为突破口，去带动语感等相对模糊的能力水平的提高。

目前我们的阅读教学恰恰是忽略了阅读技术这一重要环节，盲目强调阅读能力提高，缺乏提高阅读能力的有效科学的办法。过去，我们曾经尝试过语法知识和文章知识教学，试图通过这些知识的传授来提高阅读能力，不能说这些知识毫无作用，但毕竟不是与阅读能力直接相关，或者说不是着眼于阅读能力自身的知识，因而收效不大，导致人们否定知识的重要作用。于是有人提出淡化语法，提出培养语感，但如何培养语感又不得而知，没有一套行之有效的办法，只强调多读多背，回归传统，以模糊的办法一统天下，从而否定知识的作用，这显然是偏颇的。我们不否认传统读背的作用，但我们也不能否认知识的重要作用，问题是以什么知识为主，以什么知识为辅，以及怎么传授语法知识能帮助你理解词与词的关系、句与句的关系，文章知识能帮助你弄清文章内部各种关系。它们是基础知识，但我们站在阅读的角度讲，它们是有关系的，但不是主要的，主要的本体知识应该是阅读技术，就是指阅读的各个环节中的各种操作性的程序和方法，这些牵涉到语法知识、文章学知识，但它们并不等同。从某种意义上说，语法知识、文章知识是为阅读技术服务的，阅读技术直接决定阅读技能的形成。在多年的高三语文迎考复习中，一些语文老师自觉或不自觉地注意到阅读技术问题的重要作用，他们分析试题的解题技巧、解题规律，试图起到事半功倍的效果，很多同学对此也颇感兴趣，以一两个典型试题的分析从而弄清这一类试题的解法。但遗憾的是仅有零星的研究，没有系统的研究；只有针对高考的试题研究，没有向阅读的各个环节、向各种读物迁移；只有解题规律的分析，没有考虑从阅读技术的层面上思考，更没有上升到阅读技能与人格发展层面上的哲学思考。

二、发现法是习得阅读技术、发展健康人格的有效途径

阅读技能是实现阅读能力提高诸多因素中的决定因素，也是阅读教学中诸多矛盾中的主要矛盾。而矛盾的主要方面是阅读技术的习得过程，这个过程包括老师如何传授技术，学生如何习得技术。掌握阅读技术可以采用灌输式，即老师按照一定的程序逐步将阅读技术灌输给学生；可以采用发现法，即通过选择具有相同规律的语言现象，让学生自己去比较，自己去分析，自己研究找到阅读的规律，把握阅读的技术。前者灌输式的习得方法就学生而言，是被动获得，就教师而言是忽略学生主体积极性与创造性的做法。一般地说，一个技术的习得，一个观念的形成，基本上是循着：提出问题——分析研究问题——解决问题这样一个思维流程。灌输法是越过"提出问题"和"分析研究问题"两个重要阶段，直接进入"问题解决"阶段，很可能会导致学生死记硬背这些阅读技术，浮于表面，而不是真正内化为个人自身的技能。发现法重视问题的发现和提出，积极促进学生对问题的思考、研究，符合观念形成的认知接受规律，同时它能强化学生的主体思维，学生的主体性，主要表现在对问题的积极思考中，在学习上不善于提出问题，不善于分析、研究问题的学生，从本质上讲是缺少主体思维的表现。发现法着力于提高学生的阅读能力，同时培养学生的创造意识、自主意识，培养学生发现规律、从事研究的能力。方法不同，效

果各异,《学习的革命》一书提到:"我们怎样学习比我们学习什么要重要得多。"这是非常正确的。叶澜在《重建课堂教学价值观》一文中提到:"将每一结构单元的学习分为教学'结构'阶段和运用'结构'阶段。在教学'结构'阶段主要用发现的方式,让学生从现实的问题出发,逐渐找出知识的结构和发现结构的步骤与方法;通过总结,形成知识、方法、步骤综合的'类结构'模式。这一部分的教学时间可适度放慢,让大多数的学生有一个充分体验发现和建构'类结构'的过程,让'类结构'以一种在教学过程中通过学生与教师的互动逐渐生成的方式形成,成为学生自己的'类结构'。在此基础上,随后进行的用结构的教学阶段就能以加速的方式进行。"叶澜说的与我实践的基本方式一致。

发现法是将阅读能力的提高与创造精神的培养结合起来,两者的结合首先是阅读教学的需要,因为它既解决了高年级学生阅读动力的问题,又使学生自主习得阅读技术,进而形成阅读技能。阅读教学首先要使学生喜欢读、愿意读,这是最基本的前提,如果这个前提没解决,那阅读教学是失败的。从目前现状来看,推动学生阅读的动力有如下几种。一是升学压力,这是消极被动的。学生的学习动机趋向外部化,对学习本身的好奇心、兴趣在衰减,一旦升学压力消除,阅读动力慢慢消减,甚至消失。二是为了消遣。由于读物本身有趣,推动学生阅读,例如通俗小说,这种阅读层次较低,属消遣性,有趣就读,无趣就不读,如果引导不当,将走向低级趣味。三是为丰富知识,提高认识水平而读。这种阅读动力是有益的,它为创造奠定了基础。但如果停留在这个层次上显然是不行的,因为目的笼统、宽泛,目标不具体,导致阅读泛而不切实,久而久之,也不能产生强烈的推动作用。四是为了研究创造而阅读。这比前者更进一层,体现学生自我价值的研究创造,激发学生的学习兴趣和求知欲望,极大地推动高年级学生的阅读求知兴趣,学生学习动机趋向内部化。学习既是一种挑战,又是一种满足,产生兴趣的原因何在?首先在人的灵魂深处,都有一个根深蒂固的需要,这就是希望感到自己是一个发现者、研究者和探索者。而在学生的精神世界中,这种需要则特别强烈。同时,当学生带着一种高涨的激动的情绪从事学习和思考，在挖掘阅读对象的本质，在发现语言现象的因果联系的过程中，对面前展现的真理感到惊奇和震惊，当学生在学习中意识和感觉到自己的智慧和力量，看到了自己的劳动成果时，就会体验到创造的欢乐，对人的智慧和意志的伟大感到骄傲和自豪，并进而推动学生的阅读。由此可见，最有效的学习方法就是让学生在体验和创造的过程中学习。发现法阅读，就是引导学生在阅读过程中主动习得阅读技术，掌握阅读技能，提高阅读能力。

　　发现法将阅读能力的提高与创造精神的培养结合起来，这也是人格发展的需要。皮亚杰把教学过程看作是一个不断发现的过程。布鲁纳认为，教学应该以培养学生探究性思维为目标，使学习者通过体验所学概念、原理的形成过程来发展思维能力，保证所学的基本原理和态度具有迁移作用，他明确指出："所谓知识，是过程，不是结果。"灌输是直接把结果告诉学生，而忽略了学生自我体验的过程，发现法则着重于学生探究问题、发现规律的过程，这对学生认知结构的丰富发展具有非常积极的作用，学生在发现中学会发现，学会科学研究。达尔文说："科学无非是整理事实，从中发现规律，做出结论。"学生在研究中既掌握了阅读规律又培养了创造精神。创造精神是人的生命力的最高表现，是个性的动力源泉，是个性中最有活力的因素，是学生健康人格不可缺少的有机构成要素。培养学生创造精神的根本途径就是让学生参与创造活动，而阅读规律的研究是其中有效的活动之一，而且发现法是使学生自主习得阅读技术。正如叶圣陶所说，使学生能够自求得之，不待老师讲授。整个过程是学生积极主动参与、亲身实践，始终处于动态的活动之中，自主意识得到强化。当然，阅读技能的形成，必须经过反复长期的历练，绝非一日之功。

（本文发表在《上海教育》1998年第6期，有改动）

经典阅读与语文教学[①]

有人说未来 20 年 60％的职业将消失，这个话如果倒退三四十年我不相信，但是今天我确实相信了。我们往回看，过去 10 年，过去 20 年，多少职业消失了，比如当年我们旅游的时候，用的是柯达胶卷、富士胶卷，今天在哪里？这样一种情况值得我们去思考。面对未来社会的急剧变化，我们的教育到底应该做什么？杜威说："如果我们仍然以昨天的方式教育今天的孩子，无疑就是掠夺了他们的明天。"杜威这句话，我们可以这样去思考：用传统的方式教育我们的学生，教育出来的孩子能不能适应明天的社会发展？

一、何为语文学习？

首先我们要了解什么是学习，进而理解什么是语文学习。我看到一个报告，世界银行的《2018 世界发展报告》，其中《学习以兑现教育的承诺》第一次针对教育发展展开专项讨论，提出如何确保学校教育带来真正的学习，他们认为，今天的学校里，很多学习不是真正意义上的学习，而是"伪学习"。为什么这样说？其逻辑是什么？我们能不能重返教育的价值观来审视这些问题？比如，我们的学习是不是需要重新定义。学习都要考虑学习知识，培养能力，同时我们还应该帮助学生理解文化。有人说，语文老师基本上盯着语文，世界变化跟我们没有关系，我们躲进小楼成一统，

[①] 本文是笔者在"深圳市福田区课堂新生态'每月一周、每场千人'全国展示活动（中学语文专场）"大会上的报告。

管他春夏与秋冬。作为语文老师，当然是要把主要精力放在语文学科本身的研究上面，但是我们是不是也可以把眼界扩开一些。世界经合组织在2017年发表了一个报告《2017影响教育的趋势聚焦》，其中说道，在这个背景、文化、语言和宗教日益多样化的"超级多元化时代"，教育系统面临两个重要的责任：一是必须调整教学与学习，以反映并回应多样化，满足所有人的教育需求；二是作为个体初始社会化的主要社会空间，学校教育在培养跨文化技能中必须发挥重要作用。

我们不妨看看2017年新修订的课标，是不是和世界经合组织、世界银行所提到的有异曲同工之处？中国课程发展经历了从知识立意到能力立意，从能力立意到素养立意。面向问题，注重整体，讲究整合，这是语文新课标体现出来的语文教学策略，与过去的教学模式有内在的区别。新课标强调：有文本，但不以文本为纲；有知识，但不求知识的系统与完备；有训练，但不把训练当作纯技巧分解训练。语文阅读由单一而多元，实质是走向多而丰富；由熟知而真知，实质是走向精而深刻。追求多元化、多层次、多视角、多关联的阅读领域，追求递进式、交互性、立体性、融通性的阅读效果。新课标刚刚颁布出来，我们不可能一步到位，不可能今天有新课标，明天就有新课堂。但是我们应该关注这些变化。

PISA（国际学生评估项目）2018关于阅读素养的定义是"阅读素养是为达到个人目标，增长知识和发展个人潜能及参与社会活动而对文本的理解、使用、评价、反思和参与的能力"。与 PISA2000 和 PISA2009 相比，增加"评价"（evaluating），删除"纸质"（written）文本限定词。也就是说，我们的孩子需要有评价的能力，要有自己的观点。总的来说，PISA2018至少体现了三层含义：第一，阅读目的不仅仅是增长知识，发挥潜力，而是实现个人目标，并参与社会；第二，除了理解、运用和反思，还要有评价；第三，不限于纸质文本，还有可视、可听的文本，因为现实变了。这样一种观点和思维方式，值得我们去探索、去研究。

二、怎样学习经典？

对于这个问题，我没有标准答案，以下的想法仅供大家思考。我们学习经典是应该封闭，还是应该开放？我们学习经典是纯粹知识的学习，还是要开启孩子们的智慧？我们学习经典是对经典的膜拜，还是对经典的尊重？这些是有差异的。

1. 是封闭，还是开放？

上学期，我们搞过一次大型的语文教研活动，活动中呈现的一些问题引发了我的思考，为此，我写了一篇文章在《上海教育》上发表。我们的语文教学当然少不了吟咏诵读，可以唱诗讲经，可以字词分析，可以抓住核心词反复斟酌，可以对文章进行鉴赏，这都是语文。但我们是不是到此为止了呢？我们是不是因此封闭在这里了呢？我们是不是还可以研究语文现象、研究语言的一些基本规律？当然还可以是其他的东西。我的观点是，不要轻易地把语文封闭起来。"语文就是这些，没有这些就不叫语文。"我不知道这种想法因何而来。我们能不能把自己思维再打开一点？

上学期，我们请了上海张广录老师来上了一节课《拿来主义》。他执教的《拿来主义》有三种教法，其中一种就是把《拿来主义》拆散成句群，让孩子们重新组织句群，让他们了解写作的基本秘密，就是理清语言是如何连缀起来的。在教师的启发下学生发现鲁迅文章句群间的关系——肯定，否定，再否定，再肯定，曲曲折折。因此鲁迅文章的语意复杂，文章难懂，这也正是鲁迅文章具有弹性和张力的原因所在，也正是其魅力所在。等到评课的时候就很尴尬，我们的评课老师不想去评，因为他们把握不了，老师们都有一个教学习惯或者评课习惯，已经有一个长期以来形成的审美图式、评课图式。当课与自己的图式框框一致时，老师们有话可说，当课与自己的图式框框不一致时，我们一下子无语了。我的观点是，我们语文教学不能封闭，语文教学其实还有许多新的生长空间我们应该去探究。

2. 是知识，还是智慧？

是纯粹的知识学习，还是要激活学生的思维？语文老师当然要教孩子知识，这是毫无疑问的，但是我们更要启迪孩子的智慧，思维是教学不可或缺的，我们能不能通过语文教学激活孩子的思维？

我举北京十一中学历史老师魏勇执教《美国独立战争》的例子。他首先播放了一段站在美国人立场拍的纪录片。美国人认为自己凭什么要向英国人交税，坚决不交税，抗税有理。教材就是这么说的，因此我们也这么说，知识和答案全部找到了，最后的结果，孩子们学习了相应的知识，这堂课本应该到此结束。魏勇老师并没有结束，他接着又播放了一段站在英国人立场拍的视频，英国人认为美国人必须向我们交税，你敢不交税我就打你没商量，因此爆发美国独立战争。同一个历史事件，两种截然相反的观点，同时涌进学生的脑海里，最直接的作用是激活了学生的思维。到底谁说得对？美国人对，还是英国人对？他们各自的逻辑到底是什么？原因何在？这就把学生的思维激活了，这就是着眼于培养学生的智慧。卢梭早就告诫我们："问题不在于告诉他一个真理，而在于教他怎样去发现真理。"卢梭反复强调的是，我们想取得的不是知识，而是判断能力。曾经有人说过一句很极端的话，这句话要辩证地听，"凡是百度能搜索到的我们都不要教"，这句话虽是极端的，但也值得我们玩味：时间有限、学生和老师的精力也有限，我们到底是教孩子一些死的东西，还是真正把孩子教活？教育是有双向功能的，把孩子们教得越来越死的现象是常见的，教出聪明的孩子是不容易的。

苏格拉底说，没有一种方式比师生之间的对话更能提高沟通能力，更能启发思维技能。所以，语文教学中重要的是老师自己心中有货，老师自己心中有定力，老师自己心中对教育、对未来、对孩子的人生应该有自己的思维判断。孩子能够通过你的引导、启发，变得聪明。

3. 是膜拜，还是尊重？

对待经典作品，我们是顶礼膜拜，还是尊重的态度？顶礼膜拜就是全盘照搬，完全诚服；尊重就是批判吸收。杭州语文老师郭初阳上《伊索寓言》，他有三个版本。

1.0版本：有一个牧人赶着羊到村外较远的地方去放牧，他常常开玩笑，高声向村里人呼救，说有狼来袭击他的羊。有两三回，村里人惊慌地跑来，又都笑着回去了。后来狼真的来吃他的羊了，他放声呼救，没有人理他了，最后狼把羊都吃掉了。

这是故事的原版，教材就是这样，大部分教师教学就是教读字词，梳理段落大意，理解主题思想就可以了。郭老师问孩子们：读了上面的故事后，请你说说这说明什么道理？孩子们回答：说谎的结果很严重，因为开玩笑说谎，结果羊都被狼吃光了。郭老师把这个故事概括为《开玩笑的牧人》。

2.0 版本：有个牧人赶着（全村的）羊到村外较远的地方去放牧，他常常（遇见狼），高声向村里人呼救，说有狼来袭击他的羊。（很不巧，等村里人赶到的时候，狼都已离开了，羊也都没事。）有两三回，村里人惊慌地跑来，又都笑着回去，（以为牧人在开玩笑）。后来，狼真的来吃他的羊了。他放声呼救，村里人都以为他照例又在开玩笑，没有理他。结果，（全村的）羊全被狼吃掉了。

郭老师已经对原版作了相应的修改，他把这个版本叫作《说真话的牧人》。读完这个故事后，郭老师让孩子们对上面两个版本的故事作比较，发现说真话的牧人跟说假话的牧人的后果一样严重，甚至损失更惨重，全村的羊都被狼吃了。

3.0 版本：有个牧人赶着（全村的）羊到村外较远的地方去放牧，他（说自己常常遇见狼），高声向村里人呼救，说有狼来袭击他的羊。（很不巧，等村里人赶到的时候，并没见到狼，羊也都没事。）有两三回，村里人惊慌地跑来，又都笑着回去。（有狼？这似乎是不可能的，因为很多年来，村里别的人从没有遇见过狼，全村的人都不相信会有狼，除了那个牧人——他不断散布有狼的言论，让整个村子感到紧张不安。于是村里人勒令牧人戴上一个特制的口罩，让他保持安静，不许再发出声音。）

后来怎么样呢？郭老师让孩子们猜答案，让他们设计一个特别的、出人意料的结尾。孩子们很优秀，通过思考、讨论，设计出了种种不同的结局，有平安的结局，有英勇的结局，有皆大欢喜的结局，也有悲惨的结局。郭老师把这个版本的故事称为《发出声音的牧人》。

郭老师让孩子们讨论这三个版本，一个说假话、一个说真话、一个难辨真假。郭老师适时抛出大哲学家密尔《论自由》中的一句话："迫使一个意见不能发表的特殊罪恶，乃是它对整个人类的掠夺。"孩子们从来没有看过这句话，当老师把这句话呈现在孩子们面前时，他们心中"咯噔"一下。这堂课成了！这堂课实际上包含了郭老师对课堂文化的一种深刻理解。

郭老师让孩子们探讨这样几个问题：在3.0版中，牧人的意见不能发表，最严重的后果是什么？你有过"意见不能发表"的经历吗？感觉如何？你有过迫使别人"意见不能发表"的经历吗？当时为什么这么做？一个意见和整个人类的密切关系，你可以举一个例子来说明吗？

我尤其欣赏第3个问题，你有过迫使别人意见不能发表的经历吗？我们为什么这么做？我们的班干部秉持着班主任的权威，不让其他孩子说话，我们的教师不让学生说话，我们的校长不让老师说话，我们的局长不让校长说话，为什么？最根本的一点，是认为自己的意见是正确的，是认为自己的意见容不得别人辩驳。我们要维护自己的面子。请问，你敢肯定，你的意见一定是正确的吗？一定是最合理的吗？一定是最科学的吗？一定是无可争议的吗？人在宇宙中，是如此渺小！你又何以如此居高临下，自以为是，容不得他人发言、辩驳？

这堂语文课上到这里，我们会发现郭老师不是领着一帮孩子在膜拜经典。他在尊重，但他是另外一种尊重，他重新解构了经典，他是着眼于培养未来社会的公民，因为未来社会的公民一定要尊重他人的话语权。郭老师把孩子们的思维拉到了很深很远的地方，但他收放自如，最后引出伏尔泰的话"我不同意你的观点，但我誓死捍卫你说话的权利"，轻轻松松地将孩子们的思维拉回到最初的《狼来了》的故事，让孩子们明明白白地理解《发出声音的牧人》其实讲的是"发言权""话语权"的问题，是"人人都有发表自己意见的权利"的故事！这堂课有很深刻的文化内涵。阅读经典就要把经典的精神内涵发掘出来，在孩子们的心灵深处埋下非常有意义的种子。

学习关键之处在哪里？在思想发生的地方，在知识形成的地方，在情感涵育的地方,在德育生长的地方,这些都需要我们浓墨重彩。我们通过这种方式培养孩子开阔的视野、开放的胸襟、开明的思维,把孩子培养成真正能走向未来的、在未来社会能立足的、在社会各界做出卓越贡献的人。

(本文发表在《未来教育家》2018 年第 6 期,略有改动)

附:推荐阅读文学文化名著

以下是我向我的学生推荐文学文化名著的话语片段,不全面,也并不严谨,旨在为学生采一束阳光,添一缕金黄。每月推荐一到两本,让孩子们选读一本好书,哲理的,文学的,充满爱心的,人文的,科普的,透射智慧的……从高一的第一个月开始,直到高三的最后一个月,书虽不多,但许多孩子因此养成了读书的人生习惯,待他们离开学校蓦然回首的那一刻,他们会记得与老师曾经共享的一段美好的读书时光,会仿佛闻到那书页中散发的缕缕芳香……

《学习的革命》

一张沮丧的脸,一双疑惑的眼,一句"你的学习方法不当"……校园常见这样的特写。面对用功而成绩不佳的学生,老师的回答显得苍白而无奈,读读这部书,或许老师和学生都能走出无奈,看到"山有小口,仿佛若有光",于是昂然走去……

《人类的故事》

在老师的手里历史是一门课程,是几本教科书,于是在学生的心里历史是机械的记忆,是枯燥的大事年表……

尘封的过去一改枯槁的容颜,逝去的先人演绎出灵动的故事……这就是房龙的魅力!把房先生请进课堂,让他当一回"孩子王"。

《文明的碎片》

通俗的未必流行，高雅的未必不流行。雅俗可以共赏，秋雨散文当属此列。烟花三月里，绵绵春雨中，捧一本秋雨，读一回已为碎片的文明，山川、人物如风儿拂面，历史、文化似雨滴心间，淡淡的，又浓浓的，别有一番画境在眼前。

《傅雷家书》

老师推荐的不仅是孕育许多人生哲理的书，老师讲述的也不仅是一个关于《傅雷家书》的故事，而更是情感与情感的交流，心灵与心灵的碰撞。平凡，朴实，感人，使人震颤……好书的魅力原本就在这里，好文章的魅力原本也在这里。

《昆虫记》

至少在我们小的时候还能读到华罗庚等大科学家专门为小读者撰写的《科学家谈二十一世纪》，而现在人们不免要感叹，已经很少有大学者愿意且能够像法布尔这样终生为孩子写作了。其实，作为新文学的一个传统，大学者注重学术成果的转化与普及，即学者与教师身份合一，是不算稀罕的事情，譬如陈独秀和朱自清在生命的最后一刻，一个在编小学生的字典，一个在为中学语文课本作注解、写阅读提示；叶圣陶、夏丏尊更是始终关注青少年教育，他们合力编辑的《中学生》《文话七十二讲》又岂止影响了一代人的成长！

《人类群星闪耀时》

时间的长河源远流长，绵延不绝，而构成长河的水滴是一个个瞬间。历史的偶然常系于人生的一瞬间，像阳光下的水滴映出五色斑斓，透析命运的一个个瞬间，你能领略人生的七彩，你能省悟历史的必然……

《培根论人生》

阅读经典，是人生的必修课。《培根论人生》是经典，却又朴实无华，深刻而不深奥，明白而又隽永。她是智者的人生哲语，一如清澈的小溪，娓娓道来，充满耳膜；一如春天的细雨，点点滴滴，洒在心间。阅读培根，走近经典。

《少年维特之烦恼》

阅读《少年维特之烦恼》，其实就是阅读青年，阅读烦恼。

阅读《少年维特之烦恼》你能享受到充满诗意的欢愉和忧伤；你能读出 18 世纪德国青年知识分子的苦闷和觉醒；你能感受到本世纪初新文化运动时期中国青年的躁动不安与狂飙突进；你能倾听出在即将迈进新世纪门槛之际，属于你自己的，也属于青年的心跳。

《第三次浪潮》

当许多新奇事物出现的时候，我们或惊讶，或疑惑，或由迷茫引发出探究的兴趣，明天的世界将会怎样，未来的时空里还会出现什么新奇的事物，其中的根源是什么，未来与今天的联系又在何处……透过《第三次浪潮》这扇窗，我们能眺望新世纪的曙光；瞻前顾后，我们更懂得今天的内涵、今天的分量、今天的责任。于是我们跨过世纪的门槛，去拥抱明天的太阳。

《万历十五年》

我们都有自己的眼睛，但习惯于用统一的目光看问题，我们都有自己的嘴巴，但习惯于用一个声音说话；我们都有自己的大脑，但习惯于用一个模式思维。

读《万历十五年》，或许能启发我们换一个视角看问题，观察世界，回顾历史，透视人物，横看成岭侧成峰，远近高低各不同。这样，或许会有许多真切的感受，或许会有许多独到的发现，或许能找到一个富于个性的自我。

我推荐黄仁宇的《万历十五年》，首先是我喜欢，记得当时我是一口气读完的，像我这个年纪，而且工作如此繁忙的人，一口气读完一本书的概率已经微乎其微，实在是黄仁宇的思想与文笔俱佳，有一种特有的人格魅力（书的人格就是作者的人格），使我不知不觉深陷其中，一时不能自拔，直到读完为止。历史的教科书读过许多，脑海中还残存着原有的概念——历史著作是厚重的，也是枯燥乏味的；它们是一堆堆毫无人情味的事件集合，是一段段马后炮似的原因分析，有人无情，有事无味，有理无趣。而黄仁宇的《万历十五年》改变了我的看法，历史虽然过去，但历史书中有活生生的人，他和你聊天，他演绎一段段动人的故事给你看，让你感慨，让你激动，让你遗憾，让你为之嘘唏不已。

书的内容我不想说，你看了就知道。

《一千零一夜》

少年时代本应富于幻想、充满想象，而题海战术使他们成了解题操作工，泯灭了童趣，泯灭了浪漫，泯灭了奇异瑰丽的幻想，这是教育的异化，人性的压抑。重读《一千零一夜》，唤醒少年沉睡的心灵，用人类童年的故事去滋润学生过于规范的大脑，或许孩子们心田里因此能发出一些新芽，长出一些青草，姿态各异的，充满生机的。

《凡·高自传》

迄今为止，索斯比拍卖行所拍卖的绘画作品最高售价是凡·高创造的，这位生后的富翁，生前却穷愁潦倒。他是小人物，有许多坎坷遭遇，却始终保持普通人的善良情怀；他是大画家，不为时人所理解，却依然执着，不懈追求。阅读《凡·高自传》，走进一个寂寞的心灵世界，你会深切地感到：美，属于情感丰富的心。

《飞鸟集》

诗钟爱青年，青年更钟爱诗，因为青年原本就是诗一般的年华。

《可爱的中国》

列宁说，忘记过去，就意味着背叛。这句话确有其引人深思的地方。在方志敏烈士 100 周年诞辰即将到来之际，阅读英烈的遗书，在同学们的心田里，播下爱国的种子，让可爱的中国在新一代华夏儿女手中变得更加可爱，这是我们的心愿，也是烈士的期待。

《别闹了，费曼先生》

"在老师推荐的 20 多部文化名著中，这一部书我最喜欢看。"一个非常聪明活跃的男孩对我说。我想这和整本书的孩子气有关，当孩子们在大科学家的传记中读到天真的、纯朴的、恶作剧的、爱幻想的、轻松的、调皮的天性，这些原本属于他们的秉性时，那是一种怎样的欢乐啊！童心与创新意识、创造能力有着内在的、必然的联系，值得我们珍视。

《草叶集》

春草是诗，秋叶是诗，春草是生命的勃发，秋叶是生命的绚烂。

高歌民主，渴望自由，憧憬明天。这就是《草叶集》，这就是惠特曼。分明是一团热烈的火，点起激情，燃起理想；分明是一条奔腾的江，冲过昨天，奔向未来。习惯于在足球场上寻找火热的青年，也应该习惯于在诗中寻找激情。

《相约星期二》

古人云：置之死地而后生。这说的是兵法，然而于人生也有相似的道理。认识死，才能真正认识生；正确认识死和生，才能获取一种平和的心境，积极的心态。钟情社会，珍爱人生；钟情纯真，珍爱美善，在人世间潇潇洒洒地走一回。莫里老人如此，因而其精神得以永生。这一课的意义就在这里。

《这里的黎明静悄悄》

革命英雄主义似乎离青少年很远了，学生们所追的星当中几乎找不到革命英雄，因为许多人以为战争离我们远去，和平将永远伴随着我们。然而今天的世界并不太平，战争的枪炮声依然不绝于耳。我们希望和平，但我们必须有保卫和平的勇气，生活在和平年代里的青少年，心中应该有保家卫国的豪情，应该有舍生忘我的英雄气概。这正是教育义不容辞的责任，也就是我推荐本书的目的所在。

《老人与海》

桑地亚哥精疲力竭、满身伤痕从海上拖回空空的大马林鱼骨架时，他疲惫地倒下去了，这一幕深深地印在我的脑海中，老人的身上体现了我们人类不可征服的伟大精神，慷慨悲壮，激情洋溢。我以为，如果艺术失去了激情，失去了悲壮，就失去了尊严，失去了壮丽；如果一个民族失去了激情，失去了悲壮，就只有懦弱，不可能强盛。悲壮艺术是滋润一个民族的必需的养料。

《活着》

我们都知道，文学是人学。就人学的意义而言，有形而上的，谓之人生哲理；有形而下的，谓之生活现实。把二者和谐地统一起来，就是优秀文学。余华的《活着》当在其中，作家细致地记录了活的艰辛、活的酸苦，再现了人生的经验、人生的命运轨迹，幽幽的，冷冷的，又是自然的，真实的。

《经典常谈》

朱自清是学者，具有缜密的逻辑思维能力；朱自清是作家，具有非凡的语言驾驭功力。他写就的《经典常谈》，使古文化走近今天的学生。学生们这样说，朱自清是一个好向导，他先在洞外为我们解说一番，使我们心中有数，且他是真实解说，绝非说这儿是双龙戏珠，那儿是仙人指路，求真而非猎奇的游客自然欢迎他这样的好向导。诚哉，斯言！

《东史郎日记》

有些书读来使人哀痛，使人伤感，使人羞愧，使人战栗，《东史郎日记》就是这样的书。它掀起你悲愤的激流，沉痛的热浪，一次次如海潮般冲击你的心房，如刺刀般直刺你的胸膛。泱泱中华大国，何以会有那段如此惨痛的历史？而今何以会有人如此淡漠健忘？读一读《东史朗日记》，有助于你我找回失落的记忆，找回失落的尊严。一个民族不可缺少记忆，一个国家不可缺少尊严。

《约翰·克利斯朵夫》

人生是一首歌，每一个音符都是跳动不已的心符。或激昂，或抑郁；或奔放，或低靡。不同的个性编织不同的乐章，于是世界变得五彩缤纷，人生变得绚烂多姿。《约翰·克利斯朵夫》是一首激昂与抑郁交织、奔放战胜低靡的乐歌，一如贝多芬的《命运交响曲》，一声声敲在读者的心灵，一曲曲回荡在人生的舞台。

《牛棚杂记》

人性的善恶之争，自古就有。我们当然希望人性本善，但历史的片段有时会让我们看到恶的一面。季羡林的《牛棚杂记》更多的是让人想到人性为何如此轻易被人扭曲，被人利用，由单纯走向狂热，因狂热而丧失理智。是人所固有的劣根性，还是氛围所造成的，抑或是二者兼而有之？历史常会重复，但我们应该打破这种循环，使过去的不再重演，使我们的学生永远拥有善良，拥有纯洁。

《欧游杂记》

"读万卷书，行万里路。"这是古老的人生经验，也是中华的文化箴言。书读得多了，连成线，就成了路；路行得多了，记下来，就变成书。《欧游杂记》即是行路人的书作，朱自清的笔墨就是作文的成功之路。读进去，你就上路了，一路欢欣，一路漂泊，一路如诗如画的风景……

《钢铁是这怎样炼成的》

保尔是几代人在青少年时代的偶像，是一个具有强烈震撼力的大写的"人"。他钢铁般的意志使人折服，使人敬佩；他对生命的理解，燃起了多少人火一样的理想，火一样的激情。人生需要激情，事业需要意志。在他那钢铁般意志和精神的鼓舞下，今天的青少年一定会奋发向上，勇往直前，不屈不挠，挺起我们民族的脊梁，去实现我们民族复兴的伟大事业。

《先知——纪伯伦哲理抒情散文诗全编》

像一位老人向孩子讲述人生的经验，

像一位青年向恋人倾诉心中的爱情，

像一位儿童向人们叙说世界的斑斓和神奇，

这就是纪伯伦。

爱美，就应该热爱生活；爱人，就应该热爱生命；爱智慧，就应该体验人生的每一篇乐章……

这就是《先知》。

《开明国语课本》（重印本）

今天的学生应该读今天的教材，这是真理；

今天的学生也可以读昨天的教材，这也是真理。

我们总在追求用新的理念编写新的教材，适应新的形势，这无疑是正确的；但阅读仍有生命力的老教材，也会给人许多教益和启发，更何况这些教材是一代名家智慧和经验的结晶。他们更少功利的心态，更多文化的底蕴；更少浮躁的情绪，更多真诚的情感。经过了历史风雨的打磨冲刷，焕发出更加耀眼的光亮。

《宽容》

在房龙之前，大概没有人会以"宽容"作为著作的标题，这是房龙在呼唤，呼唤人文情怀，理解他人，容纳异己，忧患人生，关怀人类。

人类发展的过程中，有太多的不一致，有太多的矛盾，不要把不一致夸大，不要把矛盾激化，少一点刻薄，少一点压抑，多一点宽容，多一点爱，思想的幼芽才能破土而出，创造的火花才能闪耀，文明的脚步才能走得更快。

《千年一叹》

世纪交替的时候，有许多应时的声音。秋雨先生却发出沉重的一声叹息。千年一叹，是对古老文明，是对中华文化。其中的内涵，其中的情愫，其中的人文情怀，着实让人感动。

凤凰涅槃是作者也是许许多多中华学人心底的期盼。

（上述推荐语陆续发表在《语文学习》）

语文课堂教学的几个问题选项

最近参加语文课堂教学艺术研讨会，听了几节课，想到了几个问题，评课时我把问题抛给与会的语文老师：语文课到底是教课还是教人？语文课是一定要结构完整还是要结构合理？语文课是教文还是教言？语文课是细读还是碎读？

语文课到底是教课还是教人？其实这个问题单独抽出来，以今天的语文教师都会说是教人，完整地说是通过文本来教人、教学生，但是在实际课堂教学的过程中我们常常就把这个根本问题搞错了。特别是我们的公开课，教师准备了充分的内容，主观意识一定要把课上完，给专家、评委一个完整的印象，也就是说老师脑海中全部都是课，不管学生是否能够跟上，是否能够理解接受并消化教学内容。借班上课的公开课，教师根本不了解学生，不知道学生的实际程度如何，不知道学生学习习惯怎样，特别是语文公开课，除非任课教师特别强调、特别督促，一般学生不会去事先预习，几乎是对课文毫无所知的情况下开始了这堂课的学习的。这次的公开课《云南的歌会》就是这样一种情况。文章太长，所写又非常细碎，学生对文章几无了解的情况下进入课堂，教师在简单介绍作者之后，开始提问，学生不知如何是好，不举手，不主动回答，老师无奈只好点学生回答，学生或简单说两句不着边际的话，或干脆默不作声，场面极为尴尬。这个时候教师内心着急，因为他心里装有完整的教学设计必须一一兑现出来，生怕完不成教学任务，只好催促学生尽快从文中寻找答案回答，从而又导致学生紧张，过目不过脑，回答出来的答案可想而知，课堂于是走向恶性循环。如果我们把教学定位在教学生，而不是教课，那么我们面对学生的实际情况，就要及时调整，就要迁就学生，就要放慢脚步，放慢节奏，让学生认认真真地把课文读一遍，带着问题再读一遍，让学生将课文入眼入心，然后再来讨论相关问题。

　　语文课到底是要讲究课堂结构的完整性，还是要讲究课堂结构的合理性？从教学设计的角度而言当然要讲究课堂结构的完整性，起承转合，开头结尾，前后呼应，一篇课文的教学完整性，这是不容怀疑的。但是就一堂具体的课的教学进程来说，基于学生实际情况，未必一定要在指定的时间里完成教学设计的所有内容。教师必须关注学生的实际接受度，必须控制把握教学节奏，因为教学设计毕竟是设计，是否符合学生实际还有待于课堂教学检验。学生基础好，课堂教学节奏可以快一点，教学内容可以拓宽一点，可以加深一点；学生基础不如意，课堂教学节奏应该慢一点，教学内容应该紧凑一点，紧紧围绕基本问题进行，无须拓宽，不必加深。因此实际课堂教学进程中我们应该讲究的是课堂结构的合理性，就是教学目标、教学内容、教学节奏符合学生的实际情况，教学的环节与环节之间有着内在的逻辑性，让学生可接受，让学生有所得、有所获，而不能让多数学生处于似是而非的夹生饭状态。也就是说既然我们承认语文课是教人，而不是教课，那么在实际课堂教学中我们就必须追求教学结构的合理性。

　　语文课是教文还是教言？也就是说语文课到底是教文章中的内容，还是教如何运用语言表情达意？我以为语文课当然不可能忽略语文教材中选文的内容，但是从根本的意义上说，语文课主要还是教学生如何理解、如何运用语言。语用是主要目的，但并不排斥文章内容对人的教育意义，甚至要积极发挥并利用文本本身所具有的人格教育作用教育学生。在实际教学中我们语文老师切不可置本职工作于不顾，只是单纯地教授文章的内容，只是单纯地挖掘文章的道德教育意义，这样做毫无异议地偏离了语文学科教学的主渠道。这次公开课《奶奶和1973年的诺贝尔奖》，就是把课堂教学目标定位在内容上，设置了一些关乎文章内容的问题，组织学生讨论，诸如为什么近？为什么远？奶奶为什么没有获得诺贝尔奖？谁笑得更幸福？是劳伦斯因为获得诺贝尔奖更幸福还是奶奶更幸福？这些问题全部是关乎文章内容的问题，整节课几乎没有一个涉及语言运用的问题，很显然教学目标定位偏离了正常轨道，特别是谁更幸福这样的问题，仁者见仁，智者见智，完全属于主观性很强的个人感受，没有必要非得比出一个长短来，以此比较几无意义。

语文课是细读还是碎读？细读是针对语文教学忽视文本，泛泛而教，泛泛而谈，大而空的现象而提出的。应该说细读文本的主张无疑是正确的，强化语文教学中语言运用的重要意义，回归语文本体，落实语文教学的基本任务。在实际的语文课堂教学中，不少语文老师开始着眼于课文的语词分析、语句分析，组织学生讨论词句修辞，这些都是好的现象，至少还是语文教学的任务所在。但是我们也吃惊地发现有不少语文老师开始繁琐化了，一堂语文课充斥着大量这样的问题，这个词好在哪里？为什么要这样用？换一个语词可不可以？删去可不可以？对句子的赏析也是这个路子，甚至对标点符号也开始这样赏析，天哪！选入课文的作品应该说都是好的，至少有好的一面，但是文章虽好，未必字字珠玑，未必句句美妙，未必标点个个都显示微言大义。我们的语文老师煞费苦心，挖空心思，费尽心力，找了一堆这样的词句、标点，做了许多牵强附会的解读赏析，然后生拉硬拽地让学生顺着教师的思路去找到所谓的妙处、好处，一篇不错的文章就被老师活生生地解剖成支离破碎的碎片、零零散散的破烂货，这样的细读就走向了碎读。这次执教戴望舒《萧红墓畔口占》一课，就有这种现象，一首短诗，一共4行，不算标题一共36个字，在一节课里教师就是反反复复地提问，然后让学生反反复复地回答，来回倒腾，最后把一首很有味道的诗歌，教得味同嚼蜡，真真浪费了一首美好的诗作。有些问题毫无必要，比如教师让学生理解诗作中提到"放一束红山茶"，为什么是"红山茶"？而不是其他的花？而且教师的答案当中说是与萧红的"红"有关，这也太牵强附会了。这样教学还不如先让学生读诗作，然后让学生谈谈自己读出了什么？其次教师指导学生再读诗作，让学生谈谈理解到什么？最后教师谈谈自己读了诗作之后自己领悟到什么？联想到什么？细读与碎读的区别就在于，我们所选择的文本细节是否与文章的核心要害有关联，或者是否与文章的主旨有关联，或者是否与文章所写的核心对象（人或物）有关联，或者是否与文章的核心事件有关联。如果有关联，且这些词句的确具有微言大义，具有十分鲜明的、特色化的表情达意的效果，精选几处加以品读，这就是文章的细读，细读不忘主体，细读不忘全局。反之，就是碎读，碎片化的阅读。碎读教学导致学生眼中有词、心中无文，支零破碎，成不了气候。

总之，语文课堂教学是教人，既然是教人，关注的就应该是课堂结构的合理性，合乎学生实际；语文课不同于其他学科，其本体意义主要在语言能力的习得，因此其首要任务就应该是着重于提升学生语言运用的能力，教学过程应该细读文本，但不是碎读文本。

(本文发表于《未来教育家》2018年第12期)

面向未来的真实的语文学习

一

未来社会日新月异，社会各界对时代的巨大变化非常敏感，他们重新定义知识，重新定义学习。联合国教科文组织 2015 年发布报告《反思教育：向全球共同利益的理念转变》，其中界定知识内涵，包括：信息、理解、技能、价值观、态度。这与传统对知识的理解已经产生很大的差异，我们总以为知识就是信息，这是静态的知识，但联合国教科文组织的重新定义更加注重如何面对知识，如何使用知识，更强调动态的知识。静态的知识不是力量，整合的知识才是力量；在信息社会里，呈碎片化的堆积状态的知识不再是力量，怎么把碎片化知识进行整合，形成一个系统、一种结构，才是力量，这种知识是能够汇集并编码，这样才能形成知识智慧的力量。运用的知识才是力量，知识不是死的，而是活的；有体验支撑的、能够基于证据和根据，做出自己回答的知识，才有力量，才有智慧，即基于反思，实现问题解决的知识才是智慧的力量。

对于学习的概念也在不断更新。2019 年世界银行旗舰发布报告《2018 世界发展报告》，其中以一个单元专题讨论教育，标题是《学习以兑现教育的承诺》，这是世界银行第一次针对教育发展展开专项讨论。其中提到如何确保学校教育带来真正的学习。那么何为真正的学习？有专家认为真正的学习就是由分科的学习走向综合的学习，由文本的学习走向实践的学习，由单一的学习走向混合的学习。由基于课本的学习走向基于标准的学习；由概念离散的学习走向观念聚合的学习，由符号记忆的学习走向深度理解的学习。这是基于核心素养提出的学习转型。真正的学习，其效益重要指标是理解力，包括：整体思考的能力，洞察问题的能力，想象力、类比力，直觉力，解释力。

作为国家战略，教育部出台核心素养的相关文件，核心素养就是学生应具备的，能够适应终身发展和社会发展需要的必备品格和关键能力。教育部出台的核心素养文件直接影响到课程标准的修订，2020年高中语文新课标就是按照核心素养的精神来修订的。核心素养立意的课堂教学首先是真实的学习。

二

一起看一个小学作文教学案例。执教者是杭州师院的任为新老师，学生是浙江师范大学附属小学六（1）班的学生。这堂课的教学内容是外貌描写，暖场后老师进入主题。

师：今天是作文课，我们来学习怎样写人。六年级了，老师都教过大家了，写人怎么写，最重要是通过哪几点来写？

生：写人要通过外貌描写、动作描写、语言描写、心理描写等来写。

师：很好。关于人物外貌描写得好的课文，我们学了不少，大家来回忆一下，有哪些？

生：《少年闰土》《地震中的父与子》《慈母情深》《凤辣子初见林黛玉》……

［点评：这个环节为温故知新，不但让学生知道一些相关的概念，还要唤起学生关于实际运用案例的回忆，进而明确这堂课的学习目标。］

师：今天你们就写我。你们仔细观察，抓住我的外貌特征，用简洁的文字概括。

（学生概括老师的外貌特征是："高""瘦""老"）

［点评：任老师以自己为模特，创设真实的写作情境，这一点就与许多老师的做法不同。一般语文老师都是让学生写记忆中的某一个人，写他们都是写他们的过去，而任老师一反常态是让学生写现在，写现在观察到

的眼面前的人，真实的情境，真实的描写对象，自然引出真实的写作。任老师这个引导是大方向上的引导，成功引向真实的学习。]

师：外貌特征概括出来了。但不够具体，没给人留下印象——怎么个"高"法呢？"瘦"成什么样啊？"老"到什么程度了？再讨论，把我的特点写具体。

（学生："老师个子很高，有一米七几。但很瘦，估计一百一十斤也不到。老师看上去显老，脸上皱纹很多，头发稀少，脑门有点秃。"）

[点评：在学生初步概括描写对象特征的基础上，任老师引导学生写具体，把对象特征具体化。教师的点拨初见成效。]

师：再进一步，把我写得生动一点，可以用比喻句，把你对我的感觉、想象写出来。

生$_1$：老师细胳膊细腿，瘦骨伶仃，像竹竿似的。（全场笑）（又有5生说句，皆具体生动，比喻非常形象）

[点评：由写具体到写生动，任老师指导再见成效。以上是第一个环节，学生的写作由准确概括到具体描写，再到生动描写，层次递进。这个阶段是没有交流对象的单纯描写技巧教学，即引导学生将内容写准确、具体和生动。很多相对优秀的教师大都是这样教的。]

师：好，不愧是名校的学生，准确、具体、生动，有几句还挺传神，把老师的外貌特征写出来了。但是同学们知道，老师为什么那么瘦吗？

生：不知道。

师：实话告诉大家，老师没有老伴，没有人给我做饭——我一天只吃两餐……（学生惊愕），所以，我今天是来求助的。我要去征婚，征婚要写介绍、写外貌，刚才大家把我写得准确、具体、生动，我要拿这些文字去征婚——

（教室里骚动起来，同学们纷纷说不行。）

[点评：这一环节老师开始的问题好像是在卖关子，但其实任老师是在引导学生走向真实的写作，有真实的具体目标（征婚启事）、有目的的写作（以此去征婚），让写作发挥实际功能，而不是仅仅一篇上交老师批

阅的作文而已。很显然这是许多语文老师所不会涉及的，打破了旧有的学生作文边界，打破了旧有的写作教学的边界，让学生的写作和生活联系起来。］

师：为什么不行？

生：没有褒义词，用了贬义的、取笑的手法，看了给人感觉不好。即使有单身阿姨看到了，也不会来跟老师搞对象的！

师：那应该怎样写？

生1："1米76的个头，乌黑的头发，英俊的脸庞，浓浓的眉毛下面，有一双炯炯有神的眼睛……"

师：你们看我的样子，有"乌黑的头发，英俊的脸庞，浓浓的眉毛"吗？你这是成心害我啊！到时候人家真来相亲了，还不拿砖头扁我这个骗子……

［点评：任老师的作文指导，不是孤立的作文指导，而是联系现实情境的指导，检验学生作文好坏，不是孤立地看作文本身，而是看作文的实际效果。任老师把世界引入写作教学，这个世界就是现实世界，这个社会，这个文化，这个纵横交错的人际关系，这个非常现实的生活常识。］

师：我这个外貌特征，要写得准确、具体、生动，但又是相亲用的，用刚才同学的话说，要用褒义词，看了让人舒服，应该怎么写？

生₁：老师个子高挑，有一米七六，身轻体健，风度翩翩，很有魅力。（又有4生发言，皆描写生动、准确，且为褒义语境）

［点评：任老师的指导是关于写作实际功能的点拨（"又是相亲用的"），让学生建立读者意识（"看了让人舒服"）。］

师：同学们真了不起。你们前面写我的外貌，虽然准确、具体、生动，但我听了不是很开心，估计也找不到对象。但你们现在写的照样准确，具体，生动，我还特别爱听。这样的文字传出去，那些单身阿姨读了肯定也舒服，会对我产生兴趣，见了面她们也不会说我是骗子。

［点评：任老师通过鼓励学生强化学生写作的读者意识，特别点出了这篇征婚启事的读者——"单身阿姨"，点出了文章的功用——"会对我

我的语文教育思考

产生兴趣"。

第二个环节与第一个环节相比，有了明显的不同，有实际交流意义——要求学生以"征婚"为目的来描写，这个写作任务既有写作阅读对象——可能来应征的某女性；又有写作活动的交流目的——对描写对象产生好感。]

师：把这些文字整理出来，第一是征婚用，估计找对象不成问题了。第二，打印出来留存，亲戚、邻居、辖区派出所那里，都保留一份备用。你们知道为什么吗？

生：为什么？

师：实话告诉你们，我最近老爱忘事，做事丢三落四的。咨询了医生，医生说，这是老年痴呆的征兆……我把你们写的备着，万一将来走失了，找不到家了，别人可以拿你们写的"寻人启事"找我。你们看行吗？

生：（窃窃私语）感觉有点不行……路人没工夫看。要抓最简洁、最容易辨认的外貌来写，过于具体、生动、比喻句什么的都不要了。

师：好，那我们试试看，怎么来写我的外貌特征。好人做到底，送佛送到西。

[点评：表面看任老师好像又一次卖关子，其实是任老师深知让学生真正建立起基于读者和功用的真实写作行为模式，不是一次性就能完成的，它需要多次反复。于是任老师在此通过用途转换，目标变更，让学生理解不同的写作目的、不同的读者就应该有不同的写法。]

学生写了几组文字，最后一组为：身高一米七六，偏瘦，头发稀少，戴眼镜，上穿"探路者"蓝色冲锋衣，下穿"七匹狼"黑色灯芯绒裤子，匡威牌子的运动鞋，左小腿有黑色胎记……

师：不错不错，最后一组写得特别好，你这样的文字，不用说认人了，认尸都没问题了！

[点评：任老师关于基于用途的写作指导，成效明显，从上述文字中可以看出学生掌握了基于目的、基于读者的写作要求。]

师：梳理一下。大家今天进行了三组外貌描写，就我一个对象，但写出来的差别很大。

第一组，纯粹抓特征写出我的外貌来，不知道为什么写、写给谁看，有重要信息意义的特征就没有抓住，用词也不考虑感情色彩。

第二组，征婚用的，既要抓住特征，用词上还得是褒义的，看了让人舒服。

第三组，寻人启事用的，大家抓住一眼就能辨识的特征，因为阅读对象是路人，太具体，还有生动、传神就没有必要。

师：因此，以后写作文，除了一般作文要求之外，你们也要问自己两个问题：一是我写这篇作文干什么用；二是这篇作文写给谁看。也就是注意"功用"和"读者"，考虑了这两个问题，我们写作文的思路和目的就会清晰一点，写起来也方便得多，有趣得多。更重要的是，这个能力学好了，将来走上社会，我们的作文能力就会真的在生活中派上用场……

［点评：任老师紧扣教学目标总结，目的是实现写作能力迁移，同一种意思任老师用了两种表达方式，一种是通俗的语言表达（"干什么用"）（"写给谁看"），其作用在于让学生理解；一种是术语（"功用"和"读者"），因为学校是专业化的教育机构，要让学生学会专业化的表达，可见，二者不可缺一。］

师：我还要布置一点作业——其实是我还要大家帮点忙，就是关于征婚的事情，没老伴，我可是真急了。刚才我的外貌是写了，但征婚广告光写外貌够了吗？

生：不够！

师：还要写什么？

生：还要写从事什么工作，年薪多少、家里有没有房子、有没有汽车……还要有联系方法……

师：写联系方法，如果有人开玩笑、乱打我的电话怎么办？

生：征婚文章最后要说明，征婚很严肃，不要开玩笑……再写四个字："非诚勿扰！"

师：好，征婚文章很圆满了，但文章里面是不是应该插一张照片啊？

现在讲究个图文并茂，有图有真相啥的。

（PPT展示四张照片：一张周杰伦的，一张任老师青年时的，两张现在的。）

师：我决定用周杰伦的，年轻帅气，和我有点像，要么是我年轻时候的照片。

生：不行，相亲时候要穿帮的。还是用老师现在的照片，虽然老了点，但可以用"美图秀秀"修一下。

［点评：通过任老师的指导，学生已经学会了将世界纳入思考的范畴，也就是结合现实生活的实际，人们的文化习惯来考虑问题，而不再是纯粹地就作文写空头作文。］

师：最后一个问题是，这个征婚文章到哪里去发布好？

生1：到人多的地方，菜市场、公共汽车站、地铁口、电线杆上……

生2：城管要骂的，这样招来的阿姨档次也不够。还是到大学校园里去贴比较好……

生3：要不去网络发布，做网站网页……

师：到时候交上来的作业，不能仅是一篇作文，最好是一个完整的方案——有点子、有程序、有实施的策略、方法和路径，最后还要有注意事项。我拿到它，照你们写的执行就可以了。总之，老师的婚姻大事，后半生的幸福就拜托各位了，谢谢！

［点评：从写作的角度讲，作文完稿之后，写作活动、写作教学就到此结束了，传统的写作教学都是这样，但是任老师却没有止于此，而是站在把事情做完整的角度来考虑，其实核心素养说到底就是让学生学会做事，把事情做到位，做完整，做成功。于是就有了任老师作文教学的"越界"，让学生考虑图文并茂，考虑到哪里发布，看起来与写作没有任何关系，但恰恰是把事做好不可或缺的一环。这样来看，任老师的再次点拨，就是使学生站在做事的角度思考更加严密。核心素养下的写作教学和传统的写作教学着眼点显然是不一样的，前者是做事，后者是作文。］

三

我们先按照传统的评课方式来评这堂课。

任老师以自己作为学生观察对象，创设巧妙的写作任务情境，贴近生活，让学生帮助老师写"征婚启事"，有很强的挑战性，能够唤起学生表达的热情。这堂课可以分成四个部分：单纯的外貌描写、征婚启事、寻人启事、作业。环环相扣的学习活动，体现了执教者严谨的教学思维逻辑。每个环节都直指学习目标，不拖泥带水，比如第二部分单纯的外貌描写，三个小环节，先写准确，再写具体，最后写生动，层层递进，紧扣写作目标，干净而紧凑，不旁逸斜出。

再以今天的视角来评价，这堂课确实是真正的语文学习，真实的写作课。它是真实的而非虚拟的学习，是有用的而非僵化的学习，是整合的而非分离的学习，是开放的而非封闭的学习，一句话：它是指向核心素养的学习。

李海林教授认为，20世纪五六十年代，写作教学主要是研究写作技巧，即怎么写。八九十年代写作教学研究写什么，研究的结果是写真情实感。他认为，在写什么之上还有更重要的，就是写作动机"为什么写"。与此相关的问题还包括"写作环境""读者意识""写作成果"等等，李海林把它概括为"真实的写作"。"真实的写作"不等于"写真实"，后者是指"写作内容"的真实，前者是指"写作行为"的真实，写作行为的真实即写作任务、写作环境、写作成果、写作对象（即读者）的真实性。荣维东教授概括为"真实的言语任务""真实的言语环境""真实的言语成果"。（李海林、荣维东《关于"作文"或"写作"的正名》）他们的阐述和概括对我们不无启发。

1. 创设真实的写作环境

真实学习必须要有真实情境与任务的介入，在写作教学中，教师要创设真实的情境、给予真实的写作任务。任老师这堂写作指导课，情境创设非常成功。特别值得一提的是，教学过程中任老师常常指导学生把社会现实、文化世界引入写作思考的维度，把真实情境与任务背后所包含的"真实世界"直接当作课程的组成部分，以实现语文课程与生活的关联，实现真实的写作学习。真实的学习是与世界关联的复杂学习，传统的课堂教师往往会为了明白易懂、不至于乱套，而醉心于单纯化与碎片化，语文教学也常常是这样，所以教学中常有去背景化、去土壤化的现象，这样过分的单纯化与碎片化，恰恰堵塞了学生参与真实学习的机遇，所学的容易成为僵死的知识、技能。传统的教学中仅仅关注知识、技能本身，同现实世界、问题情境是脱节的，因此，学得的知识是不问"来龙"与"去脉"的，充其量不过是技能的操练而已。

2. 建立真正的读者意识

真实的学习在作文教学中要引导学生建立读者意识。传统的作文教学学生作文只有一个永恒的读者——语文老师，在核心素养下的写作教学，面对学生作文语文老师只是其中一个读者，还有其他因文而异的各种读者。读者情况是学生写作行为的重要依据之一，写作的针对性就是指针对读者的具体情况，文章怎么写，不能只是作者的单相思，还要根据读者的需要、诉求。教育家夏丏尊说过："所谓好文章，就是达意表情，使读者读了以后能明了作者的本意，感到作者心情的文章。""所谓好的文字就是使读者容易领略、感动，乐于阅读的文字。诸君当执笔为文的时候，第一，不要忘记有读者；第二，须努力以求适合读者的心情，要使读者在你的文字中得到兴趣或快悦，不要使读者得着厌倦。"作者写文章当然不乏自说自话、自抒胸臆、自得其乐，但更多的还是表情达意、为读者而写。

3. 发挥真实的写作功用

真实的学习培养学生的真实素养，真实的素养体现在问题解决上。只有学以致用、知行合一的学习才是真实的学习，学生对于知识的意义的感受与理解往往是通过在真实情境中的应用来实现的。教师既要考虑写作本身的目标，还应该考虑通过写作解决实际问题的目的，即交流的意义。荣维东说得好："建立基于'交流'取向的作文教学观的意义在于：它有可能真正解决学生的写作欲望缺失，写作内容缺失，以及文章体式语言等一系列重要问题。""写作应是一种问题解决，不是文本制作。文本制作只是问题解决的副产品。"任老师通过情境与任务让学生建立了"交流"取向的写作，写老师，帮助老师解决困难，整堂课学生写作积极性非常高。任老师这堂课把写作教学设计成学习者参与的、完整丰富而具体的真实解决问题的实践活动，这样学到的写作知识、写作技能就是真实的，在解决现实问题时能够起作用的知识技能。真实的学习是活性的学习，心理学研究表明，大凡在问题解决中有用的、能处于迅速且确凿地被唤起的状态的知识，谓之"活性知识"，诸多"僵死知识"是作为语言性命题与事实在记忆中储存起来的。任老师让学生在问题解决的过程中学习的知识就是活性知识、活性技能，也就是说，学生习得的是真实的素养，今后在实际工作中能真实地做事，真实地解决实际问题。

"作文课程应回归本源，回到真实。这样的作文不仅仅是'写文章'，也是学习、生活和生命的方式。""这种变革就是将基于'文本制作'的技能训练的作文教学，向'基于真实或模拟真实'情形下的内在和外在生活世界全面回归，这是一种生命和言语技能的双重建构。"（荣维东语）诚哉，斯言！

（本文发表在《湖南教育》2021年第9B期）

警惕语文教学的考试化倾向

检视当下语文教学的问题，突出的一个就是语文教学的考试化模式。

语文教学原本是非常朴实的，但不知从什么时候开始，语文教学开始走向功利化，围绕提高考试分数，语文教学开始异化，凡是能够提高考试成绩的方法都用上，凡是与中考、高考无关的东西都不再教、不再学。

甚至于语文课堂教学的模式也呈现考试化状态。一篇文章的教学，设置诸多问题，让学生回答，课堂上就是这些问题的问与答，还美其名曰是启发式。为了增添课堂教学的热闹气氛，在学生每一次正确回答之后，老师让全班同学给予很有节奏的掌声。为了调动学生回答问题的积极性，有的教师将学生分成若干组进行竞赛，有的教师为回答正确的学生提供了一些小玩意做奖品，学生为了获得奖品，事先针对老师的问题去翻阅市面上出售的各种教辅读物，去寻找答案，一般说来，老师所设置的问题不会超越各种教辅，因为老师的问题基本来自教参，而各种教辅读物也是依据教参进行二次、三次改造编写，所以学生几乎可以不费吹灰之力直接把教辅读物上的答案拿来，回答教师的问题。所以我们经常看到课堂上学生都能准确答题，无需教师纠正，无需其他同学补充，只听到一阵阵很有节奏的掌声，一堂课在师生皆大欢喜之中顺利度过。

这样的教学问题出在哪里？首先它是非常态的，一般说来人们常态的阅读是这样的：默默地阅读，静静地品味，看到精彩的地方画一画，摘一摘，注一注，评一评，与作者进行思想的交流，文字的对话。而问答式教学，是以一连串问题的问与答贯穿语文课堂教学始终，虽然针对性强了，但毫无疑问审美性弱了。学生对一篇篇美文，不再进行审美品读，不再有自己的审美感悟，一下子进入寻找答案的过程，课文的阅读变成找信息、找论据的过程。长此以往语文教学必然堕落到无美、无趣、无味的地步，将导致学生不再有意愿兴趣去上语文课，不再有兴味读美文。事实证明脱离常态的语文阅读必然消减学生读书的兴致，败坏学生读书的胃口。

其次，不能以为学生课堂上的正确回答就是教学成功的标志。要知道学生大多数的正确答案基本来自各种教辅读物，是走捷径获得了答案，这个捷径让学生缺失了独立思考，缺失了分析、论证，缺失了归纳、辩证，学生只是充当了搬运工而已，把教辅读物上的答案搬到了课堂上来对付老师，可怕的是老师还不自知，还以为是自己教改的成果。这样教学的恶果就是遮蔽了学生原本存在的问题，学生那些不解、疑惑、困难、错误全部被遮蔽了，老师无需指导，无需纠错，无需指明路径，无需教给方法，只需要组织学生鼓掌即可。学生虽然学会了搬运，但思维能力无疑是弱化了，因为不需要再思考，只要照搬就行，而且屡试不爽，久而久之，学生就不再会分析思考了，思维能力当然弱化。

第三，不要以为用组织竞赛的方式能够刺激学生上课的积极性，不要以为运用奖励的方式能够解决学生厌学语文的问题，这种外在刺激的方式，在高年级学生中使用基本无效，在低年段学生也只能是短期内有些许效果，时间一长，次数一多，立刻无效，反而有负面效果。用外在功利的方式不能真正激发学生学习语文的兴趣，不能真正调动起学生的内在驱动力。我们需要的是培育学生对语文由衷的热爱！只有培育学生热爱语文，才能激发起学生学习语文、使用语文的内驱力。舍本逐末的做法要不得。

（此文发表在《语文教学通讯》2011年第6期，有改动）

五、语文课堂

课堂教学的哲学式追问

在教育领域中即使看上去只是一个操作性问题，如果不断追问，最后都将成为一个哲学问题。以下语文课的教学设计，都或多或少存在这样那样的细节问题，但是追踪起来也都涉及哲学问题。

语文是什么？这里的语文指的是语文教学，从这个意义上说语文是语言的习得与积累，Y老师让学生阅读经典，积累成语，学习《礼记》，倡导原典名著阅读，这无疑是抓住了语文教学的根本。

知识是什么？知识是工具还是目标，我以为应该是工具而非目标。X老师《诗中有画，画中有诗》的主题教学设计，存在着主客颠倒的问题，鉴赏应该着眼于诗歌的语言而不是相关的知识，完整地说是用知识帮助学生鉴赏语言，而不是把学习掌握知识当成课堂教学的目标。也就是说课堂上教师关键在于创造诗歌的情境，带着学生进入诗歌的"情场"。

学生是什么？学习的主体，但什么时候、什么情况下学生才真正成为学习主体，值得我们讨论。M老师《伤仲永》教学设计，让学生自学、对学、群学，最后得出结论：勤学——后天学习对成才的重要性。但说到底，这还是单维度被动接受，没有思维冲撞，没有思维激荡。不妨问一下：后天学习就一定成才吗？勤学是成才的必要条件还是充分条件，或者是充要条件。还可以引导学生看看同是王安石的文章《游褒禅山记》，在这篇文章里，王安石强调了志、力、物、不随以怠的重要性，这是王安石比较全面地解读自己的观点。让学生比较阅读王安石的观点，这样才能全面把握王安石的观点。

如果学生通过阅读和讨论，最后毫无思辨地接受了一个现成的观点，这个阶段仍然是被动接受的阶段，如果硬要说这就是主体学习阶段，那也只能说是初级阶段。学生成为真正的学习主体，关键在于他是否能够在学习过程中独立思维，有没有体现他的自主意识。

手段是什么？手段不是目标，更不是目的。比如小组合作式学习，有许多课堂是为了合作而合作。应该问一问：什么时候需要合作？教学的组织方式至少有三种：一是自己独立学习；二是小组合作学习；三是班级集体学习。小组合作式学习是在独立学习无法解决问题的情况下才进行的，如果自己独立学习轻易就可完成，根本就不需要合作学习。合作起来干什么？很多课堂就是对答案，这样合作是浪费合作，合作起来应该做有价值的事情，讨论重点难点问题，讨论一些开放式的、个性化的问题，这样合作才有意义。

教师是什么？抽象地说"把课堂还给学生"其实是教师自我放逐的表现。教师是成人世界派往儿童世界的文化使者，教师是课堂教学过程中学生的引领者。引领什么？怎么引领？教师应该比学生高一层，深一步。具体说来就是：于无向处指向，当学生没有方向的时候，教师应该给予方向的引领；于无疑处生疑，当学生在浅表层次上阅读的时候，教师就应该提出新的有价值的问题，激发学生思考；于无力处给力，在学生无法独立解决问题的时候，教师应该帮学生一把，给支架，给资源，给线索等等。

A老师设计的《五柳先生传》，有个问题提得好：《五柳先生传》在内容和写法上有哪些违反常理的地方？为什么？这个问题颇有价值，引导学生思考理解陶渊明的价值追求，什么样的思想写出什么样的文章。而Y老师关于《孙权劝学》的教学设计，问题基本浮于表面，原因在于教师没有给出背景，也就是说学生不知道为什么司马光要劝学，去背景化的教学导致学生被动接受所谓"好好学习"这样简单的结论。事实上司马光是针对北宋实行恩荫制而言的，恩荫制导致一些不学无术的人成为朝廷官员，司马光无法改变现状就强调官员要认真学习。

L老师的《祖孙之间》的教学设计，其中有一个内容就是让学生填写人物形象特征的表格，这是把复杂的人物性格简单化的一种表现方式，一个高老太爷岂能是"年迈体衰、专横冷酷、严厉"所能概括的？一个觉新岂能是"懦弱、隐忍、矛盾、委曲求全"所能概括的？一个觉慧岂能是"热情、单纯、进步、叛逆、迷惘"所能概括的？有些蹩脚的文学作品常常把人物典型化，其实就是类型化、概念化、简单化，真正好的作品不是这样的，它的人物是复杂的、丰富的。如果教学中我们把复杂的人物简单化，就破坏了人物形象丰富的内涵。

课堂是什么？课堂教学是师生之间的对话交流，评价课堂的其中重要的因素就是看看课堂思维流量到底如何，教师在课堂教学中要激发学生进行有价值的思考，同时尽可能地让思维可视化，让学生在老师的指导下知道这堂课思维的价值意义在哪里，思维的问题在哪里，这样可以促进学生的成长进步。

美国当代教育哲学家乔治·F 奈勒说得好：个人的哲学信念是认清自己的生活方向的唯一有效手段，如果我是一个教师或教育领导人，而没有系统的教育哲学，并且没有理念的话，那么我们就会茫茫然无所适从。

（此文发表在《上海教育》2014 年第 11 期）

观课评课的视角

研究课的上课是重要的，但更重要的还是评课，研究课的上课其实是给老师们研究评课竖一个靶子，或者是为讨论搭一个台子。评课不能仅仅局限在教学层面上，还应该从课程的层面来谈，评课应该有高度，不能就事论事，就课论课。

我从三个层面来看。最上位的是教育的角度。大家都承认《瓦尔登湖》是一篇伟大的作品。现在社会消解崇高、消解伟大，社会低俗、渺小的事情太多，人们面对低俗不觉低俗，面对渺小不觉渺小，而是津津乐道。法国前总统萨克奇上任总统之初，新学期开始，他给法国全国85万名教师发了一封信，他倡导"重建学校"，"培育对真、善、美、伟大与深刻事物的欣赏，对假、恶、丑、渺小与平庸事物的厌恶，这便是教育者为儿童所承担的工作，这便是对儿童最好的爱，这便是对儿童的尊重。"培育对真、善、美、伟大与深刻事物的欣赏，就是教育的意义。

第二是课程层面。Z老师的评课提纲提到两个主要问题，一是最适合的教学内容是什么，一是学生通过这堂课学到什么。这两个问题的答案都涉及这篇课文的教学目的，而教学目的的确定必须站在课程的角度，从高中整个语文教学来看，也就是我们要充分认识这篇文章在整个高中语文教材的意义和地位。刚才S老师谈了这篇文章作为一个近代外国优秀作品的代表我们如何让学生学会阅读，我们不能总是让我们的孩子停留在批判现实主义的久远年代，近一两百年的作品也应该教会学生读懂，读懂外国人的文化、读懂他们的思维。通过这篇文章的教学让一部分基础不是很好的学生知道还有这样一种作品，让文化底蕴较好的学生有更进一步阅读原著的愿望。

　　第三是教学层面，这是一篇经典作品的鉴赏，鉴赏第一步是要读进去，然后再跳出来，大家刚才都觉得此文难度大学生很难读进去，恰恰在这个问题上，我们最要紧的是让孩子们读进去，以什么样的心境走进文本至关重要。J老师的课开始我觉得挺好，请学生想象梭罗走在瓦尔登湖畔的时候是怎样的呼吸？怎样的脚步？我当时的感觉是觉得一只脚已经踏进去了，但很可惜，J老师急急忙忙让学生讨论。应该让孩子们读，静静地读进去，想象自己就是梭罗，走进瓦尔登湖那个宁静的世界。J老师害怕冷场，要讨论，要说话，而且节奏跳跃太快，找来找去，找什么圆涡，一下子进入问题意识，要解决什么问题，学生还没有走进文本就开始解决问题了。教学设计要逻辑化，但教学过程一定要自然化，顺着学生阅读的节奏来，一旦打乱了这个节奏，学生的兴致就减弱了许多。Y老师朗读我觉得很好，让学生对文字感兴趣、对文字所描绘的画面感兴趣，但节奏还可以慢点，还是快了一些。T老师语速更快，更不符合这篇文章的特点，T老师把这篇文章作为高考现代文来教，与文本风格不符，此文不能降格为高考的阅读材料，用太功利的教法走不进这篇文章的纯净的精神世界。至于这篇文章超验主义的写法，我觉得对中学生不必过多地讲理论，讲概念术语，还是要从文本出发，从语言出发，从文句出发，慢慢品读，学生总会有所感悟，学生悟到一点是一点。我觉得这篇文章是用写实的笔法来写虚，是大写意，是大象征，让孩子们通过品味有所得有所获就可以了。

于无疑处生疑，于无向处指向

上课要怎么上，评课要怎么评，都值得我们反思。上的是一篇课文，但我们不能局限在一篇课文上来思考；评的是一堂课，但也不能局限在一篇课文的教学来评价。必须要有宏观意识、全局意识，也就是要有课程意识、语文课程目标意识。

通过课堂教学，我们的目标无非是让学生由不知什么到知道什么，即知识的变化；由不会什么到会什么，即能力的变化；由不爱什么到爱什么，即情感态度的变化。这些就是课堂教学的效用所在，需要学生在课堂上通过思考来达到。而要让学生进行有价值的思考，关键在于我们教师先要进行有价值的思考，于是在课堂上我们设置什么让学生思考就成了一个关键所在。

上海高中语文教材只有一单元是新诗单元，也就是高中生的新诗基本素养就在这几篇课文的教学中要得以落实。

最让我失望的是 D 老师的课。他一开始非常大气，一下子把我的胃口调高了。第一个问题就是：同学们，你们在这一单元中喜欢哪篇课文？学生都说不太喜欢《雪落在中国的土地上》。第二个问题：你们课外读新诗吗？学生回答基本上不读。这两个问题的设置，潜台词很清楚，通过这篇课文的教学，我要让你们由不喜欢这篇课文到喜欢这篇课文，由不喜欢课外阅读新诗到喜欢阅读新诗。应该说这样的开头一下子就把自己这堂课置于非常不易的地步。如果成功，这样的开头就非常大气。紧接着，D 老师呈现 PPT：1937年中国发生了什么事情，1937 年 7 月 7 日北平陷落，7 月 30 日天津陷落，8 月 13 日上海陷落，12 月 1 日南京陷落。在音乐的伴奏声中，教师朗读课文，很快就把学生的情绪调动起来，气氛渲染得非常成功。紧接着教师进入分析，一下子又落入万丈深渊，毫无情感的分析，琐碎的提问回答，学生情绪完全落下来。配乐PPT"1937年中国发生了什么事情"展示之后，如果老师这样说：在这样的时刻作为一个诗人，一个有着高尚情感的公共知识分子应该做什么？答案当然是当时的国人最需要什么，诗人就应该给读者什么，这就凸显了诗的价值，诗人的意义。诗歌有私人化写作，诗歌也有公共写作，艾青的诗无疑是后者。读者读了这首诗会有什么感受，情感会产生什么变化，会起什么样的情感波澜，最后探究诗人是如何表达的。要能由几个宏观的问题把一首诗歌的阅读提起来，牵一发而动全身。

T老师上的是《双桅船》，学生预习非常充分，但整堂课几乎没有生成什么有价值的内容，思维的含量也不高，在浅表层次上交流，对学生思维品质的提高意义不大。当学生在浅层次思维的时候，教师应该引导学生深入一步思考，提升思维的层次，比如将《双桅船》与《再别康桥》作一些比较，这也是一种课程意识，课程的单元意识。《双桅船》是女性作者的诗作，但却有着男性的刚性；《再别康桥》是男性作者的诗作，却有女性的柔美。什么原因？这其实和时代有关系，《双桅船》的第二段语言、意象几乎都带上那个时代明显的烙印，"风暴""灯""不怕天涯海角""航程"等明显就是"文革"语言的语素，此外和诗人的个性气质也有关系。

在浅表层次上交流，在当下的语文教学中比较常见。我曾听过一位初二教师上的说明文，任务是让学生学会把握说明对象及其特征，开始解释几个生字、词，然后进入找说明对象、说出对象特征，最后概括阅读方法（标题法、中心句），整堂课学生根本没有任何障碍，非常轻松地完成任务，完全是无障碍学习。无障碍学习就是效率低下的学习，这篇文章就这样轻轻滑过。阅读文章一般是经过认字、识词、明句、知段，读懂文意，把握对象，结果这位教师是从认字直接跳到把握对象，事实上学生阅读文章提出了不少有价值的问题都被教师简单跳过。

学校是为学生服务的，学校的价值在教师，起作用的、创造价值的主要不是学生而是教师；课堂是为学生服务的，课堂的价值在教师，起作用的、创造价值的主要不是学生而是教师。如果不是这样的话，学校的意义就没有了，教师的意义就没有了，课堂的意义就没有了。我反对把课堂还给学生的提法，把课堂还给学生就没有课堂了，课堂最本质的特征就是教师与学生当下即时性的互动交流。教师在课堂的作用就在于：于无向处指向，学生没有方向的时候教师要指明方向；于无路处指路，学生无路可走的时候教师给学生指路；于无疑处生疑，学生觉得没有问题的时候教师应该引导学生去思考更深的问题；于无助处支助，学生缺乏帮助的时候给予帮助；于无光处点灯，学生在黑暗中摸索，教师一定要给他们光明；于止步处鞭策，在学生停滞不前的时候教师要给学生强有力的鞭策推动。

T老师的课就应该在学生无疑之时及时生疑，引导学生进入更深的思考，D老师的课在学生无方向时要适时指明方向，及时给予帮助。

Y老师上《再别康桥》煞费苦心，由"别"而"康桥"而"再"，最后论及诗人徐志摩，逻辑线条非常清晰，但是就"康桥"与"剑桥"讨论就毫无价值，这是一个地名，诗人采用什么叫法在诗作中并没有什么意义，这完全是一个伪问题。也许教学参考书上有这个说法，但教学参考书常常有许多问题，我们不能不加分辨地加以采用。

作为语文教师我们应该站在学生角度想想：一首诗学完了，学生知道了什么？学会了什么？起码一点，学生应该知道这首诗到底好在哪里？但从Y老师的课上我们不知道，这堂课有大量局部的细节分析，却没有整体的宏观把握，见叶不见树。《再别康桥》原本是一个并没有多少愁苦生活体验的青年来谈论别情离绪，诗作或许有那么一点青年人特有的矫情，但诗作一旦出来，它就活了，就有生命了。《再别康桥》为何能打动如此多的读者？认真读读原诗就可以明白，诗作的开头和结尾就是让人难以忘怀的诗句。"轻轻的我走了，正如我轻轻的来；我轻轻的招手，作别西天的云彩"。"悄悄的我走了，正如我悄悄的来，我挥一挥衣袖，不带走一片云彩。"这些就是最经典的诗句，因为它说中了许多人内心深处那个柔软的东西，那个不愿意打扰、不愿意碰触的圣洁之物。经典作品有无限的张力，这个"康桥"在每个人心中都有特定的含义，这就是经典的价值所在。

提升教师修养，成就精彩课堂

按照一般的教学逻辑，我们通常都是从教学目标开始说起，今天评课我想打破常规，先从这堂课的效果说起。

一、看效果

教学效果，我们一般都会从老师教得怎么样来评价，其实课堂是为学生服务的，为学生的成长发展服务，因此要评价老师教得怎样，关键看学生学得怎样。这堂课给学生带来什么变化，变化无非两个方面，一是认知方面，原来不知道什么，现在通过这堂课知道什么；原来不会什么，现在通过这堂课会了什么；二是情感方面，原来不喜欢什么，现在通过这堂课喜欢上什么。

郑朝晖老师《百代法书》这堂课，从认知角度而言，学生这堂课后关于"法书"有一个不太清晰的印象，干脆说就是一个十分模糊的印象；关于中国文化只是得出一个结论式的简单判断：天人合一；关于本文的章法写法、遣词造句，更是一无所知，因为这堂课根本就没有探讨这些问题。从情感角度看，多数孩子对"法书"的确产生了喜爱，甚而产生了一种膜拜的心理。这从孩子们的眼神、表情、话语中可以看出来，这是被"法书"本身所征服。一张张中国古代经典书法作品呈现出来，有一种强烈的视觉冲击，更重要的是被郑朝晖老师娓娓道来的赏析所征服。孩子们喜欢上了书法作品，这就是这堂课的效果所在，一堂课不可能达成许多目标，仅有这一项已经很不容易了。

看完了效果之后，我们回过头来再看郑朝晖老师这堂课的教学目标。

二、看目标

郑朝晖老师这堂课要干什么，他的目标是这样设置的：让学生"增进对于中国书法的审美体验。了解中国书法审美批评的思维方式从而了解中国文化中与之相关的核心内容"。我对此的理解是：照着教材要求，让学生了解一点书法，进而管窥一下中国文化的一个特性；这是最基本的目标。他还有更大的企图，他希望通过这堂课让孩子们喜欢上中国的书法，让他们欣赏之，进而膜拜之。

我们如何来评价这堂课的教学目标，首先我们要问一下，他这堂课为什么有如此的目标取向？换句话说，他的这一课堂教学目标设置的依据是什么？第一是来自教材，单元导语中"领略汉字书法的神采"提示了本单元的教学目标。第二来自学生，学生有学习了解中国古代经典书法的必要，因为书法是中国文化灵魂的特有园地，是中国独有的审美样式，是华夏独特的文化载体，也可以说是中国语文的一个重要内容。事实也证明，孩子们通过这堂课对中国古代书法作品是欣赏认同的。可以这样说本篇课文内容的重要性超越了课文形式的重要性，或者这样说：书法（课文内容）的意义超过了这篇文章言语形式的意义。第三来自教师，郑朝晖老师由衷地热爱书法，他对书法有较深的造诣。

明确了课堂教学目标设置的依据之后我们应该给他下一个是非判断，首先这个目标是符合高中语文课程标准的。高中语文课程目标中有这样一段话："在阅读中……感受艺术和科学中的美，提升审美境界。通过阅读和鉴赏，深化热爱祖国语文的感情，体会中华文化的博大精深、源远流长。"因此是可以肯定的。

我们再追问一下：这样教学是否去语文化？是不是符合语文教学的基本要求？我以为对待这样一篇比较特殊的文章这样教学是可以的，但是如果所有的语文课文（或大多数文章）这样教就去语文化了。我同意王尚文老师在十年前提出了"其他学科重在'说什么'，语文学科则重在教'怎么说'"。"重在"意味着是重点但又不是全部，并不是"仅在"。因此我说一篇文章这样教是没有问题的。当然这样教，确实有去语文化的嫌疑，因为人们的思维习惯是以点带面，借一斑窥全豹，当然就是以偏概全的。

这样教，是好，还是不好，我们再给他下一个价值判断，我以为就这篇文章而言，如果把目标定在"怎么说"的言语形式上，当然也是可以的，但我以为不如郑老师的定位来得有价值，理由就是前面所说的内容特殊性。

看完了效果，看完了目标之后，我们再来讨论教学过程，看看整个教学过程是怎么实现教学目标、怎么达到较好的教学效果的。

三、看过程

郑老师在课堂上怎么做的？可以用两句话归纳概括：给几张图片看书法，切一个小口看文化。第一部分：给几张图片看书法。郑老师根据课文内容所涉及的古代经典书法作品，通过幻灯投影出来，给人非常直观的体验，加上郑朝晖老师娓娓道来的鉴赏分析，真的是赏心悦目，给学生留下了很深的印象。教师的目的——让学生"增进对于中国书法的审美体验"，可以说是达到的。第二部分：切一个小口看文化。郑朝晖老师抓住一点进行分析，这篇文章从文字的角度讲，郑老师的教学只涉及评论王羲之的《上虞帖》的那几句话，以此让学生"了解中国书法审美批评的思维方式，从而了解中国文化中与之相关的核心内容"。这就是以点带面，借一斑窥全豹。从客观效果来说，学生确实知道了一点。但中国文化"天人合一"的特点，学生并无深切的体会，显得有些勉强、匆忙，这样的逻辑结论下得草率。因为这样的逻辑推论常常是不牢靠的，以点带面，借一斑窥全豹常常就是以偏概全。

从教学方法来讲，整节课以教师的讲解为主。把整节课上师生讲话的内容用文字整理出来，我们立刻发现：教师讲的实在很多，占了80%；学生讲的实在太少，只占20%。这样的话语数量对比，我们很容易下一个结论，就是没有充分发挥学生的主体作用，没有体现学生的主动学习。今天我们有一种流行判断，那就是：课堂上学生多说，就是以学生为主体，教师多说，就是以教师为主体，其潜台词就是没有以学生为主体。我以为这种判断是机械判断。课堂教学其实是非常复杂的，不是用一种简单的数量对比就能轻易下结论的，具体问题还是要具体分析。正确的判断是：师生都是课程主体，将课堂还给老师和学生。

我们要讨论一下这堂课教师为什么要多说。先看教师在这堂课当中说了什么，这堂课教师说的主要是赏析解说课文中涉及的书法作品。再看教师为什么说，不妨追问一下教师不说行吗？很显然教师不说是不行的，因为关于古代书法作品学生是陌生的，学生缺乏相关的知识积淀和书法修养，学生无法与教师对话。如果硬要学生多说，一方面是难为学生，另一方面学生即使说，也是停留在浅表层次，说了等于没有说。

最后看看教师说得怎样，应该说郑朝晖老师说得好，说得正确到位，虽然说得很多，但话语简洁而不累赘，娓娓道来，说得流畅动听。

当然必须提到这样做的确有忽略学生主体作用的嫌疑，因为即使是一堂课，也可以给学生留下较多的空间，让孩子们自己去体验，比如第一部分可以省下一些时间。我们在其他课上还是应该多启发学生，让学生动起来。

最后想说一点感想，教师与学生虽然都是课程主体，但其作用是不同的，教师应该是学生精神的引路人，是学生学习的指导者。作为教师，不断提升自身人格修养、知识修养至关重要，尤其是背景性知识和本体性知识必不可少，如果郑朝晖老师缺乏相关的书法知识修养，这堂课的效果就一定大打折扣。

以阅读教阅读，以对话教阅读

观课评课有没有常规的几个角度？我以为是有的，我们虽然不必将评课模式化、套路化，但相对全面的视角、适当的程序也是需要的，当然每个人评课的角度、习惯未必相同，我评课一般从三个方面来考虑。第一，看这堂课老师上得怎么样；第二，看一看这堂课老师到底想干什么；第三，看过程，我们从他想干什么和上得怎么样这二者之间的关联，也就是他怎么来实现自己的课堂目标的角度来探讨。上文评郑朝晖老师上的《百代法书》是这样，本文评张强老师上《老王》，也是这样。

我们先看第一个方面：这堂课上得怎么样？

课的效果如何，当然应该看学生的学习效果。从认知的角度来讲，学生们听过这堂课后，他们已经把文本读进去了，不少同学已经深入到文本的内涵当中去了。从情感的角度讲，他们已经感知了作者在文章当中所表现出来的真挚情感。这可以从学生发言过程的话语、表情当中看出来，从老师和学生对话交流当中看出来。有些地方不需要老师过多的指导，学生通过讨论，已经了解到文本内涵的一些意思；有些地方难度比较大，经过教师的点拨之后，学生领悟到其中的深刻内涵，最后从学生的朗读可以看出来，他们已经多多少少体会到了作者那种悲天悯人的情怀。应该说这堂课的教学效果是不错的。

通过这堂课，我们倒过来看，张强老师在这堂课想达到什么样的目的？也就是说，这堂课的目标是什么？张老师想干什么？张老师在他的教案中提到两句话：一解读杨绛平和、冲淡的文字背后的文化内涵；二学习中国知识分子的豁达、忘我、悲天悯人的情怀。很显然，他的目标包含两个方面，第一个方面是认知目标。他想借助文本让学生感悟文本当中深厚的文化内涵，进而学习这类文章的阅读方式。第二个是情感方面的目标，情感方面的目标就是体验作者的情感，并接受这种情感的熏陶。

这两个目标为什么要这样设置？我的体会是，教学目标可以说是来自教材。我们这一模块学习的主题是文化名人模块，文化名人模块一个重要的目标就是感悟文化、熏陶情感，所以从这个意义上来讲，它和我们的教材本身有紧密关系。这篇文章是文化名人写的文化散文，其中的文化内涵是需要我们好好咀嚼的，所以这堂课的教学目标定位在体会文化内涵上面，我觉得是恰切的。再者，从学生成长的角度而言，我觉得讲中国知识分子的豁达、忘我、悲天悯人，对孩子们的积极影响也是显而易见的。基于这两个理由，张老师所设置的教学目标是恰当的。

目标设置之后，张强老师是如何来实现的呢？那我们看他是怎么做的。首先是以阅读教阅读，体现在：

第一，是课前阅读。这话的含义是什么？这是一篇有文化内涵的文章，那么作者的情感也都包含在许许多多的细枝末节当中。在字里行间流露出作者的情感，体现出作者对生活、对人生的一些认识，基于这一点，执教者张强老师做了前期的铺垫，让学生在课前大量阅读杨绛本人的作品。比方说，《我们仨》《干校六记》《丙午丁未年纪事》。这些前期阅读对于孩子们解读这篇文章，体会作者的情感很有好处。没有前面的铺垫，我们这篇文章的教学深入不下去。

第二，是课堂阅读。当问题出现之后，我们的老师反复提示学生看书，从文章当中去寻找问题的答案。

第三，是唤醒式阅读。在分析讨论的过程当中，教师不时地提醒学生，杨绛先生《干校六记》当中的一些话语，《我们仨》当中的一些话语，等等，都是通过唤醒学生记忆，来帮助学生理解文本的例子。

第四，是推进式阅读。整堂课上完之后，张强老师还提供了一些书目，课后推进学生继续阅读相关著作，如《杨绛评传》《中国心像》。对一篇文章的解读不是一蹴而就的，一堂课我们只能理解相关的部分，但实际上真正的落实可能还有很长的过程。所以需要学生在课后继续阅读相关的著作，加深对作者的理解。

　　基于这四个理由，我认为，张强老师"以阅读教阅读"，这是第一个特点。

　　其次是"以对话教阅读"，这是第二个特点。什么叫"以对话教阅读"呢？我们来看这篇文章的教学过程。课前，张老师就布置学生和大师对话、和作者对话、和文本对话，读了很多相关的东西，而且不仅仅是读，还要从文章当中提出自己的问题，和文本对话。据张老师在课堂介绍的，学生一共提了八十二个问题，这就是和文本对话的结果。在课堂当中是老师和学生一块儿和文本进行对话，老师和学生之间对话，学生和学生对话，组成了一个对话空间。不时地围绕一个问题，学生相互之间讨论，有的从这个角度来看，有的从那个角度来看，老师觉得他们的分析、他们的讨论如果不够到位的话，会加以适时点拨。老师有时也用问题的方式来引导学生的思考，可以说整堂课就是阅读、思考、答问、对话贯穿着整个课堂教学始终。所以我认为它是一种"对话式教学"。

　　那么，为什么采取这种"对话式教学"方式呢？和今天的课程标准的要求很有关系。我们高中语文课程标准提到这样一句话，"阅读教学是学生、教师、教科书编者、文本之间的多重对话"。我们的课程标准就给我们的阅读教学下了这么一个定义。它是一种多重对话，是思想碰撞和心灵交流的动态过程，张强老师在这堂课当中，这个方面是把握得非常到位的。的确是体现了多重对话，也的确体现了一种心灵交流的动态过程。

　　我们再继续探讨第三个问题——老师的引导体现在哪里？这堂课，老师的话不多，但是老师说了什么，却十分关键。我们可以仔细看一下。

　　第一是出示问题。在课的开头，他出示的是"问题"，而这个"问题"是学生在阅读文本时发掘出来的。当然这也是张强老师经过反复地比较、筛选，把"牵一发动全身"的问题提炼出来。可以说，这体现了问题来自学生，也体现了老师的引领作用。并不是所有的学生问题都是有价值的，并不是所有问题的重要性都是一致的，教师应该有挑选最重要、最有价值的问题的眼光。我们觉得这个可以说是个课堂"定向"吧。老师在"定向"方面起到了很好的作用。

第二是揭示矛盾。课文当中矛盾的地方，恰恰是我们应该着重阅读讨论的地方。比如，张强老师这堂课，提过这么一个问题："他简直像棺材里倒出来的，就像我想象里的僵尸"，文章中"我"为什么会得出这样的感触？和"我"以前一贯的想法和对于老王的情感是不是有点矛盾？对这样的矛盾，把它揭示出来，以引起学生的思考，对于学生的思维发展是非常重要的。

第三是指出错误。张强老师能适时指出学生在回答问题、在讨论问题当中所犯的一些小小的错误，适时地给予提醒，适时地给予指导，不是简单的、一味的肯定。一味的肯定，坦率地讲，对学生的帮助是不大的。张老师对学生在回答问题过程当中所暴露出来的错误，给了一次次指点、纠正，这对于教师的课堂掌控能力的要求是很高的。

第四是引向深入。在讨论的过程当中，当学生在浅表层次上，在第一个层面上兜来兜去、不能深入下去的时候，张老师能够适时地加以点拨，把问题引向深入。比如，我特别欣赏的关于"组织"的讨论。"组织"这个概念，应该说在文章当中确实是值得注意的一个概念。老王因为没赶上趟，没有加入"组织"，而杨绛等人则是因为被"组织"遗弃了，也离开"组织"，两人都没有"组织"依靠，都是落单的人。所以从这个意义上来讲，从"组织"的角度去深入挖掘，去体会那个时代、那个社会对人产生的重大影响，从而揭示文章中所刻画人物的情感、思想，是非常有意义的。老师这番话不说可以吗？当然是不行的。老师这些话语，对学生阅读文章，对学生深入把握文章内涵是很有价值的。

那么，我们再评价一下，张老师说得怎么样。应该说张老师的话语不多，但是他说得准确而到位，说的话语很简洁而不累赘，没有长篇大论的独白，没有夸夸其谈的说话方式，他的简洁、不啰唆的话语的确给学生留下了比较深的印象。

假如说我们前面着重探讨张强老师这堂课的优势的话，我接下来想简单地点一下这堂课的遗憾。这堂课，张老师在情感的渲染方面还不够充分。老师在课堂教学过程当中，驾驭课堂，点拨学生，体现出来的教学智慧是非常鲜明突出的。但遗憾的是，文章本身所包含的那种浓浓的情感氛围还没有充分地挖掘出来。当然，这是我们更高的要求。我们寄希望于张强老师在下一堂课当中能够上得更加精彩。

循循善诱，渐入文本深处

朱老师这堂《荷花淀》是非常成功的。成功之处就在于学生由不太喜欢文本，到逐渐地走进文本，喜欢文本；学生由对文本所反映的时代的陌生感，到深入文本的细处，体会人物的情感，理解作者的用意。成功原因在于执教者非常自然地引导学生自主阅读，引导学生自己体会，自己表达，课在十分自然的条件下导入，课堂的气场十分和谐，整堂课充满了学生会心的笑声。

课是从学生的兴趣开始聊起的，教师始终没有处于那种居高临下的姿态，而是十分亲切地和学生聊天，与学生形成一种伙伴关系。从学生喜欢的文学作品聊起，学生表露出对课文不喜欢、对课文人物不喜欢的真实情感，教师没有简单地否定学生，把学生教育一通，而是引导学生读课文，读课文第一段，体会文本创造的意境。学生一下子就被老师悄悄地带进去了，感受到文字所表现的环境很美、气氛很和谐。这样的开头无疑是非常漂亮的，四两拨千斤，不经意间学生就转变了对文本的看法，愿意读下去，好的开头就是成功的一半。

接下来教师交待了阅读文本的要求，并让学生自己去阅读发现，阅读之后再进行班级交流。教师采用了完全开放的态势，学生顺兴而谈，喜欢什么说什么，发现什么交流什么，完全尊重学生阅读的主观感受。但是这种方式操作起来十分不易，因为是非预设的，所以难以控制，甚而一不小心导致失控。这种开放式教法对教师要求很高，它需要教师对文本有很深、很全面的理解，每一个细枝末节都应该关注到，需要教师有非常敏锐的反应力，思维敏捷，针对学生的发言能够及时地发现问题，并迅速做出反应，给学生以有效的指导。应该说朱老师做到了，第一个交流的学生对文本的批评就暴露出问题，朱老师发现了之后，不是简单地批评指正，而是以一种巧妙的方式诱其深入，然后得出一个可笑的结果。于是大家明白之后会心地笑了，这是老师高超之处，这种方法有点像议论文写作采用的归谬法，或者叫引申论证，按照学生自己的逻辑延伸下去得出一个非常明白的错误结论，从而实现对学生的有效指导。

　　对学生的指导还体现在当学生所谈局限于一个点的时候，老师善于抓住之后延伸开去，引导学生进行更广泛、更深入的研读、交流。当学生对"女人笑着问"的"笑"进行解读时，朱老师不失时机地把它延伸开去，提醒学生文章有三处很有意思的"笑"，让学生逐个去分析体会，充分领悟文章细节的妙处，充分体会人物细腻的感情，充分体会作者的思想用意。当阅读体验暂告一段落的时候教师又引导学生去想象、去创作"半年以后水生回来，夫妻之间的对话"，这种狗尾续貂的方法在作家创作中未必要用，但是在教学过程中不妨可以用用，因为这种方式其实是阅读的进一步深化，通过写作进一步体会作品的内容与形式。

　　课堂是一个场，经营不善，容易僵硬，但朱老师这堂课非常和谐，一堂课出现20次笑声，说明学生非常放松，大家是在轻松愉悦的氛围中学习的，单就这一点而言就是很不容易的。这与朱老师对学生平等尊重的态度有关，与朱老师敏锐的眼光、敏捷的思维有关，与朱老师善于联想类比有关，与朱老师身上幽默的气质也有关。

　　至于这堂课值得商榷的地方，我以为主要有两点。教师高度关注文本的细节，这是好事，但同样不能忽略文章的整体，这堂课对文章整体的关注还不到位，特别是没有让学生自己去充分感知、理解，只体现在教师的讲述上面，这当然是不够的。其次课中教师让学生去想象一下水生的长相，我以为大可不必，教师原本的用意是让学生闻其声，如见其人，所谓寻声觅人，但以描述长相的方式来实现，显得机械，而且破坏了文本给学生带来的朦胧感，模糊的未必一定要显性化，模糊的本来很美，一旦显性化反而破坏了它的美感，事实上，从学生的回答可以看出，既与理解文本无关，而且显得有点琐屑。

本色语文从关注本色阅读开始

2012年4月的一天在上海市平和双语学校参加本色语文教学研讨，听了《孤独之旅》《半截蜡烛》两堂课之后，我讲三个问题。

一、这两节课老师做了什么

第一节课是C老师执教的曹文轩写的《孤独之旅》。这是一堂初二的语文课。

C老师首先朗读《草房子》一段话，这个环节其实是对文章背景的介绍，因为课文是节选，学生对原作不了解，通过这个环节让学生了解原作，了解主要人物的基本情况。第二个环节教师请学生概述故事情节，目的很显然是梳理文章脉络，整体了解文章故事，这里教师先后让两个学生起来概述，教师希望学生更加简要清晰。第三个环节是教师引导学生进入课文，教师让学生从课文中寻找表现杜小康孤独的语句，开始切题，让学生领会作者的主旨意图。第四个环节教师请学生看书、交流杜小康的前后变化，暴风雨前的杜小康如何，暴风雨后的杜小康如何，这是教师引领学生进入文章的重点，深入理解文章的主要人物，教师特别提醒学生通过重要句子包括标点符号，理解杜小康的前后变化。第五个环节教师引导学生品味文章的语言，重点放在文章的环境描写，以环境写人，品味孤独之笔，诸如"黄昏……唯一的炊烟……漂""鸭子"的烘托等等，让学生体会文章情景交融的语言，用C老师的话就是用美丽的语言写出孤独的魅力，体现文章的诗意之美。最后一个环节是请学生写赠言，进一步理解文章内涵，读写结合。

第二节课是 Z 老师执教的《半截蜡烛》。这是一节小学五年级的课。

第一个环节也是文章背景介绍，使用了音响效果，感觉不错。第二个环节进入阅读理解，教师请学生读课文，教师通过环环相扣的问题让学生思索回答，目的在于让学生进入文本、读懂内容。教学过程中教师特别重视语言，挑出一些代表性语言进行分析。第三个环节教师让学生给文章起个题目，然后与课文原题进行比较，通过比较让学生进一步把握文章线索，理解文章题意。

二、这两节课老师做得怎么样

应该说这两节课中规中矩，目标明确，所涉及的几个环节都起到了作用，体现了本色语文的特征，着眼于语文，着眼于文本，着眼于语言，符合语文的基本要求。而第二节课占据了作为本班任课教师的优势，与学生关系和谐，整堂课师生之间呼应非常自然。

第二堂课还有一个明显长处，就是教师的问题设计是别具匠心的，层层追问，环环相扣。怎样的半截蜡烛？——藏有情报。怎样的情报？——绝密情报。为什么绝密？——关系到一家生命的生死、情报站的安危、战争胜败、民族存亡。如何保证情报的安全？——想出了一个绝妙的主意。是万无一失的主意吗？——并非如此，还是有较大风险。风险果真出现了吗？——风险真的出现了，德国军官顺手就拿了半截蜡烛。

教师让学生重点讨论当事人怎么办，伯诺德夫人干什么，结果怎么样；儿子杰克干什么，结果怎么样；小女儿杰奎琳做什么，结果什么样。通过讨论让学生理解人物心理、理解故事情节。

教师给学生提出的要求也是逐层递进的，先让学生静静地阅读，让学生读句子，读重点词，看有它无它什么区别，让学生说出读懂了什么，再让学生试着读出自己的理解。由此可以看出教师的问话逻辑是十分严谨的。

可以这样说，这两节课的教师教学都是非常成熟的，尤其是第二节课更显示出教师的教学功力非常老到。

三、如何做得更好

在充分肯定两堂课成效的基础上，我们还可以探讨一下还有没有更好的教学方法，或者说下一步我们应该怎么办。

本次教学研讨的主题是本色语文，关于本色语文刚才黄厚江老师已经做了充分的阐述，说得通俗一点就是语文教学要做好本职工作。深圳的程少堂老师主张语文教学要有语文味；广东的郭思乐教授提出语文如水，语文无味；黄厚江老师提出本色语文。看起来他们之间好像主张不同，甚至还有互相冲突的地方，但其实他们有很多相同之处，最大的相同处就是，语文教学要按照语文的教学规律来进行，要体现语文教学的本体性要求。从这个意义上来分析这两节课，我们可以做进一步的探讨，这两节课都是阅读教学，要搞清楚什么是本色的阅读教学，我们首先要搞清楚什么是本色的阅读。我们通常是怎么看书阅读的，也就是一般人的阅读常态，我想除了语文教师的职业性阅读之外，绝大多数人的阅读是这样的：静静地独自阅读，读到好的地方把它画下来，进而点评批注，进而把它摘录下来，进而写出一篇读后感或评论出来，我称之为：读一读，画一画；读一读，批一批；读一读，摘一摘；读一读，评一评。这种读书方式是最自然的，最常态的，也是最有效的方式之一，而且能够培养读者的阅读兴趣。

但是今天的语文阅读教学恰恰是违背人的常态阅读方式的，今天的语文阅读教学我称之为考试化模式。之所以称之为考试化模式，就是因为语文阅读的课堂教学就是围绕一篇文章，教师组织学生回答一连串的问题，今天的语文阅读考试就是这样，围绕一篇文章，让学生做很多题目，所以二者是相同的。这种方式的好处是目标聚焦，解决几个问题就是教学的目标所在，因此看起来课堂教学效率比较高；但是这种教学方式的坏处是败坏了学生阅读的胃口，学生的阅读不是随性的，而是被动的，被一些莫名其妙的问题缠身，读书的兴致就没有了。今天这两节课就是典型的问题式教学模式，没有体现本色阅读。

即使是这种问题式教学模式，其实也有两种：一种是教师问，学生答；另一种是学生问，教师组织学生一起来讨论解决，同时教师也会根据学生的情况提出适当的问题，让学生思考讨论。前者是单向度的，根本算不上是对话教学；后者是多向度的，是师生之间，生生之间的对话教学。

不幸的是今天这两节阅读课走的就是第一种路子，即常见的公开课教学路子：我问你答，我提要求你去做（比如让学生找孤独句子）。教师让学生做什么，学生就做什么，教师牵着学生走。这种教学把学生排除在阅读主体之外，学生不是阅读主体，教师的教学不是基于学生需求的教学，而是教师主观上想当然的教学。学生应该成为阅读主体，学生在阅读的基础上提出问题，教师针对学生的问题，组织学生认真分析思考，加以讨论。教学做什么？就是让学生阅读，让学生说说：你看出什么，你是怎么看的，你为什么这样看；你质疑什么，你为什么这样质疑。教师针对学生的看法说出：你看得怎样，你的质疑是否有道理，然后给出恰切的帮助、指导和评价。学生在这样的学习过程中难免会犯错误，但学生的错误也是一种教学资源，而且是重要的教学资源。针对学生的错误进行教学才能解决学生的真实问题，才能实现有效教学。从这两节课来看学生几乎没有犯什么错误。于是我们就有理由怀疑这两节课到底有多少效益了。

以上说的是教学模式、教学方法上如何做得更好一些，谈的还是相对宏观的问题。至于课文教学的具体问题也可以讨论讨论。第一节课《孤独之旅》课间听课的时候，我和一起听课的孙绍振老师私下交流，孙老师的意思是如果把重点放在对"哭"字的分析上，似乎效果会更好一些，文章有几处写到杜小康的"哭"和"不哭"，为什么"哭"，为什么"不哭"，看出了人物的变化。茶歇的时候，也有一位老师说，如果让他来上，他会从三个方面概述文章的内容"孤独就是孤独"——"孤独不是孤独"——"孤独还是孤独"。我想这两种说法都有一定道理，可以作为我们的参考。我还有一个补充，那就是这节课我们还可以学习作者是如何表情达意的。本文作者就是按照自己的思想、主旨来选景、写景、写人，通过多样化的环境描写共同烘托人物的孤独，借他人、他物、他景写孤独，借主要人物杜小康自己的心理来写孤独，所有的描写都是为主旨服务，这是作者的匠心所在，也是值得初中生学习之所在。

语文教学内容的动态生成

2010年12月的一天,我到上海市宝山实验学校参加"语文教学内容的动态生成"主题教研活动。这是上海市教研室组织的活动。先后听取了三位老师的三堂《沉船之前》,下午开始研讨交流。

甲老师是一个教龄只有五六年的教师,课上到这种程度,已经很不容易,特别是让学生读第一个场景,音乐响起,教师说:当……,音乐没有停;学生说:当……,音乐没有停;……气氛渲染得特别好。遗憾的是教学过程中教师没有留给学生多少弹性空间,分析作品的过程中常常有贴标签式的鉴赏,没有质疑,没有追问。

乙老师的课让学生提出了10个问题,学生提出问题之后,教师将这些问题弃之一边,不闻不问,这等于把学生耍了一下。学生就是课程资源,学生所提的10个问题,有4个指向侍者,我们教师就应该引导学生关注侍者,去分析,去讨论,这就是基于学生的教学。

教师的提问以及预先设计的答案要周延,如教师提问学生:为什么音乐家们会如此镇定?学生的回答是因为他们热爱音乐,显然这个答案不能让教师满意;教师追问:热爱音乐的人都会镇定吗?这个追问是可以的,但是后面教师自己的答案却值得商榷,教师的答案是因为他们所热爱的东西有超过生命的,因为他们的爱达到了一定境界。这种反证法太抽象了,学生不易理解进而不会信服。

丙老师的课,课前对学生的心理调节做得很好,学生很快入境。开头很大气,让学生读标题,从中获取相关信息:时间、地点、事件,天不逢时,地不利,人和还欠条件。课的最后环节,教师设问:感动的最高奖颁给谁？学生答：老船长。教师说：那么请大家给老船长写一个颁奖词。这个要求有问题，文章本来写的就是群像，是为男女两位主人翁设置的背景，群像重在共性，教师还要在群像中选一个最佳的，毫无必要，脱离文章实际。

本次活动是"语文教学内容的动态生成"主题教研，但是三位执教者在这一点上恰恰没有做好。

甲老师是因为预设的答案太多，因此难以生成。从教师口中背诵出诗一般的优美答案，就决定了这堂课学生不可能生成什么东西，因为老师不断地想启发学生往教师预先设计好的标准答案上靠，结果就无法生成。

乙老师的课是教师预设的问题太多、问题太具体难以生成。很多问题是要求学生异口同声地回答，凡异口同声回答的问题都不是问题，无法生成什么精彩的东西。

丙老师的课都是教师设问，没有学生提问所以难以生成，而且教师所设计的问题都是肯定性解读，没有任何质疑，所以难以生成，教师都是完全掌控，课是全预设的，不开放，无法生成。要开放，要留白，才能生成，提问要有张力。

这次活动的组织者所选课文是非常适合本次语文教学活动"动态生成"的主题的，课文选自好莱坞的电影大片，但它不是文学经典，是一部人工痕迹很深的作品，是斧凿之作。但它是适学之文，适合初中生学习的作品，对文章的写作技巧学生还是能够辨识出来的，这是这堂课开放的基础，是让学生生成的先决条件。

课文选择了三种人——音乐家、老爵士、老船长，既突出身份不同一般，而且还突出在这一人群中的身份不一般。不一般的人，才有不一般的修养，所以在危难时刻显示出特殊的精神。写的是群像，因此毫无疑问要突出人物之间的共性——在不平常的时空下，表现如常的行为，体现出不平常的意义——面对死亡，展现人的镇静，人的从容，人的如常，体现人的尊严。但是太多的共性文学就缺乏美感了，于是作者想方设法要写出三者的不同：音乐家用艺术传递精神，老爵士用外貌展现贵族的气质，老船长以殉船体现职业操守。写法上尽量变化不同的手法,写音乐家更多的写动作;写老爵士更多的是写外貌;写老船长更多的是写心理。又比如同样是用环境衬托,写音乐家、写老船长都用人来衬托。但是写音乐家是用周围人的慌乱来衬托,是虚写;写老爵士是用侍者来衬托,是实写;而写老船长则是用物来衬托,用海水来衬托,同中有异。这都是作者的匠心所在。

教师只要让学生充分阅读,然后提出学习建议:阅读课文后想想为什么有这样的表达效果。让孩子们充分感知,充分讨论。

(本文发表在《语文学习》2012年第9期)

始终站在学生的角度来思考

观课评课是语文教师常有的工作，语文教师的评课可以归纳为几种角度：一种是从课程的角度，一种是从文学的角度，一种是从思想精神的角度。一般来说多数语文老师是从教学的角度来评课，其实从哪个角度评课并不重要，重要的是要适切。我认为从课程角度评课相对更全面、更立体一些，可以兼容几种说法。当然不是说我们每次评课都一定要从课程的角度来评，从其他的角度也可以，关键是你的评课要到位。

刚才我们都听了三堂语文课《项链》《香菱学诗》《梦游天姥吟留别》，三堂课所上的都是经典文学作品。前面大家都是用一个字一个词来形容一堂课，我也学习大家的做法，也分别用一个词来概括。

第一堂课是莫泊桑的《项链》，课上得有点"生"，生硬的"生"，上得不水，不润。"生"的原因在哪里？前面执教老师已经介绍了，她的这堂课和孩子们有一段距离，觉得这课不滑，不嫩，这课不水灵，有点生涩。教师预设的问题很好，假设没有丢项链与实际丢了项链对比，假设是真项链与假项链对比，设计很好，但就是没有上好，教学的效果并不特别理想，"生"而有"憾"。

第二堂课是《香菱学诗》，老师设计得比较"全"，驾驭课堂的方式和方法纯熟，老师上得很"熟"。执教老师认为碰到不太如意的学生因而她觉得有点累，虽然她表面上看不出累来，和孩子们交流的言语方式相对来讲也比较自然、比较柔和。设计比较全面，全面当中也有遗憾，"熟"而有"憾"，是因为全面、纯熟而带来的遗憾。

第三堂课是李白的《梦游天姥吟留别》，执教老师自己说这堂课上得很苦、很累，苦而有"憾"，因为苦和累而带来的遗憾，这里不再赘述。

三位老师的诸多遗憾点在哪里？"憾"因何而来，因为学生而来，学生呼应不起来，学生为什么呼应不起来。S老师很聪明，作为任课教师自我陈述，说孩子们的呼应度不高，还有不少的遗憾。遗憾的来源就是学生的呼应度，包括我们大家比较满意的第二节课，呼应度也不是很好，不是让人很痛快，不是让人很欣赏。执教的老师也许认为是学生素质不够高，我看不是这么回事，关键还在于老师。原因何在？我们回到原点考虑，把基本的问题梳理清楚。从课程的角度来讲，语文的特征是什么？再细化一下，语文教学到底干什么的？阅读课程到底干什么的？是基于什么样的目标来进行我们的教学？从课程的角度讲，语文阅读课程的目的无非是教人识文，教学生读懂文章；无非是教人识人，读懂社会，读懂社会的目的也是可以帮助读懂文章；无非是教人做人，让学生打下丰厚的文化底子。

第一，语文教学无非是教人识文，即教学生读懂文章。从这一角度讲，第一堂课设计的问题比较巧妙，第二堂课的前半部分，第三堂课的整体，也是让学生读懂。我们可以关注一下，就是这堂课完了之后，学生得到什么？我们老师的板书写得非常概括，非常精巧，学生得到了几个经过老师反复推敲、概括、提炼、比较后的精当概念或词。大家看是不是这样的：第一堂课是关于项链的几个空让大家填一填，第二堂课是主动学诗，读诗，作诗，侧面描写，正面描写，刚才有老师评课还不太同意执教老师所认定的细节描写，我认为是不是细节描写不是问题，我关心的是：课上完之后我们的学生究竟留下了什么东西？大家也许认为我们语文课一直以来不就是这么教的吗？板书不就是这样几个字吗？我用最精练的几个字把它概括出来，"借项链、丢项链、发现项链是假项链"，是"丢项链"好，还是"失项链"好？这有意义吗？追问一下，站在学生的角度，你教给学生这些东西，有意义吗？香菱"品诗还是读诗"？香菱"写诗还是作诗"？这有意义吗？教师留下的这几个概念，对学生来讲，有多大的意义？我不知道大家有没有这样的想法。平时我们大家就是这样做的，那么，这些经验化的、固化的东西我们为什么就不能打上一个巨大的问号，站在学生的角度来想一想，我们到底要学生收获什么？我们的语文课到底让他们干什么？这堂课给学生留下什么深刻的记忆？留下了什么东西？学生上完这堂课之后，他剩下了什么东西？知道了什么东西？他掌握了什么东西？会了什么东西？课堂上让学生概括、概括、再概括，概括到最后，其实用一份练习就能解决的问题，为什么要放在课堂上来解决呢？课堂上的时间是非常宝贵的，我们必须珍惜语文课堂上的时间，把最有价值的给学生，所以语文课到底应该上什么？我们到底应该讲什么？我们到底应该让学生掌握什么？与最重要的相比这些概括性的东西并不是最重要的。我们是教人识文，很重要的一点是教给学生读文章的方法，让学生拿到一篇他没有读过的文章，能自己读懂这篇文章，明白作者的写作目的是什么。刚才有人讲语文教学要从语言入手，从《项链》这堂课来看，我们为什么不让学生把课文好好读读，课文开头第一段就是"她也是一个美丽动人的姑娘，好像由于命运的差错，生在一个小职员的家里"。这其实就是文眼所在。第一句话他要告诉我们什么，"也是"，为什么要说"也是"，他为什么要说"好像因为命运的差错"，"好像"，他不是说"真的"而是说"好像"，他其实是在告诉我们，这是命运的安排，那么命运是什么，这篇文章到底想说什么，作者是真的想讽刺马蒂尔德吗？其实他是非常同情这个姑娘的，他开头的第一句话，"她也是一个美丽动人的姑娘"，她回头率很高的，她楚楚动人的，她就是家里条件差了一点儿而已，告诉读者，这样一个穷人家的孩子有这样一种想法，有这样一种追求，有这样一个美丽的梦景是正常的，大多数人都是这样的，这个年轻美丽的女子最终没有实现她的梦想，命运玩弄了她一把而已。假项链在讽刺谁？文章通篇没有讽刺马蒂尔德的意思，都是在同情她，她诚实守信，她吃苦耐劳，她有美丽作为资本，她向往那种奢华的生活，她的遭遇其实是社会的原因，文章的"命运"是什么，就是当时的社会。为什么最后是假项链，说明当时的社会氛围就是那样，作者讲的是这个东西。要去教孩子学会阅读。这是"教人识文"。

第二，我们语文教学无非是要"教人识人"。这个"人"是含义丰富的人，既是文章中的人，又是我们所说的社会人，还是我们生活在这样一个社会环境中的人。"教人识人"，说到底，回到语文的角度来讲，你只有识了人，才能真正读得懂别人的文。从《香菱学诗》这堂课来看，香菱学诗的这一段真的是考虑让我们理解香菱的苦学乐学、好学爱学吗？我觉得不在这里。T老师的课如果说是成功了，是成功在后半部分，后半部分略微跳开了一点，跳的还是不够，只是略微跳开了一点，她让孩子认识到一个问题——这个作品到底干什么的？《红楼梦》的作者通过香菱这个人到底想表达什么，让读者知道香菱这个人，其目的是什么？借助香菱生平介绍，让学生理解香菱这个人，如此纯美高洁的女性最后是那样一个悲剧结局，一生坎坷。写香菱学诗就是表现她的纯美，再进而可以把香菱这个人和《红楼梦》其他美丽女性联系起来，她们最终都是悲惨结局，识人，识香菱，知香菱，甚至爱香菱，《红楼梦》的作者通过香菱这个人，就是希望我们读者了解这个社会是一个怎样的社会。

　　第三，我们语文教学的第三个目的就是教人做人。我们常说"作文如做人"，做人和作文两者有着内在的联系，我们来看《梦游天姥吟留别》，这篇课文的价值在哪里，文本最核心的价值是什么呢？最重要的是什么？这堂课执教老师提了几个"读"字，我们看他读了没有，学生读了几遍？好像就读了一遍，我们没有看到第二遍。这篇文章很重要，就是要把它化在学生的血液当中，李白天生的那种气质，一般人所不具备的气质要化在我们学生的血液当中，我们讲精神的意义就在这里，这个不是通过赏析来达到的。我现在有一种想法，叫"可怕的赏析"，赏析的结果是最后留下几个核心概念，可怕吧，你给学生留下几个干巴巴的词，这叫赏析吗？我们现在教学经常使用几个干巴巴的词，包括我过去教学也是这样，写了什么，归纳一下；主要情节是什么，归纳一下；主要人物是谁，人物的特征是什么，归纳一下。这几个步骤在语文教学中经常出现，重合率之高让人可想而知。不是说这些东西不该教，而是说这些东西通过做几道题就可以训练出来的。课堂上恰恰是应该把诗中李白那种骨子里的豪放、洒脱和不羁读出来，我们中国人为何要学汉语，要读古诗词，学语文的重要的一点要让学生知道他自己从哪里来的。我们是中国人，我们从哪里来，我们从诸子百家来，我们从唐诗宋词来；从沉淀下来的脍炙人口的优秀的文学作品中来。就是要让学生熟读成诵，把李白洒脱的气质、奔放不羁、自由浪漫的性格化到学生的血液之中，这就要让学生把全诗背下来。很可惜整堂课几乎没有读两遍，对这样经典的诗歌不去背它，太亏了，我觉得太难过了，读得太少了，赏析是干什么的，那种干巴巴的赏析有啥用啊，我们扪心自问，我们在追求什么东西？学生学到了什么东西？教师要让学生读，自己先要读出味道来。我听执教老师的嗓音是很好的，中气也是很足的，站在课堂上的开场白一下子就把人的精神提振起来了，肯定能读出点味道来，把它吆喝起来，让学生喜欢读这种诗，让学生觉得这首诗有味道，让学生觉得这节语文课有味道。现在的语文教学正如苏霍姆林斯基所说：阅读得很少，而关于阅读的谈话却很多。我要说，整堂课是阅读得很少，而关于阅读的无效、低效谈话却很多。这种所谓的赏析是十分可怕的赏析，它把有血有肉的文学作品变成干巴巴的几个词语。

  三堂课共同的缺憾就在这里，学生没劲也正是在这里，学生一堂课上完之后就得到了几个抽象的概念、词汇，学生记住这些有什么作用？我们应该了解学生需要什么，学生缺少什么，这些是我们教师应该提供给他们的。学生常常缺少对作品的背景的了解，缺少对作品的整体了解，这些需要教师提供给他们；学生常常思之不深，教师通过点拨使学生深入下去；学生不会思考，教师教会学生思考的方法。

  三堂课，坦率地讲，老师没有从学生的角度考虑问题，如果能从学生的角度多考虑一下，站在学生的角度来讲，到底喜欢什么东西，到底欣赏什么东西，用教材教和教教材的不同在哪里，就在这里。

  如果心中没学生啊，学生心中最缺什么，你恰恰没给他。他需要什么，学生缺什么，我们知道吗？这三篇文章，学生缺什么我们知道吗？学生最缺的我们常常忽略掉，我们没给他，T老师的课好，好在哪里？她在前面给了他们不知道的一些材料，学生缺这个东西老师就给他这个东西呀，这个东西对理解这个人有好处呀，读懂什么叫香菱，读懂什么是美丽的姑娘，什么叫纯洁、善良、有雅趣的姑娘，这个材料就给得好呀，因为学生就缺这个东西啊。

我们不能把有血有肉丰满水灵的文学作品变成几个干枯的骷髅，我们应该还原作品的水灵、血肉丰满的状态，应该让作品活起来，活在学生的眼前，活在学生的心中。不要只剩下一个骨架，这个骨架是很可恶的，你想：一个骷髅你喜欢吗，再美的一个姑娘，只剩下一个骷髅，你喜欢吗？还原，尽可能还原，还原它原本的那种状态，那种水灵灵的状态，那种有血有肉的活的状态，而不是那种骷髅的状态，不要只留一个骨架。所以在我们语文教学的过程当中，有一点一定要注意，最好用句，而不要用简单的一个词，这是最机械的方式。句子也不足以完全表情达意，但句子起码要比干枯的词要好得多，就是回到有血有肉的、栩栩如生的、活蹦乱跳的那个活的状态上来，其实句子已经很难，更何况几个骷髅般的词。

就细节问题，我还想说一下。三篇文章都是讲人的，但是讲人时一定要讲人的行动逻辑，这个是学生看不到的，或者是学生忽略掉的，而它又是一个重要的东西，不能把它忽略掉了。语文老师讲人就要讲人的行为逻辑，就是讲它的前因、讲它的后果，他之所以这样做，逻辑起点在哪里，他的逻辑关系是什么，为什么他只能这样做，他不这样做就不可能，这就是逻辑，这是关键所在，这就是性格。

最后回归评课本身，我们大家在一起评课就要说真话，说真实的、有意义的话，促动别人长进的话，说让他发展、让他提高的话。而不要说过年的话，无关痛痒的话，更不要说假话。

课堂要讲究公域性、教育性

到某地一中听公开课，执教的何老师在当地小有名气，于是围观听课的人很多，以至于听课老师把教室里所有的空地全都占满了，甚至还占了学生的座位，导致有的学生无法进入教室，无法进入自己的座位。听课不扰民，听课不侵权。听课教师无论如何不能侵犯学生的权益。影响学生上课，这总是不对的。

何老师上的是李煜的词《虞美人》。何老师是当地名师，公开课应没少开过，面对人满为患的教室，他已经习以为常，仍然是一脸轻松，他的话语风格完全是谈话聊天式的，非常随意，非常轻松，非常自然，插科打诨，旁逸斜出，幽默风趣。学生可能已经完全适应了他的这种话语风格，不时被老师的小段子逗笑。何老师也开放了课堂的几个小环节，让学生自己表达，这些都有其成功的地方。

但与此同时这种话语风格的课堂也伴随着明显的问题，也许从来没有人指出过何老师的问题，导致他公开课都是这么随意，不自觉地就会重复话语错误。

课堂还是要讲究话语的公域性。也就是公共场域里的语言交流要符合场域本身的要求。谈话聊天式的课堂话语风格也是有界限的，风趣幽默的话语调侃也是有边界的。这个界限和边界完全是因为这是课堂，教师是面对未成年的学生，这个界限和限度体现在教学的道德伦理规范。课堂毕竟不是成人之间的随意交谈，毕竟不是成人版的二人转或脱口秀，课堂里教师的话语毕竟是对未成年人说的，教室的场景毕竟是教育场景，教室里的话语毕竟是公共场域里的话语，要注意规范性，要讲究公域性，不能兴之所至，满嘴跑火车，这将给学生带来很坏的负面影响。比如在讲到"往事知多少"的"往事"指什么，即作者怀念什么的时候，何老师说道："啊呀，皇帝就是想干什么就干什么……"怪声怪调，一副无比羡慕的样子，引得学生哄堂大笑。学生的笑声像是极大地鼓舞了何老师，何老师瞬间转到现代场景："比如×××（某领导）想握×××（某演员）的手就握×××（某演员）的手。"那种腔调完全是成人版相声的腔调，这就很不严肃了。而且课堂上，何老师还屡次提到李煜一手拉着大周后，一手拉着小周后。并做出那种造型动作，何老师的表述及语气语调，传递出夸张的艳羡的样子，真很低级趣味！完全不该是教师应有的样子！完全不该是课堂该有的样子！作为教师一定要把公域话语与私域话语截然分开，走进课堂可以轻松幽默的话语，但不可以低级趣味！面对未成年的学生，教师就必须讲究话语伦理。

　　课堂教学是要体现教育性的。课堂教学包括教师的教与学生的学，教师的教就是教育性的体现。相对于课堂封闭，课堂开放无疑是正确的，但开放并不意味着天马行空，并不意味着不论严谨与否，我们的课堂教学最终是要使学生达成思维的开放性与思维的严谨性的和谐统一，责任当然主要还是在教师身上。教师一方面要把学生打开，打开学生的思维，一方面也要随时纠正学生所出现的错误和问题。这节课，何老师放开让学生讲作者，有学生讲到李煜是专业的诗人，业余的皇帝，并进而推而广之：诗人与帝王不可能统一。很显然学生的这个推论不够严谨，李煜既是南唐后主，又是诗人，只是帝王工作没做好，但不能否定他毕竟是做过后主的。我国古代既是帝王（最高统治者）又写诗歌的还是有的，写得好坏另当别论。两者都做得成功成名的，也是有的，曹操就是一个典型案例。作为教师应该指出学生的漏洞。讲到词眼的时候，教师也是放开让学生说，学生有的说是"愁"，有的说是"改"，有的说是"不堪回首"，教师说邓丽君为什么反复吟唱"问君能有几多愁，恰似一江春水向东流"，所以倾向于"愁"是词眼。这里教师这种说法很显然不够严密，引邓丽君为证充其量是一个旁证，是一个间接论证，况且，唱歌经常是重复最后一句的。教师应该给予直接论证，从词作的感情表达来确定词眼，词眼是最集中最突出表达作者情感的字眼，据此判断"改"是事件，不能作为词眼。教学，教师的教与学生的学，二者不可或缺，教师的指正就是教学的教育性之体现。

这堂课何老师在课堂上要求学生背诵带有"月"的诗句，这个方法很好，举一反三，触类旁通，也是文化积累的好方法。但整堂课用于分析讨论的时间太多，而学生背诵的时间几乎没有，一堂课下来，学生不会背诵仅有 57 个字的词作，甚为可惜。赏析与诵读，二者不可偏废。

（本文发表在《上海教育》2021 年第 30 期，略有改动）

促进思维发展的课堂教学

2015年年末，上海市语文名师培养基地到深圳明德实验学校开展语文教研活动，研讨的主题就是"基于思维发展的中学语文课堂教学"，第一节课是上海的谢红新老师上的课《一百个问号之后》，第二节课是上海的殷秀德老师上的课《记承天寺夜游》，第三节课是深圳明德实验学校杨金峰老师上的课《台阶》。下午是评课，包括执教教师说课，听课教师自由评课，专家评课，最后我总结，整个过程持续了4个小时，很有冲击力，在场的人都很过瘾，收获很大，没有中途溜号的。以下就是我的即兴总结。

先说主题，本次研讨活动的主题是"基于思维发展的中学语文课堂教学"，这个主题是我和几位基地主持人一起商讨确定的。为什么确定这个主题？其实也就是基于我们对语文教学的认识，要把问题想透，语文课到底要培养学生什么？有人说："教育的成果就是所有知识遗忘之后剩下的东西，这就是教育成果。"这剩下的东西是什么？我以为除了人品之外，就是思品，就是思维品质，也就是说我们通过教学要提升学生的思维品质。杜威也说过："不断改进教学的唯一途径就是把学生放在必须思考、促进思考、检验思考的情境之中。"他还说过："困惑是思考的不可或缺的刺激。"而当下的语文课堂教学有很多是无效的，或者是低效的，主要是因为没有把学生放在一个必须思考的情境之中，老师所营造的课堂环境不能有效激发并促进学生的思考，学生课堂中的相互讨论，老师的教学点拨，都不能有效实现检验学生的思考，没有提升学生的思维水平，学生的思维能力几无长进。于是我们这次研讨活动的意图就是探索语文课堂如何促进学生的思维发展。

再看今天三堂研究课。三位老师三堂课的教学目标指向是不一样的，也就是说三位老师教的东西各不相同，谢红新老师教的是质疑批判，殷秀德老师教的是文言文化，杨金峰老师教的是原型辨析。

谢红新老师教学生质疑文本，这就是让学生进入必须思考的环境中，通过谢老师有效的调动和示范，学生慢慢学了一点文本质疑的思维方法，并积极尝试着进行有理有据的质疑。谢老师所引导学生的质疑不是纯粹的否定，他的批判不是简单的二元对立，还有建设，他让学生在发现问题之后必须尝试着修改，让学生在修改中学会严密表达、严谨论述，在表达中学会表达，在论述中学会论述。谢红新老师的课，逻辑线索非常清晰，从课的整体结构来看，他是从观点到论述，研究文本，质疑探究，每一个环节教师的教学过程都是沿着"是什么"——"怎么样"——"为什么"——"如何改"——"为什么要这样改"这样一个逻辑线条依次讨论，这样一个过程就是把教师的教学思维可视化，让学生把握这其中的逻辑，有助于提升学生的思维品质。但很可惜，谢老师课堂的最后没有让学生将这个逻辑过程加以梳理，而是让学生比较笼统地谈论课堂收获，教师的要求指向不聚焦，学生的回答必然笼而统之，泛泛而谈。

殷秀德老师的课，教学生读课题，读句读，读注释，读人物，读关系，读情感，读主旨，这是一种比较好的阅读文言文的方法，也是一种思考文本、研究文本的方式，读出文言文的文化味道，而且教师指导学生读的方法在不断变化，有学生自读，有齐读，有个人朗读，有老师导读。通过阅读思考，让学生走进文本，通过课堂讨论，促进学生思考，让学生走进作者所创作的精神世界。殷老师在说课过程中有所反思，觉得学生有挫败感，那么这种挫败感是怎么来的？我以为主要是教师的教学指导过程出了问题，殷老师总是一发现学生出了问题就即刻打断，学生朗读出错，教师即刻打断，马上指出；学生在讨论时出错，教师即刻指出。正因为这样，学生总是有挫败感，学生的兴奋感建立不起来，连一段话都读不完整，更不可能连贯地思维，连贯地表达了，很显然殷老师操之过急了。教

五、语文课堂

师应该耐心地让学生读完，读完之后再加以指出问题所在，应该耐心地听学生讲完，讲完之后再加以分析问题之所在。

杨金峰老师的课重在原型辨析，这是较高级别的思维训练。杨老师事先让学生提问题，全班同学一共提了67个问题，也就是老师让学生先行思考，学生的思考产生在课堂教学之前，那么杨老师的教学伊始就是基于学生，教学问题是源于学生。通过这堂课的教学必须让学生有所长进，就是高于学生。杨老师运用了变异理论，试图让学生通过正例、反例、旁例的对比，来准确把握文章的内涵。有两个细节对比设计得非常精彩，一个是将课文的散文句子改写成诗行形式，让学生加以对比，体会文章的诗意，体会作者的情感，体会文章的主旨。这个对比非常贴切，因为本文确有诗意，将文段改为诗行阅读丝毫不会有突兀的感觉。还有一个对比是文章的最后，父亲问："这人怎么了？"杨老师将之改变为"我怎么了？"这个变化也是很有意思的，通过比较，让学生体会父亲地位的缺失，无论是在家里，还是在村里，体会父亲所处环境的变化。这篇课文，有三个关键要素：阶、位、心。"阶"即台阶，"位"即地位，"心"即心理，就是父亲的内心感受。课文围绕这三个要素展开，在父亲心里，地位低是因为台阶低，于是要建高台阶；建了高台阶之后，地位并没有提高，于是父亲心理产生强烈的失落感，失去了生活的目标，精神为之萎靡。错就错在父亲的第一个假设是不成立的，逻辑前提不成立，后面当然不会出现理想的结果。这堂课设计非常精到，但课堂效果却不够理想，问题出在杨老师的问话不够简洁，学生回答起来有些散，有些泛，不对路；教师问话必须简洁明了，相对聚焦，这样讨论的思路就能理顺，对话就能很好地建立起来。

统观三堂课，我觉得还有必要就共同的问题加以归纳。

第一是相信学生。这是教师教学的基本要义，阿基米德说：给我一个杠杆，我能撬动地球。我们要相信学生，只要路径正确，只要指导有方，学生一定会还你一个奇迹。我曾经在深圳百仕达小学听课，听的是四年级学生的语文课，学生在课堂里反映出来的质疑反思能力，令我刮目相看。我一直以来都是教高中的，以为小学生的学习一定是很简单的教学内容，但我没有想到如果对小学生加以训练,他们也能做到逻辑严谨地相互质疑,也能做到说话严密的批判论述。进一步了解,百仕达小学的语文教学依据的是国际教育PISA评估理论,该理论就已经对小学语文学习质疑批判能力有所规定。换句话说谢红新老师在初中教学中所体现的质疑批判能力的培养,是完全可行的。

第二是重在教师。教师教学重在引导,重在搭台,重在对路。引导就是教师在学习方向上给予学生引导,明确学习思考的目标,并在思维方法上给予引导,同时给学生以案例样板;搭台就是为学生搭上脚手架,给学生提供相应的工具或者资源,让学生有可能进入文本的核心,能够思考并解释相应的问题;对路,就是教师的引导、搭台针对性要强,要切合学生实际,源于学生,适度高于学生,低于学生、等于学生的当下水平,则学生毫无收获,过度地高于学生,则导致学生消化不良。

第三是思维简洁。一方面表现在语言上。语言是思维的直接外化。课堂本质上是师生之间即时性的对话交流,交流需要简洁,教师的问话需要简洁聚焦,否则学生答非所问,泛泛而谈,教师问的含含糊糊,学生回答一定是笼里笼统。另一方面表现在课堂的整个思维流程上。课堂的部分与部分之间,环节与环节之间,一定要有内在的逻辑联系,思维的逻辑线条清晰,思维可视化度高,有助于学生把握脉络,有助于学生提升自己的思维品质。

最后说说我们的评课研讨。既然是探索,我们的研讨就需要有一种自由言说的氛围,只有自由言说才能充分研讨,思维才能碰撞。评课要基于事实——课堂上实际发生的事实,重在说理——谈出自己的观点,分析要讲逻辑。我们的研讨氛围非常好,大家自由言说,各自发表自己的观点,摆事实,讲道理,不是一味赞美,当然也不是一味打压。我们听到陈小英老师的评课,她的话不慷慨,也不激昂,她的话非常平和,非常淡泊,但说出了语文课堂教学培养学生思维能力的关键所在。我经常跟大家说,我们看人家的东西,听人家的话语,不但要看表面上的东西,而且要看出它背后的东西。小英老师背后的东西是什么?小英老师在干什么,其实她在寻找共同行为，上午三节课都是语文名师的课，她在寻找这三位老师上课共同的东西。名师的共同行为那一定是课堂教学的规律，比如她看到了三位语文老师的课都有很好的价值取向，不但重视语言训练，而且重视思维品质的培养，重视人文教育；三位老师都非常重视发挥学生的主体作用，让学生自主思考；三位老师共同的教学方法：诵读法、比较法、图示法。这些都是语文课堂教学的基本规律，老实说，把这几个要素做到位了，那一定是好的语文课。陈小英老师的直觉力是非常突出的，她刚才说到从《台阶》的"父亲"身上看到了鲁迅笔下"闰土"的影子，这是一个跨越时空的准确类比。

评课就事论事，实事求是，只要是与人为善的真诚表达，都在肯定之列。有意思的是这次评课，男教师理性色彩浓一些，批评的力度大一些，冲击力也大一些，但紧接着就是女教师评课，感性色彩浓一些，肯定的多一些，言辞更温和一些。男女教师交叉评课，冲一冲，揉一揉，搭配和谐。所以整个评课既自由，又温润；既批判，又和谐。批判不是纯粹的否定，批判思维的一个重要方面是为了建设，为了提升课堂教学的水准。

(本文发表在《未来教育家》2016 年第 5 期，有改动)

拒绝浅薄，拒绝简单

我们期望的课堂教学活动应该是逻辑上升的，由浅层次到深层次，由低阶思维到高阶思维。但实际教学中，许多教师的课基本停留在低层次的重复上，学生的思维基本停留在低阶思维上，课堂上看似热闹，但学生的学习收效并不大，知识浅显，学生看起来积极展示，但展示的是简单重复教辅读物中所筛选的信息，没有思维含量。

最近欣赏了两节课，一节是阅读课，张广录老师执教《拿来主义》；一节是作文课，耿慧慧老师执教"证伪思维——增强议论文的逻辑性与思辨性"。两节课有许多共同之处。

首先，拒绝浅薄，拒绝简单化。

两位老师的课都是基于问题的研究课。两节课都是针对语文教与学的问题来的，耿老师针对学生作文缺乏基本的逻辑性，一味地简单枚举，一味地套用材料，缺乏自己独特的见解，立论不严谨，论证不严密等相关问题，教给学生基本的思维方式，教给学生如何思维的过程。张老师发现语文课堂中的问题，老师给了学生一些模式，给了学生一些标签式的观点，但没有琢磨这些观点都有什么问题。针对教师模式化套路化地简单解读经典，导致学生阅读经典作品囫囵吞枣、浅层次地简单理解经典作品的现象，张老师试图改变学生的现状，让学生真正有所收获。两位老师的课拒绝形式上的热闹，拒绝在低层次上讨论，拒绝把原本复杂的问题简单化。

这两节课的出发点都是源自语文教与学的问题，两位老师深入思考问题，深入研究探索，打破常规，拒绝浅薄，拒绝简单化。为什么要打破今天语文教学的一些常规？因为这些常规有问题，以貌似正确的套路约束教师自己，再影响学生，导致学生的浅薄，导致学生思维的简单化。语文教材把《拿来主义》当作议论文，而事实上《拿来主义》并非典范的议论文，而是带有鲜明的鲁迅特色的杂文。张老师回归经典作品的杂文本色来教学，可以说是正本清源。教材不是圣经，教参也不是圣经，教材编写过程中也会有问题，老师发现问题，就要纠正问题。结合学生的实际情况，结合我们对教学的理解，用我们的思考和判断来教学生。

第二，基于学生，高于学生。

要克服浅薄，拒绝简单化，真正体现语文课的价值，那么教学目标的设置一定要基于学生，并高于学生。如果教师和学生站在一个层面上，语文课肯定没有吸引力。调查表明学生对语文课的满意度很低，仅仅好于政治课，重要的原因是学生在语文课堂上得不到有价值的、让他感兴趣的、他不知道的却很有意义的东西。从初中开始不少语文课堂上老师就是教学生一些浅薄的套路，到了高中一些语文课堂仍然停留在这样的层次上，老师自身对教材内容没有自己的理解，所教的内容基本来自教学参考书，学生更加没有兴趣了。今天张老师这堂课学生很感兴趣，因为他们觉得有收获。课上完了，学生还要缠住张老师继续问一些感兴趣的问题，说明学生已经被老师调动起来。高于学生，关键在于教师要不断提高自身修养，只有具备比较高的语文素养、深厚的文化积淀，教师才能在阅读文本中读出一系列的问题，读出自己独到的体会和感悟。

第三，生态还原，还原思维。

从方法层面看，两位老师不约而同地采用生态还原的方法，还原思维的流程，还原现实。关于逆境出人才的作文命题，耿老师把学生写作的思维过程还原，逐一具体化，对"逆境出人才"你怎么看？可能出现几种观点？哪一个观点可以否定？哪一个观点可以站住？逆境、顺境为成才提供了哪些有利条件？哪些不利条件？在逆境中，一个人的态度和行为会有几种可能？当今时代，顺境多，还是逆境多？第一步从问题出发，第二步提出多种可能的认识和行为，第三步分析各种认识和行为的正负因素，第四步排除负面因素的认识和行为，第五步确立逼真度高的观点——"我"的观点。把整个思维过程还原，和现实联系起来。这样学生就不至于立论偏颇，简单论证。

张老师从备课开始，就把自己还原为一个阅读者，自己读文，自己思考，自己感悟，自己分析，而不是像有些教师那样做教参的搬运工，照搬教参，搬名师的教学实录，因而没有自己的独特体验。张老师自己阅读，自己去发现，这些发现和感悟是最有价值的。张老师站在学生的角度，想象学生读到这里，会出现什么情况，作为老师，该怎么搭建一个桥梁，还原学生阅读情境。这样的备课才是到位的备课。

张老师既做了阅读还原，也做了写作还原，他教这篇课文如何阅读，也是在教学生如何写作，不时地站在写作的角度询问学生，在文章矛盾处，在写作疑问处，在作者有所选择处，在读者可作判断是非处，让学生设身处地做写作思考，包括观点判断、材料选择、论证表述。一篇文章，说到底，是一个工具，是一个载体。张老师借这篇文章，教文章背后作者的思维。这种生态还原方式，对学生很有启发，很有意思。

第四，不是教文章，而是提升学生。

两位老师的课堂都不是为了教文章，而是借助文章教学生，提升学生，要让学生变得聪明起来，希望通过教学使学生想问题不要太简单化，看问题不要太浅薄。

两节课都能够站在学生角度设计教学，都有一个宏观的架构。张老师的课，一上来就介绍什么是语文课，语文课应该追求什么，什么是真实的阅读，如何走向真实的阅读，学生应该持什么样的阅读态度，让学生明白什么是真实而有价值的阅读，为这节课的学习打下很好的基础。这个开头很有吸引力，如果再配上男中音朗读一下，效果可能更好。这个设计是着意为之的，因为教师第一次教这个班级，学生是第一次接受这样的阅读教学，师生之间是有隔膜的，必须让学生理解教师的教法，并慢慢适应这样的学习方法。耿老师的课，开头出示了一个作文片段材料，不做是非判断，让学生产生疑惑：究竟对还是不对？然后再慢慢展开，步步推敲，最后水落石出。

相比较而言我更欣赏课上一些微观的问话小细节。张老师的课，很精致，由一个细节过渡到另一个细节，许多地方很有意思。比如第一段，问：梅兰芳到欧洲去演出是一种文化交流，鲁迅为什么要讽刺？学生答不出，那暂时先放下。课堂上老师提出问题，学生一时回答不了，就暂且先放一放，没有必要盯住不放反复折腾，学生读了下文，或者读完全文，或者找出一些佐证，自然会知道，原来不过是鲁迅不喜欢梅兰芳的男扮女装，是一种很主观化的情感态度。还有很多小细节也颇有意思，张老师的问话总是站在学生角度来问的，比如，假设可以作为例子吗？你们发现自相矛盾的地方吗？我们的文章能这样写吗？这样是对还是错？很平常的意思，但表述得很有意趣，颇有吸引力。在是非问题上，张老师从不含含糊糊，比如针对鲁迅"攻其一点，不及其余"的做法，张老师明确提出不要学生学习。实际上，教师这样上课，和学生的阅读和写作联系起来，既还原了文章的生成过程，也还原了作者的写作心态。其实，这种还原作者心态的方法，和学生的写作过程正好是吻合的。

第五，隔与不隔。

耿老师在课后自我反思的时候，提到这堂课学生好像没有完全调动起来，课堂气氛不够热闹。其实，今天的课，学生和教师有隔膜，是真实的。师生之间有点"隔"是正常的，因为学生第一次见到这样的老师，第一次上这样的课，第一次接受这样的教法，学生既新鲜，又不完全适应，有生疏感，自然学生和老师有"隔膜"。如果不隔，就是不正常的，那很可能有作假的嫌疑。耿老师在课堂开头，把学生作文套题现象用夸张的语言表现出来，引得学生会心地笑了，还是起到营造课堂气氛的作用的。

课堂教学最终指向是让学生有所发展有所提升，因此课堂的逻辑架构需要精心设计，课堂的细枝末节也需要精雕细琢。两节课，都还有可进一步改进、提升的地方。张老师的课可以给学生更清晰的判断，这个年龄段的学生就是这样，达不到成年人认识问题的高度，他们需要清晰的判断，教师通过总结，拎出一些东西出来，即对阅读和写作规律做清晰的梳理。耿老师的课可以更精致一些，比如前面组织学生讨论还可以更紧凑一些，还可以再压缩一些。碰到学生一时达不到的地方，可以先放一放，把时间留出来，让学生对"案例一"进行重新评价，而不是把事先准备好的东西和盘托出端给他们。

（本文发表在《未来教育家》2016 年第 11 期）

六、语文教师

于漪老师：以人格培育人格

2018年岁末，中共中央、国务院首次表彰我国改革开放杰出贡献人物，于漪老师作为百名"改革先锋"之一，基础教育的杰出代表，当之无愧。

于老师以其高尚的人格培育学生的人格，在她身上充分体现出"一生正气，为人师表"，她的教育方式如春风化雨般润物无声，言传身教60多年，作为人生榜样影响了学生一辈子。作为于老师"开门弟子"的57级二师学生葛起裕，深情回忆起于老师："整整六十年了，于老师教书育人的形象记忆犹新。她的教育理念、教学艺术对我一生的成长起了极大的助推作用。……于漪老师的高尚师德，精湛的教育艺术给我的一生打下了扎实的知识基础和做人基础。"63级杨浦中学学生曹中柱提起于老师："和于老师五年的相处，学到了于老师为人做事的原则和精神，为后来几十年做好工作、服务社会奠定了扎实的基础。……一路走来，这都离不开青年时代，在于老师教诲下形成的一个理念。"77届学生田盛松说道："于老师对各种类型的学生，总是和风细雨讲道理，尊重学生的人格，指出怎样才能改进、改正，走好成长的路。为此，我们都很崇敬她。……于老师为代表的这批优秀老师以奉献精神、担当精神助我们改变了命运。"82级学生王伟说："我非常有幸在刚进入中学时，就遇到了于老师，她的人格魅力，她的学识，她的对教育、对学生的'爱'，让我的求学生涯有一个美好的开始，并一直陪伴和激励着我。"84级二师学生卜健说："于漪老师将'一身正气、为人师表'的办学理念渗透在教育教学管理的全过程，滋养了一届又一届的二师学生。……我们遇见了于漪这样的校长，在她的培养下，我们成了自律自主自强的时代新人,具备了优良的道德品质,正确的价值取向,端正的工作态度,进取的治学精神。这一切都厚植在我们的灵魂里,我们是一群有着二师基因的学生。"从以上于老师历届学生代表的讲述中我们可以看到于老师给予学生高尚人格的影响,这种影响渗透到学生的文化之中,长时间地发挥作用。

于老师身上有一种优游的气度,她那蒙娜丽莎的微笑,其实就是她内在气质的外在显现;她身上有一种自由的情怀,那种由衷地热爱教育,那种从容优雅的教学;她身上有一种人文的理想,始终给学生以人文关怀;她身上表现出一种追梦的执着,她把自己的一生献给了教育,献给了无数个学生。

为什么于老师的人格总是让人感动?是因为于老师的生命状态,她是90岁的老人,60多年的教龄,在她身上真正体现出生命不息、奋斗不止。作为一个教师,上一堂公开课不难,难的是于老师堂堂皆公开课;精心地准备一段时间做一次大报告不难,难的是于老师的报告不断给人启迪;认真写作发一篇文章不难,甚至出版一部著作也不难,难的是于老师一辈子都在学习,都在思考,都在表达,都在产生重大影响。于老师是用生命在歌唱,她上了几万节次的公开课,可以说她一生都在教学;她做了几千场专题报告,可以说一生都在燃烧;她写了几百篇教育论文,可以说她一生都在思想;她出版了几十部研究专著,可以说她一生都在闪光。

我们不妨来看看于老师的教学思想。她早就说过语文教学要胸中有书,目中有人,这其实就是以生为本的思想;她早就说过语文教学要有所为,有所不为,这其实就是说教学目标要相对聚焦,教学内容要相对集中;她早就说过语文教学目标不是一次完成的,这其实道出了语文教学的连续性、层次性、阶段性、复杂性。

我们再来看看于老师的教育思想。她曾经说过学科教学立体化施教,全方位育人,这就是全人教育的思想,强调文道统一;她曾经说过教在今天,想到明天,这是强调教育要着眼未来;她曾经说过教师身上要有时代的年轮,这其实就是强调教师要与时俱进。于老师一贯重视学生的人格教育，1978年，上海教育出版社召开专题会议，会上因为"文革"刚刚结束不久，大家对政治教育比较反感，由否定思想政治教育进而否定人的教育，于老师在会上大声疾呼"既教文又教人"，教育不能缺失对学生的人格教育。90年代，关于语文学科性质各家流派各执一端，于老师倡导语文性质的工具性人文性的统一，她发表文章《弘扬人文，改革弊端》，这一思想直接影响了语文课程标准。进入21世纪，于老师倡导中国基础教育要树魂立根，直接影响了上海基础教育的民族精神教育和生命教育。

长期以来的教育实践和教育思想，造就了于老师个性化的话语方式。哲学家冯友兰曾经说：哲学史家照着说，哲学家要接着说。基础教育界的现状是：很多人停留在照着上级说，很多人停留在跟着专家说。而于老师却是自己说，说自己的话。于老师的话语风格是创新但不偏激，公允但不守旧，切合教育实际，适度超越现实。她的话语风格是一个建设者的话语风格，基于把基础教育建设好这个目标，来谈论教育的问题，来做教育的思考。于老师的教学思想、教育思想、话语风格不但影响了她的学生，影响了许多老师、校长，也铸就了她个人的气质。

概括地说，于老师的思想气质体现在她开阔的视阈，在她的思想里面融会贯通了古今中外的人文教育思想；体现在她独立的见识，在她的文章、报告中常常可见她那一针见血的教育洞察力；体现在她宽广的胸怀，她对学生那种海纳百川的博爱博大；体现在她自由的心态，在她身上有一种笑傲杏坛的大家风范。人的修炼主要是人格气质的修炼，学生的培养重要的是气质的培养，于老师的人格气质潜移默化、春风化雨地影响着一代代的学生和老师。

再来考察于老师的动力方式。于老师的第一推动力是什么？于老师永恒的动力是什么？我以为是使命，为学生的使命、为老师的使命、为学校的使命、为国家的使命，强烈的、自觉的使命意识使于老师把自己的一生献给了教育事业。著名学者费希特在其《论学者的使命》一书中说道："学者阶层的真正使命：高度注视人类一般的实际发展进程，并经常促进这种发展进程。"于老师就是这样，高度关注教育的发展进程，并以自己的行动和思想促进教育的发展进步。

为学生的使命。于老师的一切工作都是为了学生健康发展，为了这一目的，面对自己的教育、教学，她总是做有过推断。她曾经说过一句非常经典的话："我当了一辈子的老师，我一辈子学做教师；我上了一辈子的课，上了一辈子令人遗憾的课。"这就是她的胸怀。为了学生的成长，于老师先后担任过历史教师、语文教师、班主任、年级长、校长，一心扑在学生身上，自己的孩子得了败血症，安顿好孩子之后，第二天照常上课。于老师从来没有为家里的私事请过一次假，脱过一节课。她"文革"之后接受组织安排带乱班，为了教育好学生，她说破了嘴，跑断了腿，带困难学生回家，以母亲般的温暖教育学生。为学生的成长，她不断提升自己的教学水平和教育水平，是上海市首批8名特级教师之一。她出口成章、下笔成文，她以自己独特的语言魅力吸引学生，用语言粘住学生。她是没有固定模式的特级教师，一种无恒的课堂教学模式，充分体现了她教学的艺术性。

为教师的使命。于老师深知只有高水平的教师，才能为学生提供高质量的课程服务；只有教师教学、教育水平提高，学校才能持续发展。面对青年教师发展，她总是做有为推断，相信他们一定会有所作为，不断地帮助，不断地指导，不断地提携。为教师的健康成长，于老师首创教师学研究会，并首任理事长，在中国教育界第一个开始教师学研究，研究教师就是为了促进教师的专业化发展。于老师担任过教师培养基地主持人，一批又一批优秀青年教师脱颖而出。于老师在无数次的报告会、座谈会中做过报告，启发教师，以她的红烛精神培养年轻的教师。

为学校的使命。作为校长的于老师，她是带着对教育的热爱、对学校的责任激发所有师生员工为着美好的梦想去努力，面对学校办学过程中复杂的问题，她总是做有解推断，自己身体力行地去解决一个一个纷繁复杂的问题。为学校的发展，在"文革"中于老师遭受过多少次无情的打击、非人的精神折磨，她都全部忍受下来了，一到拨乱反正，她立刻投入到恢复教学秩序之中。改革开放，服从组织安排于老师担任第二师范学校校长，殚精竭虑，重建优质学校。

为国家的使命。对国家关于教育的重大政策、决策，于老师总是做有理推断，宣传之、践行之。在于老师身上体现了国家意志，她以天下为己任，以民族为己任，她是站在为中华伟大复兴高度来思考教育。她身上充分体现中国教师的风格、中国教师的气派、中国教师的情怀。为了国家的教育事业，于老师先后担任过教材审查委员、教学大纲审查委员、课程标准审读委员，认真履行自己的职责。她先后担任过上海市人大5届代表，3届常委，2届教科文卫副主任委员。在这期间，她直面教育经费短缺、中小学危房等现象，大声疾呼改善教育，积极倡导义务教育立法，促进颁布《上海市义务教育条例》。她直接面对时任上海市委第一书记陈国栋，提出提高中小学教师待遇，直接向时任上海市委副书记曾庆红提出建议，设立基础教育教师教龄津贴，直接建议时任上海市委书记江泽民，提出增加教育预算。面对有些地方修缮校舍经费被挪用，于老师直接批评县领导，在她身上体现了一个中国教师的拳拳之心。

于老师的思想之根在哪里？于老师思想深处的魂在何处？我以为是一种强烈的国家意识。于老师的人生第一课是在抗日战争时期，中华民族到了最危险的时候，老师用"心"在歌唱，唤起她幼小心灵的觉醒，"祖国、气节、亡国奴"这些概念深深地烙印在她的思想深处，镇江中学校训"一起为民族"，镌刻在心中，成为她铸造师魂的基因。爱祖国、爱民族、爱家乡的教育，迈开了于老师人生的第一步。几十年的风风雨雨，支撑于老师的是奋斗精神，爱国情怀，发自内心的感恩。在于老师的灵魂深处有一种家国情怀，表现在于老师的人格上就是一种忧患意识、开放心态、创新精神。于老师有着高尚的人格品质，有一种崇高的信念，甘愿当一辈子合格的中学教师，为中华民族素质的提高奉献一切。这种深厚的爱国之情是于老师的动力源泉。

作为教育家的于老师，担当起了为了学生发展的使命，对自己做有过推断；担当起了为了教师发展的使命，对教师做有为推断；担当起了为了学校发展的使命，对各种问题做有解推断；担当起了为了国家发展的使命，对国家政策做有理推断。费希特在其《论学者的使命》中说道："就学者的使命来说，学者就是人类的教师。他不仅看到了眼前，同时也看到将来；他不仅看到当前的立脚点，也看到人类现在就应当向哪里前进。"于老师就是这样的教育学者，她的人格气质是一种教育家的气质：人不能识之我则识之，这是一种见识；人不肯为之我则为之，这是一种信念；人不敢为之我则为之，这是一种魄力；人不能为之我则为之，这是一种才智；人不能忍之我则忍之，这是一种气度。

向于漪老师学习！向于漪老师致敬！

（本文发表在《未来教育家》2019年第1期）

永远的语文老师

2011年1月5日星期三傍晚6:08分,我正开着车子往家里赶,手机响了,接听电话,对方说:我是陈钟梁的儿子。一听这话,我心里一紧,因为陈钟梁的儿子从来不会给我打电话,语气含有悲伤。我本能地问了一句:怎么啦?对方说:我爸爸今天上午走了……

我一下子觉得天昏地暗,心沉下去,好久缓不过气来。

我和陈钟梁老师交往的一幕幕情景立刻浮现在眼前。

1991年我在《语文学习》杂志上发表了一篇和魏书生老师商榷的文章,当时我的确年轻,许多人认为我不知天高地厚,讽刺挖苦者有之,背地里非议者有之,自己觉得颇为孤独。没有多久,陈钟梁老师在《语文学习》上发表文章《喜读〈语文学习〉争鸣篇》,对我那篇文章给予充分肯定,陈老师站得比我高,分析透彻,一语中的。那时候,陈老师已经是全国非常著名的语文教师,他与我素不相识,却无形中给予我精神的慰藉和支持。从这个意义上说,他就是我的老师。这以后,我比较关注陈老师的文章,觉得他的文章总是站在时代的前列,立意新且温和,容易为人接受,给人思想的启迪,却没有教训人的意味。

1994年我调进上海建平中学,也时常参加一些语文活动。我不善言辞,尤其是生人比较多的时候,常常无话,但每每陈老师在的时候,我都愿意倾听他的话语。陈老师善于表达,人很聪明,有他在场,绝对不会冷场,听他谈论语文界的人和事,听他谈论语文教学改革,听他谈如何上好语文课,实在是非常钦佩。他那时已经是语文特级教师,又担任上海市教研室副主任,但从来没有盛气凌人的样子,和蔼地说话,慢慢地谈事,不知不觉你就会觉得他很好接近。

后来他真的做了我的老师,那是1995年,我被上海教育学院中文系破格吸收为上海市市级语文骨干教师培训班学员,陈老师开始给我们上课。他的课很有思想,也很幽默,一如他平常的谈话,语速缓缓的,从不念讲稿,估计他给人上课也从来不写讲稿,就是一本普通得不能再普通的小笔记本,讲到哪里,需要的时候就翻翻他的小笔记本,里面记录了许多有趣的事例。他身上很有些幽默的细胞,一件很普通的事情,他能讲得大家哈哈大笑,而他自己仍然是那样,淡淡的,不慷慨,更不激昂,我给陈老师这种幽默定义为"陈氏轻幽默",语文界的不少同仁非常认同。

陈老师的穿着也很有意思,不太穿一本正经的西服,喜欢休闲的服装,常常穿一种身上有许多口袋的衣服,一副很年轻、很新潮的样子。我们有时也和他开开玩笑,他常常认真地说这是记者服,他一边说,一边把衣服展现给我们看,很认真地介绍这个口袋的功能,那个口袋的作用,随即就能够摸出足以证明它的作用的物件来,袖子可以摘下,变成短袖,当然也可以套上,变成长袖,边说边做给我们看。他其实是一个很有生活情趣的人,语文界的人经常喜欢说:文如其人。而我想说:衣如其人。他的着装就表现出他的个性:充满生活的情趣,有着年轻的心态,乐观地看待人生,执着地从事着他所热爱的语文事业。有人总结陈老师的特点,说是"三慢一快",吃饭慢,走路慢,说话慢,思维快。我非常认同,因为我所见到的陈老师就是这样。我还听说(只是听说,没有证实)他很会生活,平常特别注意饮食,一顿早餐,就非常讲究,牛奶一杯(间隔若干时间改换豆浆,再间隔多少时间改为稀饭),鸡蛋一个,面包几片,西红柿几个,等等,把吃饭当成一件艺术来享受,我当时想陈老师一定是长寿的,而且默默祝福陈老师健康长寿。

陈老师退休之后,应建平中学时任校长冯恩洪之邀,担任上海市东方教育中心常务副主任。这个机构就设在建平中学,于是我们见面的机会就多了。他不时地会给我们全体教师做个报告,他的报告很有人气,依然是鲜明而深刻的思想,但永远是用生动的事例加幽默的语言来阐述,用一种老师们能够接受而且乐于接受的方式来做报告。他的这种风格，是我暗暗学习的榜样，我从一个不太善于言辞的人，成长为常做报告的人，多多少少受了一点陈老师方法的影响，当然由于天资驽钝，我永远达不到陈老师那种炉火纯青的境界。陈老师也常来建平中学听课、评课，他的评课很有新意，一堂很普通的课按照他的建议改造，就立刻变为很有创意的好课，所以陈老师在建平语文组是很有人缘的，建平的很多老师都是得益于陈老师的帮助、提携的。那几年，我们建平中学语文组，只要是有老师要上公开课、竞赛课，试教之时常常就要请他来指点，经他点拨的课，肯定就会得到很高的评价，有的课就得了上海市教师教学大奖赛一等奖、全国一等奖。套用一句俗话来说：陈老师真的是青年教师的良师益友。

一次和陈老师一起到某地讲学，途中我们说起语文，说起语文教育界的种种事情，我们痛感当下一些人为了一些个人名利争来斗去，很没有意思，不去做一些实实在在帮助一线教师的事情，当时陈老师就提议我：由你来牵头组织一个语文教师组织，这个组织没有名利，不设一个理事长，不收一分钱，办一些切切实实帮助语文教师的事情。他还说：你不要担任这个组织的任何一个"职务"，那么别人就不会争什么职务，你不要一分钱报酬，别人也就不会要一分钱报酬。我听了他的话，2003年和浙江、江苏、安徽、上海的同道好友一起组织了一个没有名利的组织，这个组织的名字还是陈老师取的——新语文圆桌论坛，直到今天我们已经坚持了八九年，活动了13次，而且一直坚持不拿报酬，不设"职务"，有些老师开玩笑地叫我坛主，我十分严肃地拒绝了。

后来我担任建平中学的校长，他仍然十分关注建平的课程改革，关注我个人的成长。他曾两次给我写来长信，在我感到困惑的时候，给我指导，在我遭遇挫折、不顺利的时候给我精神的鼓励，最后一封信是去年暑假给我写的，洋洋洒洒有四页信纸，充满了关怀，充满了真诚。信写给我了，还给我打来电话，长时间地跟我交流，我内心真的很是感动，我嘴拙，说不出感激的话，但我内心是很有数的，他是在热心地帮我，为了我，也是为了语文教育事业。

一两个月之前，我还听某个地区的教育行政官员说起陈老师，他在为他们当地的老师开讲座，他在做报告，他在指导教师上课，他还亲自操刀为老师上示范课，他的课贯彻了新课程理念，朴实无华，充满睿智……听到这些话语，我真的为陈老师感到高兴，一个70多岁的老人，仍然不知疲倦地为语文教育事业奔波，而且得到了那么多教师的信任和喜爱。我当时以为陈老师一定还能为语文教育工作好多年呢，谁知今天他就离我们而去了，痛哉，痛哉！

写着写着，陈老师穿着记者服的形象就呈现在我的眼前，那么熟悉，那么安详，那么亲切，陈老师，你是永远的语文教师！

（此文发表在《中学语文教学》2011年第2期）

我所认识的李镇西

　　我跟李镇西老师交往应该有二十多年的历史了。第一次和他交往是读他的《爱心与教育》，我这个年龄段的人一口气把一本书不分白天黑夜地去读，直到读完为止，可能数量是不多的，《爱心与教育》就是这样一本书。我曾经到过李老师所在的学校，也听过李老师的课，也评过他的课，也请李老师到我过去所在的建平中学去讲过课，像今天这样连续五个多小时听李老师的报告，还是第一次，虽然对李镇西已经非常熟悉，但我仍然感到自己内心一次次的震撼。

　　一首班歌唱了三十年，我相信还会唱四十年，唱五十年乃至一百年。什么是教育？我不知道大家怎么理解，今天听了李老师这场报告以后大家是不是有新的理解，我经常想也经常问：教育是干什么的？李老师今天讲的很多话语当中，有句话不断地出现："教育就是让孩子们留下非常美好的记忆"，"教育就是唤醒孩子们一幕幕美好的记忆"。我的理解：教育就是给孩子们创造精神家园。我不知道大家听了一天的报告之后，是否想过：假如你是李老师的孩子，你是李老师教的学生，你这一辈子的精神大厦是否高高矗立在你的心中而且永远不会抹去，这就是精神家园。

　　你们看李老师也没长两个脑袋，李老师也没长四只手，李老师也是普通人，李老师也是我们生活中经常见到的貌不惊人的一个普通老师。他做的事情我们有些老师或许也曾做过，然而不普通的是，他一直坚持他的教育理想，一直坚持不懈地履行他对教育的承诺，几十年如一日，这就是难能可贵的。支撑他如此作为的就是他对教育的判断，就是他对教师职业的一种朴素的理解。他热爱教育，是因为他从骨子里热爱学生；他爱学生，超越了一切荣誉、一切奖励等等外在的东西；在他看来和孩子们在一起是最美好的事情，陪伴孩子们成长就像倾听花开的声音。朴素最美，幸福至上。

李老师认为教育是一种依恋，孩子对老师的依恋，也是老师对孩子的依恋。他说教育是一种理解，理解他人成长的生活。他对教育这些看法，很多话语都锤在我心里，烙印在我心头。我不知道大家什么感觉，他说幸福比优秀更重要，他的观点与我的看法有很多相似之处。教育是内在的，你真心喜欢教育吗，你真心热爱你的孩子吗，这些真正发自内心的东西才是有意义的东西。假如你不是真心热爱，你是热衷于所谓的名头，你是热衷于所谓的称号，你是热衷于所谓的职称，你是热衷于一次次所谓的表扬与批评等等，那你跟教育的真谛无缘。李老师说他为了带孩子们出去旅游，带孩子们去放松去玩耍，校长挡在门前，他一切都不顾，宁愿让学校扣工资，也要带孩子们春游，孩子的欢喜是最大的欢喜。

我也是教了三十多年书的人了，李老师能把不同届别的学生叫出名字不算稀奇，我昨天非常惊讶的是，李老师居然能把所有孩子的生日都逐一点出，这是十分罕见的。他不只是说出几个孩子的生日，他教了这么多学生，他几乎把每一个学生生日都记在脑海当中，他把每一个学生都当做宝，每一个孩子都是宝贝啊！真的令人感动，只有真诚才会令人如此感动，假如是假的，假如是虚的，人们不会这样感动的。

李老师把和学生交往的每一件事情都当成经典。你们注意到了没有，他今天所说的这么多事情都成为教育的经典故事，原因是什么，因为他真诚地对待；原因是什么，他认真地对待；原因是什么，他想的绝不仅仅是现在，绝不仅仅是当下，他把每一件事情都当成经典来雕刻。哪怕学生们已经走了，哪怕他们已经毕业了，哪怕已经毕业了十几年乃至几十年，他还在惦记着他们。他把每一个和孩子们交往的教育教学的细节都当成作品来对待，每一件作品都融入了他的心和血。今天上午和下午的报告中还有一个比例很高的词"好玩"，多有趣的词，李老师在和孩子们交往的过程当中，他不是一本正经地做圣贤状，他不是一本正经地给孩子讲一些大道理，你要这样做人，你要那样守纪，很多事都是潜移默化的，很多事情都是在玩的过程当中孩子和老师融入在一起了，这就有意思了。

　　李老师之所以是李老师，从思维方式的角度而言，也是有其特殊之处的。李老师刚讲到一个概念，就是我们要"研究"，他举了他所在学校的老师由于研究学生以后，教学态度马上发生转变，我们也"研究"一下李老师。我不知道大家注意到没有，我非常清晰地感受到李老师把"时间"出神入化地使用好了。或是把过去的时间拿过来使用，就是很善于把昨天的事情变成今天的教育资源，比如，在讲课中他不断呈现孩子们过去的照片，孩子过去的很多细节，这对今天的孩子乃至他成人以后还是一种教育资源；或是把明天的时间拿过来使用，把未来拿到今天，他的班级就叫"未来班"。我们今天上午听到李老师讲的一个细节，武侯实验中学校庆十周年，李老师把承载着孩子们的想法、承载着老师们的想法，承载着老师和孩子心血的东西埋藏在地底下，一百年以后再打开，就是把未来拿到今天使用。很多东西我们要突出他的教育效果，让孩子们产生终生难忘的印象，你今天看上去不怎么样，你昨天看上去不怎么样，但你把它放在历史的长河中，它一定就会"怎么样"！比如，李老师的班级史册，就是让瞬间成为永恒，班级史册其实就是要教会孩子们对待人生啊，李老师把时间出神入化地加以使用啊。用这样一种方式，用这样一种办法，让孩子们和老师的心脏一起跳动，和老师的思想一起思想，和老师与生活一起成长，很有意思。

　　看一个人要看他的文字，看一个老师要听他几堂课，听听他讲故事，要和一个老师的心灵接触，你听他的思维，你听他的心声，你听他的脉动，我们可以把他许许多多有趣的故事串在一起，然后再联想到我们的生活，就会有许多感悟。

　　不知道大家今天注意到没有，李老师用图片给我们呈现出一大摞他的著作，李老师非常勤奋，真可以用"著作等身"来形容，我们图书馆里有很多李老师的书，希望老师们去翻阅一下，通过书本继续聆听李老师关于教育的真知灼见！再一次感谢李老师！

　　　　　　　　（此文发表在《中小学管理》2015年第7期，原文有删改）

春天的追忆

2017年的春天注定是寒冷的，一阵一阵的冷空气自北向南侵袭着大地，侵袭着人们。

3月7日下午上海浦东教育发展研究院语文教研员聂剑平发来微信："程老师：今天凌晨宁老师走了。元月份去看他，还说好春暖花开的时候相约去踏春，想不到他突然就走了。"简直不敢相信，我立刻就发去微信："太突然了！什么病？"聂剑平回复："癌症，是肝胆管瘤。"我说："噢！天哪！"可恶的概念，可怕的病症，迫使我相信这是不可挽回的事实！聂剑平继续微信："去年他还乐观地说准备身体好一点就去深圳的，结果病情一直在加重。元旦的时候已经扩散了。特别遗憾，宁老师深厚的古诗词学养没有被传承下来。先前我极力鼓励宁老师开发出相关的课程，可惜一直没有落实。唉，如今只能一声长叹。"聂剑平所说的我完全知道，甚至我比聂剑平所知道的多得更多，但此时此刻，我竟说不出来，只回了一句："一声叹息，令人悲痛。"之后又补充了一句："你是否出席追悼活动，如果去，代我致意……谢谢。"

19：48，我的上海手机收到了一则来自宁冠群的短信，我当时一阵惊喜：下午的消息是不是搞错了？抑或是宁老师被抢救过来了？打开一看，短信说："程叔叔，我父亲于今日凌晨三点四十三分过世。"彻底粉碎了我侥幸的希望！此时此刻我无力充分表达我的心情，只是简短地回复道："非常震惊！非常哀痛！你父亲是个好人，失去他万分悲伤！节哀顺变。照顾好你的母亲。"

昨天（3月11日）下午上海市建平中学的唐忠义老师发来微信："程

校长好，刚刚与毛老师等随学校工会参加完宁老师追悼会，现场气氛庄严肃穆，来者甚众，哀思绵绵，深怀感念！之前昔日课题组根林、广录、老聂、老余等先后多次分头去家中或医院看望宁老师，并到宁府吊唁。知您为此殷切垂问，特此回告，勿念！"我回复："谢谢忠义，愿冠群兄安息！"

这几天，大学同学群里同学们纷纷发出悼念宁冠群的微信，整个群里弥漫着沉痛的心情和相互慰藉的表述。随着同学们的悼念，慢慢把我带入了回忆当中。

我和冠群是大学同班同学，印象中他是1951年出生的老三届初中毕业生，当时的他是圆圆的，圆圆的脸，圆圆的身材，永远处于精神旺盛的状态。我们同住一幢宿舍楼，都在最高一层，那是筒子楼，一条走廊，两边宿舍，我和冠群就住门对门，天天看到他。大多数的时间里总是看到他伏在小小的课桌上读书写字，也和人聊天，样子很谦和，说话语速相对慢一些，很有节奏感，他的讲话卷舌音比较多，这在当时的同学当中，如此标准的带有点京腔味道的普通话，还是比较少见的，因为那毕竟是1978年，许多同学的发音都带有些地方方言口音。无论是私下里聊天，还是在班级里活动，从没有见过他慷慨激昂的样子，既不愤青，也不高亢。我比他整整小了10岁，记得和他在一起的时候，从没有见他居高临下教训过我及与我年龄相仿的同学，总是很温和地与我们说话，当时他因为有些微胖，显得圆圆的，真的有点菩萨的味道，和蔼可亲，与世无争。让我，让我们全班同学都极其佩服的，是他的考试成绩，每一次考试，他的成绩总是优秀，没有例外，全班一共100个同学，从开学到最后毕业，4年大学所有考试全部优秀的，全班只有5位同学，冠群就是其中之一。他以他不败的成绩征服了我们全班所有同学，这个骄人成绩的背后，是他的学养，腹有诗书气自华。他的学养既表现在他的考试成绩当中，更表现在他的为人处世当中，他那常常微笑着的样貌，他那总是温和的话语，他那与人为善的态度，他那真诚自然的人格，无不表现出他的学养。

1982年大学毕业，在大学本科生极为缺乏的年代，几乎各个部门、各个单位都急需中文系的专业秀才，我们班的同学只要稍加努力，就能很轻松地进入当时人们艳羡的单位。或者进大学任教，或者进各级政府机关当官员，或者到公检法去做执法大员，或者到报社、出版社、电台、电视台当编辑记者做无冕之王，或者进银行、公司拿高薪，只有少数一些人到了中学去当老师。按照当时社会的评判标准，可以说进中学当老师是分配最差的，冠群就是其中的一个，而且是直接分到南城一中当老师，那可是县城学校！而他可是全科优秀获得者！没法知道是什么原因，没法知道是否是冠群自己的选择，没法知道冠群自己当时是怎么想的。只记得当时我被分配到上饶市一中任教，是颇有几分落寞的，甚至有点愤愤不平的！

毕业就是分别，他在南城，我在上饶，天各一方，有较长的一段时间，彼此杳无音信，但毕竟我们都是中学教师，且都是语文教师，毕竟我们身上都有一种向上发展的动力，毕竟我们都在自己的岗位上尽心尽力，再次相遇是迟早的事。我是因为获得江西省高中语文优质课大赛一等奖，在一些语文刊物上发表了一些比较尖锐的文章，引起了同行的注意；冠群是因为创立了一种语文教学模式"六环节四步迁移单元教学法"而崭露头角，当时就被列为全国有影响的九大教学模式之一。江西省中语会开会，我们有了短暂的相聚，彼此惺惺相惜，他的论文获得了江西省的一等奖，我的论文也获得了二等奖，印象很深的是当时陕西师大的《中学语文教学参考》副主编葛宇宏召集优秀青年教师开座谈会，其中就有冠群和我。之后，1991年7月《中学语文教学参考》杂志还专门发了报道《希望，就在他们中间》，点到了冠群和我的名字。

1994年我工作调动，离开江西到上海市建平中学任教，1996年我出版了第一部个人专著《语文教学的人文思考与实践》，汇集了我所发表的论文，由于年轻、知名度还不够大，出版社要求我包销3000册书，于是我就发动相关朋友帮忙，记得冠群接到我的订单不久就汇来款项购买了几十本书，当时让我很是感动，再三再四表示感谢，冠群却十分真诚地回复说："你的著作对语文教师很有启发，我们还组织老师认真学习并专门讨论了你的书。"其时他已经调任南城教育局担任副局长兼教研室主任，他的改革依然在继续，在南城的一些学校推开，广受好评，在江西省产生很大的影响,在全国也颇有一定的知名度。

　　大约是在1997年,我接到了冠群的电话,他向我介绍了他的教改工作,同时也告诉我江西省教委要调他到江西省教研室工作,并担任副主任,这对他的发展极为有利,他征求我的意见,并且告诉我,他有三个孩子,他也很想给孩子们创造一个更好的工作发展平台,想到上海来。这的确是个艰难的选择,到省教研室担任副主任,基于他自己在江西省的影响力,评上一个特级教师应该是十拿九稳的,但是当时江西的情况并不十分乐观,以他书生气很浓的个性,三个孩子的就业就成了一个问题,我无法给出具体的意见,只是表示欢迎,如果要到上海来工作,我愿意尽最大的努力提供帮助。不久他来了,到浦东找到了我,很坚定地表示还是到上海来,这是之前我就料定的,以他的为人处世的风格,一定是这样选择的,为了孩子,把自己先放在一边。其时我校副校长调任到刚刚创建一年的上海市进才中学担任副校长,我热情地向他们推荐:宁冠群是一个学养很深、语文教育很有造诣的优秀教师,并一一拿出论据。校长动心了,按照程序进行考核,接下来就是试讲,答辩,冠群毫无问题,一路绿灯,他的功底学养摆在那里,如愿以偿调任进才中学担任语文教师。

　　我在建平中学,冠群在进才中学,两校同属浦东新区的市重点中学,相距很近,其时我们见面的机会和次数多了,有同学来访,一定把冠群叫上,同学生病,一定和冠群一起去探望。常常听到冠群在进才中学的好消息,他的课十分受孩子们的喜欢,他的课改屡次受到校长的表扬。后来听说他生病住院了,赶紧赶到黄浦区的仁济医院探望他,刚刚做了手术,现在已经记不清是什么部位结石,人整个瘦下来,不再是圆圆的脸,圆圆的身材,下巴尖了,人的体型变"苗条了",看得让人心疼。

　　出院之后,他依然热心于语文教育改革,担任了进才中学的语文教科室主任。命运总是在捉弄好人,好像没有过两年,又一次听说冠群住院,这一次住在仁济东院,据说是因为胃病的原因,又一次做了手术。可怜的冠群,连挨了两刀,我去探望他,人更加消瘦了,但一如过去那样温和地说话,但气力明显不如以前,他的脸色也灰暗了不少。

2003年我担任了建平中学的校长,后来不久进才中学也换了校长,大约是2006年的样子,冠群找了我,希望调到建平中学任教,我当然是答应的,鉴于冠群的身体状况不是很好,我安排他担任图书馆馆长,兼任一个班的语文课,不进入高三,只在高一、高二上课。他来到建平中学之后,我们成了同事,他会和我经常聊起他的语文教学,对学校的管理工作他也十分诚恳地提出他所看到的问题,以及他的合理化的建议。让我无比高兴的是,他的语文课几乎征服了听过他课的每一个学生,孩子们尤其喜欢他上的古诗、古文课,钦佩于他那深厚的古文功底,他的满腹经纶,他那咬文嚼字地背诵古文,他那拿腔拿调摇头晃脑地吟唱古诗。他还非常乐于教孩子们写对联,他自己也写了很多对联,甚至外教来了之后也很喜欢他的对联课,听他讲对联,他把自己的对联用毛笔工工整整地写好送给外教,把外教激动得不知如何是好。人们常常说:教师有魅力导致课有魅力。的确如此,许多听过冠群选修课的学生都会持续不断地听他的课,甚至可以说就是因为冠群,不少学生高考志愿选择了中文系,一些考进复旦大学的孩子经常说现在复旦大学的古诗文课,绝对赶不上宁老师的课。冠群上的语文课,是非常纯粹的语文课,带着中国传统文化的深厚底蕴,带着他对语文教学的深刻理解,这期间他陆陆续续写了一些文章,让我帮他推荐发表,其实无需我的推荐,他的文章每一篇都达到发表的水平,最后也都陆陆续续发表出来。

　　那一年冠群申报特级教师,从学校到浦东新区,从区学科组到区总评一路表现都很好,但到市里最后一关答辩有些紧张,没有把最好的状态呈现出来。特级教师的评审从某种意义上与高考也有相似之处,平常很好当然很重要,但更重要的是高考那次考试的发挥,发挥得好就好,发挥得不好就功亏一篑。很可惜,冠群与特级教师擦肩而过,但他在我心里早已是特级教师,他在许多教师和学生心里早已是特级教师,因为他的学养、他的语文教学研究、他的课都超过了特级教师的水平。

　　2010年8月我调任浦东教育发展研究院院长,离开建平了,但彼此还是有联络。我和胡根林、宁冠群、张广录、聂剑平、余锡宝、唐忠义、兰保民、孙立杰等人申报了一个区级项目"高中语文质量目标",经常召集大家一起开会研究项目,冠群于是和我也就经常在一起切磋讨论,常常听他那非常认真的发言,那温和的带着卷舌音的发言,非常愉快。项目进展非常顺利,我们这个项目获得了优秀等第,第二年继续申报,继续研究。没有多久,大概是2011年12月冠群年满六十,顺利办理了退休手续。

2013年我提前退休,应聘到深圳担任校长,最先组团从上海来看我的就是这个课题组的老师们,冠群也很想来看看,因为身体状况不是很好,终究没有来成,彼此都很遗憾。

这两年春节,我和冠群彼此都有短信问候,我也多次邀请他在方便的时候来深圳转转,每一次他都愉快地答应了,但始终没有来成。这期间我也陆续听到关于冠群身体状况的消息,而听到的总是他身体不太好的消息,甚为牵挂,但也无可奈何。

2016年9月24日忽然收到冠群的邮件:

红兵好!

很久不见了,想念殷殷!你一向有志有为,必定很忙吧?

去年曾打算今年春天去一趟深圳,去看看老同学和你的学校。谁知今年3月底体检查出肝胆肿瘤疾病,于是接下来便忙于各种检查、诊断和治疗,折磨中健康状况江河日下。在医院住了一个多月,5月作了粒子植入手术治疗后,转入到家里调养,目前病情初步得到控制,前途仍渺茫不测。

回首生平,得到你这位老同学关照和帮助最多,可惜对你辜负太多,每每愧疚莫名,实在抱歉!

病中兴味索然,除了读读闲书,别无留恋。偶尔翻到去年写过一篇短文《辩体论教 走出误区——关于〈说数〉教学价值定位的思考》,觉得对当下执教《说数》这篇课文的老师们可能会有一点点帮助(上海和广州高中教材都选了这篇文章,我曾应邀在广州二中上过这篇课文),可我现在几乎和语文杂志社没有联系了。于是想发给你先审阅一下,如果你觉得还有点价值,请推荐给上海《语文学习》或其他刊物试试,看能否发一发，算我对语文教学的最后一点贡献了。如无甚可取之处，则不必麻烦，算了。

聂建平老师来医院看我，鼓励我说："等你好了，我们一起去深圳看程老师！"但愿真有康复之日，一定来看望你！

祝老同学

奋发有为，健康快活！

收到请短信回复　　　　　　　　　　　宁冠群

当时是双休日，我在外地讲课，赶紧用手机给他回复："冠群兄：保重，保重！我一定将你此文传到位。红兵。"其实心里焦虑不已，9月26日一早到学校之后，我赶紧给《语文学习》主编何勇发去邮件："何主编：早上好！宁冠群是我的大学同学，也是一位非常优秀的语文教师，也是我的建平中学同事，最近收到他的一份邮件，非常感动，也非常伤感，自己大病在身，仍然情系语文教学，这篇文章我转发给你，看看《语文学习》是否能用？谢谢！程红兵。"后来何勇主编回复我："程老师好！久未问候，心有挂念。宁冠群老师的文章挺好，拟在近期发表。希望宁老师尽早康复。祝好！何勇。"一方面我赶紧告知冠群，一方面谢过何勇："谢谢何主编！一定代你向宁冠群老师问好！"

今日再读冠群邮件，禁不住泪眼模糊，这封信就是冠群的最后一封邮件，其情真切，其心忧伤，读来何其伤感，何其悲痛！当时还能对话，此时已阴阳两绝，再不能对谈语文，再不能相聚一堂，再不能听到他温和的卷舌音，再不能看到他沉浸在古诗文教学的身影，天不假年，哀之，痛之！我诚心诚意地希望但愿有天国，天国里有学校，冠群兄一定会以他渊博的学识继续给孩子们上课……

在阴冷的春天里，沉痛悼念冠群学兄！

（此文发表在《中国教师》2017年第6期下半月刊）

新课标对语文教师的挑战

《全日制义务教育语文课程标准》已经正式颁布，比之以往的语文教学大纲，语文课程标准有突破性的进展，虽然它仍有许多可以进一步改进的地方，但我以为它无疑是迄今为止最好的语文教学的纲领性文件。曾和课程标准的编写者谈起，我最担心的是：语文课程标准只有文本的意义，而不能实际转换为现实的功效。倘真如此，那实在令人痛惜和遗憾。

语文课程标准的文本要在现实语文教学中发挥应有的功效，也就是说文本要实现现实转换，主要有赖于语文教师。因为是语文教师每天面对学生，是语文教师实际进行语文教学，没有语文教师的创造性实践活动，再好的语文课程标准也只能是一纸空文，文本只是文本。

面对新的课程标准，语文教师迎来了新的挑战。

首先是观念的挑战，思想的挑战。新的语文课程标准突出以育人为本，以学生发展为本，重视培养学生的良好个性和健全人格，再一次明确学生是学习的主体，强调关注学生的个体差异和不同的学习需求，这些体现了时代发展对语文教育的崭新要求，也是语文教育界的一种新的理念。既然要培养个性，当然要关注学生的个性差异。而我们的语文教学统一的东西实在太多，统一的教科书，统一的教学模式，统一的解读方式，统一的练习，统一的试题，统一的答案。统一的教学如何能培养出有个性差异的人呢？我们能否突破我们现有的思想框框，在注重共性的同时，也注重个性，比如针对不同的学生能否设计不同的语文教学目标，不同的学生能否阅读不同的文章，对不同的学生能否布置不同的练习、测试不同的试题，等等。思想观念是虚的，其实也是实的，它实实在在体现在我们的教学中，体现在我们的教学管理中，可以说每一个环节每一个举动都是思想的折光。在我们的语文教学中应该尽量突出多样性和选择性，让学生在多样性的语文活动中有着充分的选择自由，努力形成他们多姿多彩的个性。

其次是对习惯的挑战，对旧的教学习惯的挑战。我们已经习惯了许多教学模式和教学方法，这些模式、这些方法简便易行，很容易操作。如程式化的教学模式，确定教学目标，启发学生思考，阅读课文，当堂讨论，学生练习，当时知道结果，小结。又如串讲法，沿着写作背景、作者简介、词句分析、段落大意、中心思想、写作特点依次讲来，娓娓而谈，且常常因此自鸣得意。此后是在此基础上的变形，也就是所谓的启发式，把上述问题转换成一连串的小问题，上语文课就是这些问题的问与答。这些都是我们许多语文老师日常操作的，是我们所驾轻就熟的。新的语文课程标准重视感性层面，重视培养语感，尊重学生在学习过程中的独特体验。如果我们依然沿用我们习惯了的老一套的教学模式、教学方法，那么新的语文课程思想、课程目标只是标签，自主、合作、探究的学习方式便成为口号。语感看不见摸不着，如何培养？语感就是语言直觉，最根本的一条就是要学生加强语言积累，加强感悟，加强体验，唯有对文学、文化作品进行审美的体验和感悟，才能深入到达作者潜意识的层面，理解作品。青少年如果没有在文学海洋里遨游，其心灵是干枯的，长大以后不管从事什么职业都难以弥补这个缺憾。应该让学生成为读书人，而不能成为习题人，把书本还给学生，把语文课还给学生。北大教授钱理群说得好："中学文学教育的基本任务就是唤起人对未知世界的向往。我们的文学教育就应该唤起人的这样一种想象力，一种探索的热情，或者说是一种浪漫主义精神。"应该让我们的学生去阅读经典名著，和"大师们"直接"对话"，使学生在全人类所共同创造的优秀文化遗产中尽情徜徉、玩味、思索并汲取、消化，其好处将是终生受用不尽的。我在教学中要求学生读诗，背诗，读名著，作书摘，写书评。每天语文课的第一件事就是由一个学生向全班同学介绍一首诗，然后全班同学用两三分钟把这首诗背下来，日积月累，非常可观。每月我向学生推荐两三本书，学生选择其一来读，要求作书摘、点评，每周交一次，老师与之交流看法，月末每人都写一篇书评，用一节课的时间全班交流，由学生主持，大家畅谈自己的看法，互相启发。有时老师可以不说一句话，学生自然会把你想说的话都说出来，学生之间的交流有时比老师的教育效果好得多，要充分相信学生，特别是学生的群体。自然状态下的读书，不去考虑那些莫名其妙的问答题、选择题，学生不会把读书看作负担，从而引发他们潜在的读书兴趣，回归读书乐、乐读书的自然状态。语文课堂教学也作相应的改变，多读文，少分析；多感悟，少说教。舍弃那种满堂灌转向满堂问或者是满堂灌加满堂问，琐碎分析一统天下的程式化阅读教学。鼓励学生自我思考，既要有理性的分析，也要有感性的体验，从而提高学生的创造力，提高学生学习语文的效率。

第三是对自身文化积淀的挑战，对自身学养的挑战。新课程标准特别注重学生人文素质的培养，强调语文课程丰富的人文内涵对学生精神领域的影响。在实现这个目标的过程中，语文教师起着至关重要的作用，而关键就在于语文教师自身的学养、自身的文化积淀。现代教育家夏丏尊先生在谈到著名教育家、艺术家李叔同时曾说过："李先生教图画、音乐，学生对图画、音乐看得比国文、数学等更重。这是有人格作背景的缘故。因为他教图画、音乐，而他所懂得的不仅是图画、音乐；他的诗文比国文先生的更好，他的书法比习字先生的更好，他的英文比英文先生的更好……这好比一尊佛像，有光，故能令人敬仰。"（引自丰子恺散文《悼夏丏尊先生》）李叔同先生的人格是以深厚的学养为基础，所以他有佛光，他有一种让学生深受感染的人格魅力。我们有吗？扪心自问……

（本文发表在《中学语文教学》2002年第1期，有改动）

语文教师成长的心路历程

2021年7月23日上午广东惠州学院文学与传媒学院师生、惠州市语文教研员、中小学语文老师通过腾讯会议的方式对程红兵进行访谈。主持人陈淑环，系惠州学院文学与传媒学院教师。

陈淑环：尊敬的程红兵老师，各位老师，各位同学，大家上午好。非常荣幸能够邀请到著名的语文名师程红兵老师来到腾讯会议，参加我们的语文名师成长访谈活动。我们今天主要是围绕中学语文名师成长这一专题请程老师给我们谈谈他在职前准备期、入职适应期、专业成长期、反思沉淀期和名师发展成熟期这几个阶段的一些经验方法，给我们一线教师和在校的师范生提供建议和指引。

陈淑环：我先问一个问题，我看到您写的《程红兵与语文人格教育》这本专著里面有一篇文章《张开大嘴奔跑》，讲了你从业24年的一个自述，你里面提到一开始您很不愿意当语文老师的，您后来从这种很不愿意到现在的这种愿意和热爱，这种转变是怎么发生的呢？这中间有什么改变了你的心态呢？

程红兵：对，这和我个人的求学经历有关系，当时为什么不喜欢当语文老师，其实不是不喜欢当语文老师，而是不喜欢当老师。原因在哪里呢？就在我求学的时间，特别是我小学阶段、中学阶段是在"文革"时期，那时教师的地位是很低的，学生基本上是不愿意学习的，1974年到1978年这段时间是我的中学阶段，那时候我们初中读两年，高中也读两年，基本上没有怎么学习。"文革"时期，我对教师这个行业是很有体会的，当时我是学生干部，所以跟老师走得比较近，知道老师的甘苦，所以就不想当老师。1978年我考大学，一不小心就被分到江西师范学院，后来改名叫江西师范大学，很显然这就有可能当老师，大学期间我想通过自己的努力发生一点改变，比如说我去考个硕士生，比如说我去当个作家，但是这两条路都没走通，当时考硕士研究生，外语成绩不好，我们中学时代没好好读外语，所以也没有如愿以偿地去考上硕士。当时大学毕业生是哪里来哪里去，我就回到了江西省上饶市。

上饶市人事局当时征求我的意见，看了我的材料，希望我能留在市政府，我想这挺好的，可以改变机遇了，但是后来我的母校——上饶一中的校长、书记，还有我原来的语文老师，我原来的班主任，纷纷跑到人事局，把我要回学校去。最终我又回到母校了，后来是什么原因改变了我的想法呢？还是跟学生的关系，在教育教学过程当中产生了一个非常好的体验，觉得学生很好玩，教学很有意思，你的教学能够赢得学生的认同，在这个过程当中，愉悦感是非常明显的，所以不知不觉地就爱上语文教师这个职业。当语文老师书要读得多，大量的书籍可以让自己开阔眼界，同时在读的过程当中会沉淀消化不少东西，在教学过程当中，不知不觉地也会发挥出来。我记得当时特别喜欢看文史哲之类的东西，这些东西，在课堂当中也会不知不觉地冒出来，学生对这种比较驳杂的教学方式还是比较认同、比较喜欢的，这样师生互动感觉非常好。后来我陆陆续续发表了不少文章，所以大家还比较认同，在当地也小有名气，觉得这个人文笔还不错，还会写点东西，所以当时的上饶地委行署也有意愿调我去，希望我到机关里任职。我说我不去了，我对机关的任职已经没兴趣了，我对教学有兴趣了，我喜欢教学，就这样改变了。

陈淑环：程老师虽然不是爱一行做一行，但却是做一行爱一行，尽可能做好这一行。这里提到了一点就是要不断地阅读，在教学当中不要拘泥于教科书，要多用一些文史哲来开拓学生的眼界，是吗？

程红兵：是这样的，我当时特别不喜欢看教参，教参比较刻板、模式化，不好玩。后来我又参加了人民教育出版社周正逵先生主持编写的语文教材的课程实验，这套教材把文学、汉语、文化三者分开了，改动比较大，被称为"大改版"语文教材。这套教材有个特点就是没有教参，没有教参的教材我就教得很开心，原因在哪儿？就是没有任何限制，你想教什么就教什么，你想怎么教就怎么教，在这个过程中有更大的自由度，给我印象很深。

陈淑环：在您刚刚走上岗位的时候，您有没有一个适应期呢？就是您原来不愿意，后来慢慢地跟学生接触了，有了愉悦感或者是成就感，这个适应的过程花了多长时间？

程红兵：没多久就适应了。但不是说适应了整个教育的体制，适应教育体制是有个阶段，原因在哪儿呢？教育体制很显然它不仅是学生认同你，还有社会认同你，学校管理层认同你。学校管理层认同你，一个重要的地方就在于你教的学生分数怎么样，这是一个非常重要的标准。我刚才讲我喜欢语文教学的岗位，是因为我跟学生的接触，我在自己的教学中挥洒自己的思想。但是只是挥洒自己的思想未必会赢得学校管理者的认同，还有老教师的认同。老教师也好，管理者也好，校长也好，家长、社会也好，其实很看重一点就是你的分数怎么样，你的高考升学率怎么样，你的分数好就可以认同你。我一直到高考分数出来以后，大家才最终认可。高考分数出来我教的班级在当时是第一名，整个年级第一名，而且遥遥领先，把第二名拉得很远，这个结果出来才得到最终的认同。更广泛的社会认同还包括两个途径，一个途径就是优质课大赛，当时上饶市一中推荐我去参加上饶市的优质课比赛，我拿了高中组的第一名，后来又到上饶地区参加比赛，我又拿了第一名，后来又被推荐参加江西省中语会第一次搞的四特杯优质课大赛，我又拿到一等奖（一等奖当时没排名）。这就是说被同行认可了。

另一个途径就是论文发表。1987年国家开始启动中小学教师的职称评审，中级职称有个条件就是要有教研论文发表，我从来没写过教研论文，于是匆匆忙忙就写了一篇5500字的论文，发表在《江西高校研究》，这个对我鼓励很大。一年之内写了不少文章，但是都先后被退回来了。一年以后就开始在各类刊物上发表论文，几年下来陆陆续续发表了很多文章，这是社会认同的第二个方式。

归纳起来，一个教师要被学生认可，被家长认可，被学校管理者认可，被同行认可，包括优质课获奖、论文发表，也是一种社会认可。被学校认可主要是你教的学生的考试分数，被学生认可主要是你的课学生喜欢。当然这些是比较现实的标准，从理想的角度讲，远不止这些。不同的人有不同的评价方式，有不同的评价标准。

陈淑环：好，我们有个同学她马上走向实习的岗位，她就对您的第一次课非常感兴趣，她也想知道她的第一次课该怎么处理，她有一些疑惑想请教您。希望得到您的指点。

李梓雯：老师您好，我是18级汉语言文学专业的师范生，我们即将走上教师的岗位，有一丝担忧与迷茫。想请问老师，您之前刚刚走上语文教师这个岗位时有什么工作感受吗？像第一次上课时有什么感受？

程红兵：第一次上课确实会紧张，我记得很清楚，在江西师范学院读书的时候，我们到南昌十中实习，实习期间每个学员必须上两堂课，上课之前很紧张，因为之前没上过课，没当过老师，那是第一次上课。好在我们这个团队有一个同班同学，叫刘志功，1978年入大学的绝大多数同学都是已经有工作经历的，像我这样应届的高中毕业生上大学的很少，刘志功在读大学之前就是当老师的，而且很有教学经验，课上得非常好，他先给我们做示范，他打头炮。他说上课很简单，没什么了不起的，于是他就先上，我们就观察他上课，我们发现南昌十中老师的课和我们的刘志功同学相比，有明显的差距，他的课比南昌十中当时的老师上得还好。在我们这个小组中我是年龄最小的，我专注地学习刘志功的课堂教学，心里就有底了，知道了课堂教学到底如何展开。按照他的方式模仿他的课，他怎么教我就怎么教，模仿虽然不完全成功，但是至少学了他很多招数。第一堂课下来，其实心里还是蛮紧张的。结果刘志功同学跟我讲："红兵，你第一次上课上到这个程度已经非常好了。"听了这句话我就不再紧张了，不再害怕了。在你成长的过程当中有一个带教的同志能带教你，给你积极的鼓励，给你积极的支持，对你来讲确实很有利的，很有帮助的。

李梓雯：好的，谢谢老师的回答，老师的这些学习经历真的非常珍贵，值得我们学习。老师，我们在今年的10月份就要实习了，可以请老师给我们一些建议吗？

程红兵：到中学去或者小学和在大学情况不一样，你第一要适应中小学的氛围，最重要的一点就是要走进课堂，走进课堂你最好是听语文老师的课。除了听语文老师的课，你还可以了解一下学校哪些老师教得好，哪些老师有影响力，你就走进他的课堂去听。听他的课其实对你来讲就是一种非常好的学习机会，学习他们的实战经验。其实无论什么学科，教学有共同规律，通过听课就会慢慢悟出来，特别是课听得多，了解学生的状态。其实上课很重要的就是你和学生的互动，学生是否喜欢你，喜欢你的话语方式，喜欢你的表达方式，喜欢你的师生互动方式，这些可能是非常重要的。所以多听课，多了解是非常好的方式。然后只要有机会就找任课老师商量能不能让你上一堂课，在实习的过程当中，许多同学都是被动的，规定他要上所以他才上。个人认为最好的方式还是多上课，学校可能规定你上1~2节课或者2~3节课，你能不能多上几节课？能不能在规定之前你就先把课上起来？把课上起来以后最大的好处在哪儿？你得到了锻炼。甚至一堂课你上到三次可以吧？上到五次可以吧？三到五次上课以后，你就会悟出许多道道来，所以同一篇课文的教学或者同一个课程教学，你会不断地改进。包括我们现在上课其实也是这样，你第一次上课肯定会有问题，而且你只要课上完以后，就会冷静地反思一下，反思这个环节有问题，那个环节有问题，到了下堂课你就会自觉地改进。同一个课你反复上它三到五次，你一定会有脱胎换骨的变化。所以多上课，多听课，这是最好的方式。

李梓雯：好的，非常感谢老师的宝贵建议，我们会以您为榜样，多上课，继续前进，努力在平凡的岗位上发光发热。

陈淑环：感谢程老师给我们同学分享宝贵的入职经验。还有一些处于事业上升期的一线的语文老师，他们对于如何实现自己的专业成长，也想听一下您的一个意见和分享。刘璐老师。

刘璐：程老师，您好。我是惠州市的一名初中语文老师，今天十分荣幸能在这里向您提几个问题。我了解到您是1982年的时候就在上饶一中教书了，1988年的时候您就写了一篇《对高师中文专业教育的反思》，获得了《江西高教研究》编辑的推荐。1995年的时候，您就在核心期刊上发表过《高中语文教材改革总体设想》。1996年也就是您工作14年就出了第一本书——《语文教学的人文思考与实践》。您入职之后，您的专业成长是非常快的，我想问一下，是通过什么样的途径、方法，让您有如此快的专业成长呢？

程红兵：其实共性的地方就在无论你当语文老师，做班主任，还是写文章，很重要一点就是你要有批判性思维，也就是要有质疑的精神。我们不能是简单地认同当下的东西，还要有批判的眼光、反思的眼光，用质疑的眼光去看语文教学的种种现象。看得多了，融会贯通以后，它不再是简单地肯定，但是也不是简单地否定。重要一点，让思维游戏继续。我们在认同一个东西的时候，可不可以引进对立的观点？我们在批判一个东西的时候，我们是不是能够想想要怎么去建设它？换句话说，我们要把思维的游戏继续往下走，而不要停留在简单地肯定谁或者简单地否定谁，也就是要思考深入，让思想逐渐明亮起来。在本来已经结束的时候重新开始，这个我觉得还是很有意义的。好的教师也好，好的研究者也好，大凡有本事的研究者他都有这个特点，人家看这个事情结束了，但他还往下挖，往下深入，往下继续推进，这就是一个优秀人才的一个基本的素质。

所以我个人觉得一个语文老师真的想成长，需要不停地琢磨。你上一篇课文，就要把课文琢磨透了。你看一个研究报告。你觉得他讲得很不错，再看看他的问题在哪里。当大家都在否定一种东西的时候，你再看这个东西还有什么意义和价值，你不停地思考，你就会发现很好玩的东西出来了。

我们语文老师在《中学语文教学》《中学语文教学参考》《语文教学通讯》《语文报》《语文学习》上发文章比较多，我跳出语文来看语文，在

《中国教育学刊》《教育论坛》和许多非语文教育刊物上发文章，跳开语文来看语文，跳开语文来看教育，站在高处来看教育，你会发现有很多问题。从某种意义上，我们如果把自己封闭起来，认为天底下只有我们这个东西最好，可能就会影响我们发展，影响我们拓宽自己的思路。人的发展最重要的还是思维的发展，你把思维的边界打开了，你就往前走了许多步了，你的发展空间就大了。

刘璐： 好的，也就是说做一个语文教师，我们要学会善思、深思、乐思，还要开拓进取，不墨守成规，这是我们教师发展上应该有的一种精神。您做得如此出色、出类拔萃，我想问一下，在您的历程中有没有什么样的人或者说什么样的事，对您的专业发展，专业成长产生了巨大的影响？

程红兵： 这确实有的，我在上饶一中任教的时候，上饶语文界的，包括江西省语文界的一些名师，对我影响比较大。他们很包容，他们非常热心地去扶持青年教师。我记得印象很深的，我们上饶一中的语文教研组长何伟慈老师，我们市教研室的万真海老师，上饶地区语文教研员田庞元老师，这些人跟我相处的时间比较长一点，或者说在我的初级阶段跟他们接触比较多，他们都非常宽容，特别有包容心，特别希望对年轻老师多给予帮助，多给予支持，我觉得这是非常好的一个氛围。江西省其实也有非常好的一个团队，像江西省的中语会，当时江西师大附中的颜鞠汉老师，他是当时附中的副校长、江西中语会的副会长，他也是多种机会、多种场合不断地鼓励我、肯定我、表扬我。到了上海以后，其实也碰到许多类似的人，他们在全国影响力更大，但是骨子里都是一样的。像语文界的于漪老师，非常大气，非常愿意为青年人提供相关的帮助和支持。上海建平中学的老校长冯恩洪校长，非常大气，非常包容。这两人有一个共同点，不因为个人关系亲疏远近来衡量一个青年教师。他们完全是基于事业的考虑，基于事业的发展、事业的需要，特别给青年人以比较大的提携和帮助。我是1994年到上海建平中学的，当时上海建平中学外地老师还不多。我是外地人，但是于漪老师、冯恩洪校长从来没有这个概念，他们非常包容、非常支持。1994年去的，1995年我就破格评为高级教师，1996年就破格评为特级教师。那么早评上特级教师，跟他俩有关系，还跟浦东新区社会发展局有一定关系。当时上海市破格评选特级教师，每个区都要推选一个候选人出来，浦东新区社会发展局就推选我出来。他们在多种场合认识到我的特点，或者是认识到我不同于一般老师的地方，所以他们非常认可。我们的冯恩洪校长坚决支持，我们的于漪老师给予比较大的支持。站在这个角度来讲，我看到了人性善良的一面，也就是说我们许多的老师是用包容的方式来对待你，理解你，支持你，支持你的富有个性的一些思想和探索。这些方面确实有不可忽略的作用，我是一辈子感激他们。所以我现在也是在自觉地学习他们，不断地给年轻人支持和帮助，只要我力所能及的，我就支持他们，帮助他们，我也带出了许多特级教师，我也带出了许多优秀教师。这些教师其实原本就具有一定的基础，这些教师他也愿意接受，也愿意思考，愿意发展，这都是我非常高兴的，就是我们一代一代的这种传承，教育事业才有发展。

刘璐：谢谢，从您的回答中我真是看到了，不管是于老师还是冯校长，当时对您的这种至诚至爱的一种帮助，以及您对我们这些年轻教师的提携，只有这样我们中国的教育才能够开花、结果。好，谢谢您。

陈淑环：听了程老师的专业成长历程，觉得程老师您真的是非常有实力，这个实力建立在您丰富的学养上。您反复提到不断地思考，不止自己要思考，也要开拓学生的思考。我想问一下，开拓学生思考方面，在语文教学上有什么方法？您是怎么来做的？

程红兵：阅读教学有一个比较好的方式就是我每任教一个班级，我都让学生做这么几件事情：每课一诗，每堂课课前由一位学生来介绍一首诗歌；每月一书，每个月读一本文化名著；每周交一次书摘笔记；每个月写一篇读后感或者书评，每一个月拿1~2节课时间来讨论这本书，讨论的时候其中有一个非常重要的标准或者要求，就是后面同学不能重复前面已经讲过的观点。而且我保证我最后一个说，最后一个最难说，最后一个说就意味着你要思考方方面面的东西。这样一种方式，从高一一直坚持到高三高考之前。这种方式既让学生积累、吸收，又让学生提出自己的不同想法、不同观点、不同建议、不同意见，甚至质疑。坚持三年必有好处。大凡形成特点就是坚持，坚持才能产生效果，才能产生有益的效果。阅读教学我是这样一种方式，在课堂上不断地质疑，不断地冲撞，不断地你来我往，不断地论辩，这个就是提升学生思维。杜威曾经讲过不断改进课堂教学的唯一直接的方式，就是把学生放在必须思考、促进思考而且考验他思考的情境当中。也就是学生走进你的课堂，他的脑袋必须想问题。而且促进他想问题，考验他想的对还是不对，他的思路路径到底怎么样。所以阅读课的教学，一方面是大量的阅读，我最讨厌一篇小文章不断地抠，这个逗号为什么用得好？这个分号有什么用？一点细枝末节上的。我说我不反对，你有时候抠一下也是可以的，但是如果都是这么抠，其实就有一点小家子气。语文教学我始终认为既要雕虫，也要雕龙。我们现在雕虫雕得多，雕龙雕得不够，在细枝末节上我们下了很多的功夫，可能也会有一点作用，但是他的境界不高，格局不大，视野不开阔，这个是最大的毛病。苏霍姆林斯基曾经说了一句很有分量的话，他说我们阅读教学是关于阅读的谈话很多，而关于阅读本身却很少。

我的观点是，最重要的是大量地去阅读，课文那点东西，如果仅仅读那几篇课文，远远是不够的。但是我们现在大量的语文老师就在那几本教材上倒过来，倒过去，越搞越小儿科，这是我非常反对的。

写作教学我也是自成系列，我在教学过程当中做了一个系列探讨，就是培养学生思维，思维教学，创新思维与作文。怎样培养学生求同思维，怎么样培养学生求异思维，怎样超前思维、横向思维、纵向思维，教给学生一系列思维方式。现在我们在金瑞学校开发一些思维类的课程，小学阶段我们开设儿童哲学，初中阶段我们开设逻辑思维，逻辑思维就是教给学生思维的方法、思维的规则，高中我们开设审辩思维，就是批判性思维。儿童哲学就是培养学生提问的习惯，向自然发问，向社会发问，向家长、老师、向方方面面发问。敢于问，善于问，大胆问，养成问的习惯。思维教学对学生终身发展是有益的，我们经常讲核心素养，那么这一切的核心是什么？其实就是思维。把学生思维打开了，把学生思维激活了，让学生学会思维，学生思维不断提升，这是一切一切的核心所在。所以无论语文教学也好，其他学科教学也好，底层的东西是需要我们着重去做的。

陈淑环：您刚才提到的办学模式，课程体系的一种改革，其实我在您的一些书、文章里面都看过，让人耳目一新。整个过程体现老师的一种主导地位和学生的主体地位，这对语文老师其实是提出了一种很大的挑战。课堂教学的体现，可能跟您课余时间的一种思考密不可分，您是怎么样把这两个方面结合起来的呢？陈送文老师想跟你请教一下。送文。

陈送文：尊敬的程老师，您好！中小学语文老师都会面临两方面的压力，一方面是教学上的压力，一方面是自身发展上的压力，我们语文老师如何在教学跟自身发展方面求得一个比较好的平衡？在教学上如何要站得住讲台，发展上如何去设计或者去加强自身的这些相关的专业发展？

程红兵：其实很多老师都会产生这样的困惑，产生困惑的根源在哪里？还是在我们自己的思维方式，我们把这两个东西有意识地分开了。其实这两个本身就是一回事。你的教育教学和你的专业发展是水乳交融的，是一体的，它不是两张皮，不是两个东西。我们教学的过程当中必须进行研究，只有研究了你才能够把教学搞好。你当班主任，你的班主任工作如果仅仅是就事论事，就现象说现象，你不去加以研究的话，你的工作是做得不到位的，做得不好，做得不够理想，这是毫无疑问的。工作即研究，问题即课题。我们工作中碰到的问题，我们需要改进的、需要解决的问题，那么恰好也是我们应该需要加以研究的。所以这二者我觉得应该完全是一回事。

我当初确实有过一段时间是分割的，后来一旦喜欢上这个职业以后，就觉得我不会再去研究其他跟我不搭界的事情，肯定研究跟我教育教学有关系的，我现在当的是一个老师，我就研究老师的事情，今天做个校长，我就研究学校办学的事情。换句话说，这两个就是一回事，一回事的话就不觉得累了。

陈送文：非常感谢程老师的精彩回答。

陈淑环：程老师刚刚说了，课堂教学跟个人发展应该是一个相辅相成、互相推进的过程。您提出过一个理念叫作语文人格教育理念，我想请教一下，在这样一个理念底下，一个怎样的语文课堂才算是一个好的语文课堂？

程红兵：好的语文课堂，我认为有三个层面。第一个层面是规范。什么叫规范？中规中矩就是我们设定的基本教学目标，我们课程设定的基本标准，我们都能够如期实现。这样一个课堂，我们称之为规范课堂。规范的课堂就是优秀的，因为我现在发现了太多的课堂不规范。第二个层面，我认为是高效。就在规范基础之上，它效率高，低投入、高产出。它不需要补课，不需要加大更多的莫名其妙的作业，考试题。不断地练习，不断地反复，特别是语文没有必要做那么多练习。最高层次的，就是智慧课堂。智慧课堂就是在规范和高效的基础之上，它有文化的含量，它有一定的思维层次、思维深度和广度，也就是说，它不仅仅是局限在我们传统的语文知识、语文能力方面，而是给学生以更多的文化熏陶，而是给学生更多的思想启迪，给学生更多的人格教育、人格培养。

浙江的郭初阳老师上《伊索寓言》，我就觉得很有文化含量。他上《伊索寓言》，等于是颠覆性地重构课程。他的核心要义在哪里？通过不断地改变课堂教学当中一个重要的元素，就是教材的内容，于是发生了很多出人意料的变化。他其实在培养学生的未来公民的意识，未来公民的基本特点，就是尊重他人，尊重他人中有个重要的表现，就是尊重别人的话语权，所以这堂课上得非常有文化，很有意味。我把这样的课称为是人格培养的课，有文化含量的智慧课堂。

陈淑环：怎么样来经营这样一个智慧的课堂？不只是传授知识，还有能力，而且更重要的是对人的人格或者是心智、情感上面的一种影响和熏陶。

程红兵：第一，这个老师本身学养非常丰厚。他在课堂当中引用了密尔《论自由》当中的一句话。第二，这个老师思维本身很开阔。也就是说他不会局限在教材本身，他自身就带有批判性思维，他自己批判，他重构教材，教材是1.0版，他来个1.0加2.0加3.0，他敢于打破教材的框架，敢于打破现行的教材，他把教材重新加以编辑，重新加以改动，而且讲清楚我改动在哪里，然后重构了语文课堂里的课程。他的批判性思维是非常明显的，重构的课程等于解构了原来的教材。第三，就是教师本身有最终的目标取向。他自己有他的价值判断，什么样的东西对学生有利，我的教学要让学生获得什么，让学生得到什么，让学生提升什么，让学生在我们学科教学当中，有什么样的长进，我们在培养什么，他的价值观都非常清楚。他不满足于把学生分数搞好了，就万事大吉了。他不是这样的，所以他的价值判断非常重要。你看如果他一堂课是这样上，他两堂课是这样上，如果他一个学期都是这样上，我们的学生从老师身上就会学到一个非常好的习惯，他们会不自觉地靠拢老师，不自觉地学习老师，老师的做法本身就会潜移默化地影响到我们学生，我们学生的人格就会发生变化。

现在我们很多老师自己就是亦步亦趋的，思维格式化，最终造就出来的学生也是格式化的思维。如果老师自己是勇于开拓、勇于进取、敢于质疑、敢于批判、敢于解构、敢于重构的，这样的人格对学生的影响和激励是非常大的。所以我常建议我们老师，去多看看有思想的、有想法的语文老师的教学案例。因为我们很多老师其实对理论兴趣本身不大，对理论兴趣不大没关系，你可以看案例。领悟到什么以后，你也会慢慢改变你的课堂，有新的做法、有新的思维境界。

陈淑环：老师您提出一个非常吸引人的课堂，我想可能很多老师都希望朝着这个目标去学习，去进步，有什么样的途径可以让他们变成这样的人？您有什么建议？

程红兵：我刚才其实也提到一点，就是我们有些老师会说我没有时间读很多书，我没有时间读理论，我没有时间去做课改，可以理解，因为现在老师确实很累，很辛苦，但你可以看有思想的老师的案例。有思想的老师的案例和课例，会给你很大的冲击和启发。他可能带来一个新的格局，你可能就会因此产生一个课例，两个课例，三个课例，从而会改变你的教学，当然最终还是你要提高学养。

陈淑环：提高学养的方式那就是要阅读思考。

程红兵：对，这是最基本的。我们现在很多老师的阅读多半停留在手机上的阅读，手机上阅读也是需要的，阅读没有读纸质书和读屏的差异。关键在阅读其实有轻重之差，轻阅读和重阅读，我们现在很多老师轻阅读太多，重阅读不够。而且轻阅读这个过程当中还有一个毛病，阅读所得不能结构化，结构化思维不够，我们老师更多的是碎片化的状态，像狗熊掰棒子掰一个丢一个，所以他受益不大。现在我们用大量的空白时间，零碎时间，看大量的微信，读纸质书的人越来越少，更别提去读那大部头的书。当然微信当中也有好文章，读了这个文章，你能不能把它结构化，能不能把它理顺，给自己一个系统的概念。我们很多老师没有系统，就是满足于轻阅读，读完拉倒，不断地丢。所以结构化的阅读可能是我们老师阅读提升的一个非常好的方式，要有点分量，要有点思考在里头，我称之为重阅读。

陈淑环：您提出的阅读方法，我很受启发。您有一篇文章提到课程的重构，里面提到三个阶段，一个阶段是本学科的内部的课程，然后是跨学科，最后是超学科。我想问就语文教学而言，我们要怎么来实现这三个阶段的这种改革？

程红兵：其实校长的思维和语文老师思维可能会有点差异，校长的学科概念慢慢会淡化，就学科本身来设计改革，我在上海建平中学担任校长，重构了语数外三门课程。到了深圳明德实验学校跨学科的整合就比较多了。语文和历史能不能结合？完全可以。语文和历史怎么结合？比如说语文老师上《木兰诗》。一个年纪那么大的老头还要去当兵打仗，当兵打仗还要自己买武器装备，东市买骏马，西市买鞍鞯，南市买辔头，北市买长鞭。在我们今天人来看很不好理解，我们今天的军人，当兵之前自己买枪，自己买炮，自己买坦克，自己买战斗机，这是不可能的事情。这和当时南北朝时期的府兵制有关系，于是我们语文老师和历史老师能不能组合起来？历史老师要让学生理解府兵制，其实《木兰诗》是一个非常好的典型案例，所以语文老师和历史老师组合起来。我们经常讲文史哲不分家，我们语文老师和历史和思想品德老师能不能组合起来开设各种各样的课程？各种各样的课堂？完全可以。

在这个基础上再把它串成一条线，形成一个立体的课程，我们也做了尝试。这个受美国语文教材的启发，美国语文教材和我们语文教材完全不同，选文不同，编排体例不同。美国语文教材选材第一标准是美国历史上重要的文章，就是对美国精神、美国文化产生巨大影响的重要人物的重要作品，它第一位的是这个东西，它不是语文，跟语文不搭。第二位是文学。而且编排体例它完全是按照历史纵向线索来的，而且单元标题都是国家的崛起、民族的解放类似这样的话语，相当于我们历史类教材单元标题。它的选材标准，它的编排体例跟我们的语文都不搭，背后逻辑是认为语文老师你别想培养作家，语文老师你培养不出作家，你的重要的使命是什么？你重要的使命就是培养共和国的合格公民。培养共和国的合格公民，你必须让我们的学生了解在共和国的历史上有哪些重要人物，有哪些重要文章，对我们的民族文化、国家文化产生重大影响，我们学生必须知晓。这个逻辑背后支撑它的依据是什么？全人教育。全人教育就是主张所有学科都要培养人的，所以他就这样来编排。我受美国语文教材这个逻辑的启发，在初中阶段开设了一个"中华文化原典阅读"课程，多读点原著，中国几千年的文化有许多好的作品，适合于学生学习的，从《女娲补天》《夸父逐日》，到《史记》，到毛泽东到鲁迅，到梁启超到胡适，像这样在中国文化史上产生过重大影响的重要人物，读他的原著，我们把这个课称为"中华文化原典阅读"，按照史纲线一直下来，这个谁来任教？语文老师来任教，历史老师来任教，思想品德老师来任教。到高中阶段我们开设"西方思想文化名著选读"，也是跨学科组合，语文老师、政治老师、历史老师都来上这个课。现在上海金瑞学校，我又提出一个超学科的课程改革的设想，基础教育是为孩子一生奠基，思维是它的根，每一门学科都有思维，每一门学科都要培养学生思维。我在金瑞学校设计了很多跨学科课程，同时我们也设计了超学科的课程，也就是说不属于现行学科的任何一个学科。它是培养学生思维底层的东西，最底层的东西其实非常重要。

所以我把这样的课程称为超学科。比如还有想象力的培养问题。我们总认为想象力无从着手，但是想象力它是有外化的表现，所以在小学阶段我们开设了"创意绘画"，让学生尽情地去想象；初中阶段我们就开设"创意写作"，主要是把自己的创意通过文字为主要载体和手段，把它再现出来，主要是训练学生的想象力，培养学生想象力；到高中阶段我们开设"创意建模"，我们把这样的一些课程称之为超学科。这是涉及学生最底层的东西，想象力的培养、思维力的培养，基础教育就是为学生成长奠基。

陈淑环：您的这些想法其实对学生思维的培养还有基础人格的养成都非常有意义。我们很多老师都是体制内的老师，他们的课程改革会不会有不同的做法？

程红兵：公办和民办确实有一些差异。但是个人认为它更主要还是取决于教师自己。把教室的门一关，语文老师就是这个教室的主人，就是这个教室的主体。从某种意义上改不改是你的事，做不做是你的事，你自己有想法，你自己有脑子，你自己有自己的价值判断。我刚才讲郭初阳老师，我是举了这么一个典型案例，类似的老师有很多，他有自己的价值判断，我要是校长我绝对不管他，让他去折腾，让他去改革，让他去探索，学生认同，家长认同，社会最终也会认同，就这么简单。所以首先你要有想法，而且你的想法还是有道理的。不但有道理，而且是符合未来发展走向的，是符合我们的基本良知、基本的价值判断的，也就是我们最终是想把学生变成一个好孩子，一个有思维能力的好孩子，他德行很好很善良，这是当然毫无疑问的。公办也好，民办也好，作为一个老师而言其实是最自由的。我们老师是自己把自己封闭起来了，自己给自己划了一个界限，这个不能这样，那个不能做，我发现最多的是懒得做，或者说不知道怎么做，没想法，这才是关键。

陈淑环：您讲得太对了。您觉得您大学时候学的知识，对您工作实际应用作用大不大？现在的同学们以后要走上岗位的话，他们需要受一些什么样的训练，或者是学一些什么样的知识，才能够胜任以后教师的岗位？

程红兵：师范院校的目标是培养教师，培养优秀教师，但是我们现在发现师范院校培养出来的学生不能当老师。比如以上海为例，十多年前我们就搞了一个见习教师规范化培训，因为师范院校培养出来的毕业生不能够胜任教师的岗位。刚刚毕业的本科生或者硕士生乃至博士生，第一年走上工作岗位，花一半时间去培训，一半时间上课。比如语文老师本来应该上两个班，结果他只能上一个班，因为一半时间要拿去培训。

其实文科类专业，思想和阅读以及研究技能是不可或缺的。现在很多老师不会研究，有时候要手把手地教给他们一些研究的方式和方法，除了这些最基本的底层的东西外，作为老师的基本教学技能，必须在高校里头掌握。所以我的观点，第一加大实习的力度。我的观点是第三年来实习，而且教学法的课也不要等到最后才上。你先让学生进入中小学校，让他理解学校，走进学校，至少要有半年时间，至少让他上 30 节课。30 节课上下来这个老师就不一样了。教学技能的培养非常重要，实习过程当中边实习边跟他讲教育教学，比如课程论、教学论、教学教法，在实习当中针对他的课堂教学实践来讲，让他形成真实的技能。实习和教学技能的学习、教学方法的学习不要割裂开。教学法、心理学能结合学生自己的课例来进行教学，它的影响就大了，那就深刻了。给他半年时间，边实习、边上课、边学理论、边开课，对他来讲是现学现用。我把这个培训叫行动培训，这是最好的方式。比如说他不会备课了，我就教他备课，他不会出考卷，我教他出考卷，他不会开家长会，在家长会开会之前一个礼拜我教他开家长会，他不会写评语，提前两三个礼拜，我教他写评语。这个东西最管用，它是技能性的培训，它需要行动培训法，行动培训法的好处就能边工作、边思考、边学习、边应用，这样一种方式可能是有效的方式。

陈淑环：好的，谢谢程老师对我们教学提出的建议，如果能针对具体真实的问题展开有效的一种技能培训的话，对于他们快速或者是更好地进入这个岗位是很有帮助的。我完全认同您的看法。在座的各位老师、各位同学，现在是自由问答的时间，同学们、老师们可以抓住机会。

提问者1：程老师，我想问一下我们如何在短短的 10 或者 15 分钟之内，把试讲的课上好呢？有没有什么技巧或者说在拿到一个很短篇幅的文本时，应该抓住什么去深入地讲解这个文本呢？

程红兵：第一，如果你实习阶段做得非常到位就不怕了。如果再做一些更加细致的准备的话，就更从容。准备无非就是把它类型化。比如给你一篇文言文你怎么教？给你一篇现代文怎么教？给你一篇说明文你怎么教？至少你把程序罗列一下。我记得当年我参加江西省四特杯优质课大赛，我之前做的准备就是这个，江西省的四特杯优质课大赛是完全封闭的，把你关在宾馆一个房间，什么材料都不能带，连《新华字典》都不让带，什么参考书都没有。明天上课，提前一天晚上给你抽，抽到哪一篇文章，你自己备课，那么我之前做了啥准备，就做了一个准备，就是说说明文我要抓什么？议论文我要抓什么？散文我要抓什么？这个小说我要怎么教？这个诗歌我要怎么教？文言文我怎么教？我就抓这个东西。你用文体类的方式先把它梳理清楚以后，然后你到了现场你就从容应对了，特别是你的积淀多，到时候就不怕，就怕虽然你掌握了一些基本方式，但是你没货，脑袋没东西，你讲不出什么名堂来。所以你脑子里有多少货，这可能是一个关键，有了货以后再把它梳理一下，毕竟这个面试也是一种考试，考试其实也是在短时间内你要迅速反应出来，因此做好类型化的准备是一个很好的方式。

提问者2：程老师，我是一名即将要教高三的语文老师，我想请问高三毕业班的教学，有没有一些实际的建议或者是方法，让我能够更快地进入到这样的一个角色？

程红兵：高三阶段应试的痕迹是非常重的，培养学生的得分能力也是不可或缺的。到了高三，好的主张、好的做法还依然坚持，这是最好的。比如说我教高三，其实我高一、高二的做法就是每课一诗、每月一书，这个东西依然坚持。在这个之外，作为教师，自己要研究试题。我的经验是这样的：第一，我把近20年的高考题通通做一遍，我自己先做一遍。做一遍你就知道问题在哪里。我没做出来的题目是啥，我做错的题目是啥，我为什么这么思考，这就是最有效的经验。这个东西可以直接传递给学生。第二，把近20年的高考试题按题型分类，先是能力点、知识点分类。比如说某一个知识点、某一个能力点，20 年的高考题目怎么出的，把那些题目归在一起。一个知识点大概有几种考试方式，你把它归结起来，再进一步把每一个题目类型化，有哪几种类型，类型化以后把它的解题规律和解题技巧找出来，如果你做到这个了，你就胸有成竹了，阅读这一块你毫无疑问就解决了。让学生少做题，但是收获非常大，一个题顶十个题，甚至一个题顶一百个题。原因在你是类型化的题目，而且学生错在哪里，同样类型的题目都给他，这样一来他就得到了非常有针对性的训练。

作文首先第一步也是把它类型化，不但要类型化，而且还有很重要的一点就是学生的语文积淀。为什么我高一、高二的时候必须让他读书呢？就是这个道理，读书的好处就是脑袋有积淀，就是语言文字的功力不一样。好学生的语言表达方式好，表达方式好的原因就在于他读的过程当中，他会不断地悟到一些什么，然后不断地去应用些什么，于是他有一些比较好的收获。所以学生的积淀怎么去把它弥补下来，类型的问题怎么解决。进入高三以后，所有的学生作文全部面批。当面批他一个人的作文，把他的问题当着他的面给他讲清楚，指出他的问题，然后让他按照什么逻辑去解决。面批的效果就是孩子的改变相对要明显得多，提升的明显就快。所以高三的老师如果你做到这样一些工作，问题就不大。

提问者 2：好的，谢谢程老师，谢谢您的宝贵建议。

陈淑环：好的，谢谢各位老师和同学的积极参与。非常感谢程老师细心、耐心、不厌其烦地为我们答疑、解忧、解惑，给我们分享了好多成功的案例和教学的经历，我们受益匪浅。程老师的发言，给我最深的感受是，第一老师自身要有深厚的学识涵养。第二，就是教学的时候，目标要非常明确，你到底希望把学生带到什么地方，是掌握知识，掌握能力，还是有更高的一个人格培养的要求，这些可能会影响到你的整个教学的设计，还有你自己为教学的付出。第三就是思考要永不停歇，自己要思考，还要引导学生去拓宽他的思维。思考的一个前提就是要多阅读，有自己的看法，要正确的阅读。最后我们再次感谢程老师，跟我们做出这么精彩的分享！

后记

致敬语文教学

1982年大学本科毕业,我开始从事高中语文教学,很长的一段时间,我都认为自己这辈子就是一个语文教师,不想做别的,也不会做别的。既然做了语文教师就好好地把语文教学做好,那么看书学习、思考表达就是很自然的行为,所以任职校长之前,我的文章几乎都是谈论语文教学的。从教四十年,我得了不少荣誉称号,但常常引以为自豪的是"语文特级教师"这个光荣称号。

2003年任职校长之后,我依然对语文教学情有独钟,仍然兼任一个高中班级的语文课教学,直到调离上海建平中学,但仍然积极参加语文教研活动。组织教师开展课程改革,也总是从语文学科开始。如果说一个人总会有自己的本位情结的话,那么语文教学就是我的本位情结,因此在办学过程中,我也会不时总结一下语文课程改革,写一些文章,也会经常性地观摩语文课,写一些听课评课的文章。上海市组织申报名师培养基地,我只考虑带教语文老师,而不考虑带教校长。

退休了,想总结一下这一辈子的语文教学,出一本关于语文教学的著作,也算是致敬语文教学。于是将自己历年论说语文的文章汇集在一起,挑挑拣拣,并试图有一定的代表性,有语文人文价值的,有语文课程改革的,有语文教学艺术的,有语文课堂观课评课的,有评说语文教育名师的,等等。其中有的内容是批评性的,但本意还是基于语文学科建设,有的内容就是自己的语文课程改革的实践与思考。我知道这些小文章不过是自己的一孔之见，很多时候仅仅是针对我一时之所见闻，有感而发，所思所想，未必正确，未必适合他时他地他人，仅供读者参考而已。

程红兵

2024年夏于沪上金瑞校园